Jingjinji Daqi Wuran Zhili Yitihua Lifa Yanjiu

—— Guoji Shiye Yu Quyu Wenti

南开大学法学院
学术文存

# 京津冀大气污染治理一体化立法研究

## ——国际视野与区域问题

朱京安◇著

人民出版社

责任编辑：姜冬红

**图书在版编目（CIP）数据**

京津冀大气污染治理一体化立法研究：国际视野与区域问题/
朱京安 著. —北京：人民出版社,2021.11
ISBN 978－7－01－023644－5

Ⅰ.①京⋯ Ⅱ.①朱⋯ Ⅲ.①空气污染控制-环境保护法-
立法-研究-华北地区 Ⅳ.①D927.202.684

中国版本图书馆 CIP 数据核字（2021）第 154441 号

### 京津冀大气污染治理一体化立法研究
JINGJINJI DAQI WURAN ZHILI YITIHUA LIFA YANJIU
——国际视野与区域问题

朱京安 著

**人民出版社** 出版发行
（100706 北京市东城区隆福寺街 99 号）

北京汇林印务有限公司印刷 新华书店经销

2021 年 11 月第 1 版 2021 年 11 月北京第 1 次印刷
开本：880 毫米×1230 毫米 1/32 印张：8.625
字数：200 千字

ISBN 978－7－01－023644－5 定价：28.00 元

邮购地址 100706 北京市东城区隆福寺街 99 号
人民东方图书销售中心 电话（010）65250042 65289539

# 目　　录

# 第一章　京津冀大气污染治理区域一体化立法的意义及可行性

随着区域经济一体化进程的加快,我国空气污染类型逐渐呈现出多污染物共存的复合污染特征,并由局部单一城市污染向区域性大气污染转变。这是由于空气具有流动性和开放性,导致大气污染往往会超出固定行政区划范围而在区域之间扩散传递,进而形成区域性污染效应。近年来,酸雨、灰霾和光化学烟雾等区域性大气污染问题日益突出,严重危害公众健康和经济发展。京津冀等地区每年出现灰霾污染的天数达到 100 天以上,且大气污染变化过程呈现同步性特征,成为"一损俱损"的区域性大气污染重灾区。① 大气污染防治不仅仅是技术问题,更是对政府区域治理能力的严峻挑战。② 大气污染的区域效应导致传统以行政区划为基本单位的属地管辖治理方法变得收效甚微。国内外成功经验表明,区域治理模式是解决大气跨境污染公共问题的关键。虽然目前我国已经提出"大气污染联防联控"理念,但大气污染区域治理

---

① 陈健鹏、李佐军:《中国大气污染治理形势与存在问题及若干政策建议》,《发展研究》2013 年第 10 期。

② Neil Adger et al, "Governance for Sustainability: Towards a Thick Analysis of Environmental Decision-Making", *Environment and Planning A*, 2003 (35), p.1095.

仍处于初级探索阶段,目前京津冀区域大气污染联防联控的实施仍主要通过中央政府自上而下的单向推动,被动的政策响应一定程度上削弱了京津冀地方政府自下而上的治理合作意愿。这证实了单纯依靠集中管理模式无法调动地区协商合作的积极性,缺乏合作动力是统一协调机构无法发挥应有作用的主因。而单纯通过自下而上的自愿区域合作同样存在区域协议法律地位模糊、区域合作组织松散、缺乏执行力等问题,难以突破行政区域利益格局。因此,以区域治理理论为指导,立足于京津冀地区,探索我国大气污染区域立法治理机制的未来构建问题,是我国当前面临的迫切任务。

## 第一节　京津冀大气污染治理区域　　一体化立法的意义

近年来,我国在大气污染区域一体化短期治理机制的探索上,获得了较为成熟的实践经验。长期以来,我国实施省际联合、部门联动的环境监管模式,治理效果显著,北京、上海和广州三地该段时间空气质量明显改善,甚至出现"APEC 蓝"等社会流行词语。[①]但是在这之后,随着短期应急措施的解除,大气环境污染问题不但没有持续转好反而更加严重。这实际表明,目前区域一体化的大气污染治理中,企业大多仍旧被动地执行国家的强制政策以及临时性措施要求,节能减排的积极性和主动性较低。由此也反映出,建立长效、稳定的大气污染一体化治理体制、机制和法律模式十分

---

① 柴发合、李艳萍:《我国大气污染联防联控环境监管模式的战略转型》,《环境保护》2013 年第 5 期。

重要。

以京津冀地区为例,作为极具特殊战略地位且大气污染最严重、问题尤为典型的区域①,京津冀的大气污染问题一直是长期困扰区域一体化发展和社会治理的重要难题。为解除区域大气污染对京津冀地区经济进一步发展的束缚,京津冀地方政府联合国家环保部门出台了一系列法规政策,区域大气污染治理工作取得了一定成效。由此,京津冀大气污染治理区域一体化立法意义显著。

**一、顺应国际区域治理一体化和法治化的发展趋势**

"区域"是一个相对性概念,指国内层面基于行政区域又超出国家和行政区划的经济地理概念,②是由于经济、文化、自然条件等具有共同性和相关性而联结起来的范围。京津冀地区具有经济、政治、环境条件的高度相关性,因而可以视为区域治理理论中的"区域"。在国际上,全球治理和区域治理理念在应对海洋治理、气候变化和臭氧层保护等方面被广泛应用。由于各国自然条件和污染物来源具有地区差异性,"对症下药"的区域治理理念在国家层面应对区域大气污染甚至可以发挥更为重要的作用。③

（一）顺应区域治理一体化趋势

第一,区域治理一体化是发达国家公共治理的普遍处理模式。自 20 世纪始,发达国家根据不同时期的现代化和城市化发展水

---

① 魏娜、赵成根:《跨区域大气污染协同治理研究》,《河北学刊》2016 年第 1 期。

② 陈瑞莲:《论区域公共管理研究的缘起与发展》,《政治学研究》2003 年第 4 期。

③ Rob Swart et al,"Europe Adapts to Climate Change:Comparing National Adaptation Strategies",*Finnish Environment Institute*(*SYKE*),2009,pp.108 - 110.

平,已经发展出多种区域治理一体化的理论和实践模式。

区域主义理论主要有大都市政府理论、公共选择理论、新区域主义理论、再区域化理论等。基于这些区域治理理论,产生的治理模式主要包括区域合并统一治理模式、分层复合治理模式、多边联合治理模式等。整体上讲,发达国家区域治理的发展趋势,由最初强调对区域政府的权威服从,演变到注重地区政府之间的平等合作,再到促进行政与市场机制的结合,实现多元主体之间的协作,共同解决区域问题。①

在西方发达国家的区域治理一体化发展进程中,加强环境经济一体化,实现区域可持续发展是发达国家现代区域一体化治理的核心目标。对于发达国家的环境治理发展而言,"先污染、后治理"是其在区域发展中走过的弯路。② 不顾及环境保护的掠夺式开发造成区域环境严重恶化和生态失衡,对人体健康构成威胁,同时阻碍了区域进一步发展,影响开发效果。美国早期大平原开发、巴西热带雨林区域的开发均造成了严重的生态环境问题,甚至影响至今。其中,面对全球严重的温室效应问题,大气污染一体化治理又是其中的重要方面。

第二,区域治理一体化是我国公共治理的发展趋势。我国幅员辽阔,改革开放以来,经济发展取得显著成就,但区域发展不平衡,区域贫富差距较大,"大城市病"等问题尤为突出。我国传统的属地治理模式,产生了普遍的地方保护主义、诸侯经济、地区大战等严重的区域治理割裂问题。为有效应对我国经济发展水平大

---

① 曾媛媛、施雪华:《国外城市区域治理的理论、模式及其对中国的启示》,《学术界》2013年第6期。
② 杨朝飞:《"先污染后治理"是教训不是规律》,《人民日报》2013年7月6日第010版。

幅提升后地方间割裂式发展方式对新经济形势的束缚和挑战,区域一体化治理也逐步成为我国的公共治理发展趋势。

自 20 世纪 90 年代中后期开始,中国逐步推广实施区域协调发展战略。从地区间的西部大开发、振兴东北老工业基地以及以城市一体化为核心的长三角、珠三角、京津冀等区域发展战略到国家间的"一带一路"经贸投资合作发展倡议,为区域的经济发展和社会公共治理带来丰硕成果。

整体上讲,我国的区域治理一体化主要是地方政府之间的协同与合作,且中央政府在其中发挥着较大的正向推动作用。地方区域一体化发展,中央政府的推进既包含协调激励,也包含强制规范。这样的"中央推进式"的区域一体化发展模式可以说发挥了我国行政管理和经济发展的制度优势,某种程度上来说能够对区域一体化起到加速作用。但需要指出的是,与发达国家相比,我国目前的区域一体化发展水平和进程仍处于初始阶段。区域之间、区域内部地方之间发展不平衡的现象依然严峻。与此同时,2018年政府工作报告也在肯定现有区域治理成绩的同时,提出要建立更加有效的机制,发挥各地比较优势和潜力。

以京津冀地区为例,京津冀区域协调发展一直以来都受到党和国家的极大重视。2014 年,党中央战略性地将京津冀协同发展作为重大国家战略,并于 2015 年审议通过了《京津冀协同发展规划纲要》。在《京津冀协同发展规划纲要》的指导下,促进京津冀协同发展,将结合区域实际创造具有区域特色的社会治理模式,为区域一体化治理提供典型经验,促进国家治理体系和治理能力现代化建设,为世界区域协同治理提供中国经验。

第三,区域治理一体化模式是我国大气污染治理的发展方向。大气污染是全球十大环境问题之一,更是中国首要环境污染问题。

大气环境所固有的流动性决定了大气污染具有区域性、复合性特征。传统的以行政区划为界限的防治手段以及单一的环境治理机制忽视了促进多元主体合作共同治理区域大气污染的重要性,[①]同时也忽视了大气污染区域内政府间资源协调流动对有效治理大气污染的价值意义。可以说,践行区域一体化治理模式,是抓住大气污染治理的根本特征、有效治理区域性大气污染的必由之路。

传统上,我国不同行政区划各自为政,不同省市的产业结构、同一产业内的优势行业以及产业发展水平均有较大不同,使得向大气中排放的污染物种类以及排放浓度、排放总量均有所差异。然而由于大气环境具有流动性,某一地区的大气污染来源可能是本地区以及周边其他地区污染物的混合。这一客观事实不仅提升了大气污染治理的技术难度,而且控制污染物排放、实现区域产业绿色化也将涉及更为复杂的区域政治、经济利益协调等难题。总体上讲,在区域性的大气污染治理过程中,利益相关方众多,利益涉及的领域广泛,区域内相关主体的利益协调和大气环境标准的统一难度较大,长期以来一直作为区域治理一体化工作探索的重点领域和试图有效解决的首要难题。有效、有序地推进区域大气污染一体化治理工作,无疑有利于提升区域一体化治理能力并从中总结跨区域治理经验。

(二)顺应区域治理法治化趋势

第一,发达国家的区域治理一体化发展进程中,都极具法治化特征。法治化发展与现代化进程具有一致性,是实现现代化的制度基础。在实现现代化的过程中,治理的现代化又是其中的重要

---

① 杨志坤:《区域大气污染府际合作治理:理论证成和实践探讨》,《时代法学》2017年第6期。

组成方面。随着区域发展不平衡成为国家间以及国家内部地区之间的主要问题,区域一体化发展中法治发展也日益具有协调区域性、规范区域性的特征。制定区域发展战略,通过系统有效的政策和法律实现区域发展一体化,已经成为当今世界各国普遍面临的重大课题。区域一体化发展需要强有力的法律保障,这在世界"大都市圈"发展史上已是普遍经验,例如,较为典型的"东京都市圈""巴黎都市圈"和"大伦敦都市圈"等均是如此。

实际上,发达国家"大都市圈"的发展思路,是将原有的"单一中心"的大城市发展模式,通过城市群形成巨大的城市化地带,进而转化为区域一体化的发展模式。但这样的发展模式同样会对生态环境造成严重破坏。因此,20世纪60年代末期,发达国家逐步将"可持续发展"提高到十分显著的高度。最具代表性的是"大伦敦都市圈"环境一体化治理,有效的区域治理使伦敦摘掉"雾都"的帽子,天空重现蓝天白云。

另外,在发达国家"大都市圈"的发展过程中,细致、理性的规划和强有力的区域协调管理机构发挥了至关重要的作用。就"大伦敦都市圈"来看,其自1944年编制世界上第一部特大型城市规划《大伦敦规划(1944)》,到后来的2004年、2008年、2011年三部《大伦敦地区空间发展战略规划》,规划制定过程经历了深思熟虑的编排和广泛的公众参与,结构和内容也逐渐系统全面,充分反映了所有相关利益主体的诉求,并且逐渐将生态文明理念贯穿到整个规划之中,突出表现为用专门一章来规定对气候变化的应对策略。①

---

① 韩慧、李光勤:《大伦敦都市圈生态文明建设及对中国的启示》,《世界农业》2015年第4期。

第二,我国的区域治理一体化具有法治化发展趋势。党的十六大首次提出将依法治国作为党领导人民治理国家的基本方略。党的十八届四中全会进一步明确将建设中国特色社会主义法治体系和建设社会主义法治国家作为全面推进依法治国的总目标,全面推进依法治国更是习近平新时代中国特色社会主义思想的核心布局之一。依法治国对实现国家治理体系和治理能力现代化具有关键作用。因此,在区域治理一体化渐已成为国家区域公共治理趋势的情况之下,法治化对区域一体化的引领和保障必然将成为其最重要的特征。

我国幅员辽阔,不同地区经济、社会、文化、历史、地理等因素的不同,使地区间的发展方式和发展基础存在较大差异。在推动区域发展、进行区域治理的过程中,我国已经有较为成熟的实践经验,典型的如民族区域自治制度、特别行政区制度以及自贸区制度等,充分体现了我国通过法治方式谋求区域发展的整体思路。在我国复杂国情的背景下,区域法治化发展通过基本法和地方自治立法相结合的方式,成功地兼顾了发展共性与区域差异性。毋庸置疑,我国具有显著的区域法治化发展趋势,为实现区域一体化发展奠定了坚实的法治支撑。

从我国区域法治化发展的趋势来看,区域法治的核心内容是对政府以及其他区域地方利益主体之间法律关系的协调和重构①。区域内各法律主体的利益关系具有更大的复杂性,唯有通过法治途径,才能使其明确化和系统化,从而反映不同利益主体的法律需求,形成系统的行为规范,引导、规制各主体的行为,构建良

①　文正邦:《区域法治——深化依法治国方略中崭新的法治形态》,《甘肃社会科学》2008 年第 6 期。

好的区域协同法律秩序,为区域发展创造良好的环境。

就京津冀地区而言,为了促进京津冀协同法治化发展,国家和地方一系列的法律政策陆续出台,为京津冀一体化治理的宏观方向和各方面的具体要求提供了引领和保障。其中,政策的优势在于其具有高效性和实效性,能够及时应对不断变化的客观情况。但当政策逐渐发展成熟,便需要用法律将其固定,使区域一体化发展中的重要内容具有稳定性和可预见性,为建立区域协同发展长效机制保驾护航。总体上讲,在区域一体化发展的进程中,同时推动区域法治化发展,一方面有利于促进区域一体化长久、稳定发展,实现区域治理现代化,确保国家区域发展总体战略顺利实施;另一方面有利于夯实国家治理现代化以及法治发展的区域性基础,促进国家治理体系和治理能力现代化。①

第三,大气污染治理以区域法治化为保障。经济活动具有显著的负外部性,市场主体从自然界中索取资源投入生产之后,又将生产活动产生的不良副产品——废气、废水、废渣等排放到大自然中。现代生产中,自然界的自我更新速度显然已经跟不上企业的排放速度,环境污染问题日益严峻。环境法治的价值正在于纠正环境污染所带来的负外部性,大气污染区域一体化治理制度的价值也正在于纠正区域一体化治理中由区域大气污染所带来的负外部性。② 有效治理大气污染,必须尊重大气活动和大气污染运动的客观规律,通过以区域法治化为核心的区域一体化治理模式,促进协同治理。

一方面,通过区域协同立法以及各地区相关的分别立法,确立

---

① 公丕祥:《法治中国进程中的区域法治发展》,《法学》2015 年第 1 期。
② 楚道文:《大气污染区域联合防治制度建构》,《政法论丛》2015 年第 5 期。

区域大气污染一体化治理的基本原则,建立地区间立法、执法协调机构和协调机制,协调区域内大气环境质量标准以及污染物排放标准,规定具体节能减排措施,建立联合执法、跨区域执法以及交叉执法机制,统一执法标准,建立有效的信息公开和共享机制等,从而逐步形成大气污染区域一体化治理的长效机制,长期、有效约束市场主体的行为。区域法治化是由于区域问题集中化而逐渐产生,是解决区域性问题在法治方面所做出的努力,其具有自身独立存在的价值。因此,大气污染一体化治理不能单单依靠行政手段协调,应当逐步完善区域一体化立法,推动区域法治化。①

另一方面,通过建立区域利益共享与补偿机制,提升区域内经济发展相对落后地区参与大气污染一体化治理的积极性,促进一体化治理的深入展开。京津冀三地之中,河北省是其中的欠发达地区,其为京津两地提供生产生活的物质资源,并在一体化发展中接受两地的产业转移,地区生态资源破坏和大气环境污染明显重于京津两地,环境治理责任也最重。但是,除了中央提供环保专项资金予以补给之外,京津两地却没有对河北省提供合理的环境补偿。然而基于环境的外部性特征,某一地的治理成果将使区域内所有地区受益。这就产生环境"搭便车"现象,造成大气污染一体化治理效率低下。② 因此,建立系统的生态补偿机制,完善生态补偿标准,能够对区域协同产生极大的促进作用。

---

① 陶品竹:《从属地主义到合作治理:京津冀大气污染治理模式的转型》,《河北法学》2014 年第 10 期。
② 王娟、何昱:《京津冀区域环境协同治理立法机制探析》,《河北法学》2017 年第 7 期。

## 二、促进国家区域产业结构和能源结构的优化升级

### (一)促进一体化的产业结构调整

党的十九大报告强调,我国经济发展趋势已经由高速发展转向高质量发展阶段。实现区域可持续发展,既对区域环境质量提出了更高要求,同时也提供了更大机遇。而我国目前经济增长模式依旧以粗放型为主,企业生产对资源的依附性较强,科技创新性不足,产业高耗能、高污染特征明显,这也是导致区域大气污染十分严重并且一直得不到十分有效治理的根本原因。以大气污染为首的区域环境问题是工业化和城市化发展不幸付出的代价。直到现在,为了追求更高收益,企业仍旧想尽各种途径钻法律空子,不顾对环境的严重危害进行生产。因此,有效治理区域大气污染,推动区域内产业结构的优化配置是根本之道。通过技术交流和技术创新等途径,尽可能降低产业发展的环境成本。

传统的属地管理模式使京津冀三地在经济发展、环境治理方面主要以自我循环为主,虽然作为一个经济圈,但三地却没有形成较为成熟的区域产业链,产业结构存在严重的趋同现象,成为区域一体化发展进程中的主要障碍。[1] 此外,区域废气污染源主要为工业污染,京津两地向河北的产业转移使得河北成为三地中大气污染最为严重的地区,废气排放量远超其他两地。[2] 这一情况不仅不利于区域大气污染一体化治理效率的提高,而且使污染形势更加严峻。

---

[1]　王海涛等:《区域经济一体化视阈下京津冀产业结构分析》,《东北大学学报(社会科学版)》2013 年第 4 期。

[2]　聂巧平、王梦颖:《基于区域环境治理创新机制视角下的京津冀产业升级思考》,《当代经济管理》2015 年第 1 期。

京津冀大气污染治理一体化在产业结构调整方面的核心在于将产业转移与产业升级相结合,在优化产业分配和降低产业环境成本两方面共同促进区域内产业结构的一体化。具体来说,未来北京将以第三产业为绝对主导,天津实现"三二一"的转变,并保持第二、第三产业作为支柱产业共同发展,河北省大力发展第二产业、夯实第一产业、适度发展第三产业,并且在产业结构内部实现现代化生产。[①]

我国的《大气污染防治行动计划》和《京津冀及周边地区落实大气污染防治行动计划实施细则》共同将优化产业结构、调整区域内产业布局作为重要内容,核心在于对高耗能、高污染、资源型行业以及产能过剩项目加强控制。具体来说,通过停止审批、停建违规在建项目、严格执行大气污染物特别排放限制、实行企业淘汰等途径,控制新增产能、压缩过剩产能、加快淘汰落后产能,倒逼企业转型升级。

(二)促进一体化的能源结构调整

我国富煤、贫油、少气,传统粗放型的生产方式以及以煤炭等化石能源为主的能源结构是区域大气环境污染形势日益严峻的根本原因。[②] 煤炭的廉价性使其在市场中获得青睐,然而相较于其他能源,其二氧化碳排放量最大。减少温室气体排放、改善大气环境、节能降耗是根本途径,在此基础上进一步提高能源使用效率。因此,我国目前能源结构调整的目标为优化一次能源结构、积极推动能源循环利用,实现以煤为主、多元化的能源结构,发展清洁的

---

①　聂巧平、王梦颖:《基于区域环境治理创新机制视角下的京津冀产业升级思考》,《当代经济管理》2015 年第 1 期。

②　赵昕、朱连磊等:《能源结构调整中政府、新能源产业和传统能源产业的演化博弈分析》,《武汉大学学报(哲学社会科学版)》2018 年第 1 期。

能源经济。① 实现区域可持续发展和环境协同治理,根据区域实际情况,构建区域一体化的能源结构是关键。

能源结构与产业结构密切相关。产业结构升级是实现低碳化发展的根本驱动力。② 通过区域内产业结构优化以及产业内部科技水平的提升,有利于实现区域内一体化减排,改善区域大气污染。能源结构和产业结构一体化一起构成区域大气污染一体化治理的重要方面。

能源结构调整需要政府积极引导,区域一体化能源结构调整的核心便在于促进政府之间的协同。通过一体化立法,建立独立的区域协调机构,协调政府间的利益关系,制定区域减排宏观政策和规划,明确区域减排总量目标,统一、优化产业布局,推动区域能源基础设施建设,鼓励技术创新与合作,促进区域资源共享,落实主体责任,建立区域监督、评价体系。此外,在政府的监督和引导之下,充分利用市场机制推动能源结构调整是关键。通过一体化立法,协调利益主体之间的关系,推进价格改革,建立区域内价格一体化的长效机制,逐步实现清洁能源的产业化和规模化,降低使用成本和技术风险,使其逐渐在市场中占据优势。

区域一体化立法的作用一方面体现为强制性,即通过立法明确能源份额,并具体落实到企业,实行强制购买等制度,对市场主体使用新能源形成强制。另一方面体现为激励性,即通过税收减免、财政补偿等措施,对开发成本较大、技术要求较高的能源项目提供资金优惠和支持;通过费用分摊制度,将成本公平地分配到每

---

① 熊敏瑞:《论我国能源结构调整与能源法的应对策略》,《生态经济》2014年第3期。
② 张伟等:《产业结构升级、能源结构优化与产业体系低碳化发展》,《经济研究》2016年第12期。

个地区,减轻产业转入的欠发达地区能源结构调整的压力,提升区域内整体节能减排的积极性。

《大气污染防治行动计划》和《京津冀及周边地区落实大气污染防治行动计划实施细则》对区域能源结构调整提出了要求。其核心在于遵循替代原则,用清洁能源替代煤炭,控制煤炭消费总量。其中,天然气为主要的替代能源,应当遵循天然气优先用于居民生活和替代煤的原则,提升天然气产业化和规模化水平。提高区域能源使用效率,包括增加煤炭洗选比例,提高煤炭质量。此外,《京津冀及周边地区落实大气污染防治行动计划实施细则》针对京津冀大气污染实际提出了特别要求,具体体现为扩大高污染燃料禁燃区范围,促进供热高效化、清洁化,优化产业布局和城市规划,加快重污染企业环保搬迁和改造以及建立能源基地等。

### 三、推动国家环境保护事业的区域化和产业化发展

（一）推进国家一体化的碳市场发展

控制温室气体排放是治理大气污染的重要方面。《京都议定书》确立的碳排放权交易制度,将市场机制与行政手段相结合,利用市场在资源配置中的决定性作用,充分发挥企业在温室气体减排中的积极性,通过建立碳排放管理机制、发展低碳技术,吸引社会资金投入低碳领域,促进低碳发展。① 区域大气污染一体化治理,完善和健全碳排放权交易体系,构建稳定的一体化碳排放交易市场势在必行。

一体化规则建设是一体化碳市场建设中的前提和核心。依据

---

① 马爱民:《碳排放交易权体系还不健全》,https://finance.sina.com.cn/meeting/2016-06-16/doc-ifxtfrrf0450405.shtml,查询日期:2018 年 6 月16 日。

行政规章建设碳交易市场,无法有效推动碳市场的发展。完善一体化立法,一方面,为制度建设提供明确法律依据,确保交易市场和参与主体的规模,促进区域碳排放交流,提高碳排放交易量,合作开发出适应企业需求和市场发展情况的碳金融产品,确保市场流动性、有效性和稳定性。另一方面,促进政府及第三方机构有效、公平监管,保障产品完备,规范风险控制,确保碳市场稳定运行,推动区域碳市场统一。其中,碳金融是碳市场发展中的重要一环,其为市场参与者提供风险管理工具,帮助减排融资,从而降低交易成本和减排风险,减少减排压力,提升减排积极性,在强制减排的基础上推动自愿减排,保障充足的市场需求和社会资金投入。

区域一体化立法实现顶层设计,在国家一体化的碳排放权交易制度之下,为京津冀地区具体落实国家宏观规定提供细化的法律依据。北京、天津作为前期碳排放权交易试点以及当前国家重要的碳市场地区,在制度建设等方面已经取得较大成绩,尤其是北京在 2015 年已达到 100%履约率,碳交易产业链也最完善。[①] 这将有利于带动河北碳排放权交易建设,为区域碳市场一体化发展提供宝贵经验,推动区域以及全国碳市场健康发展。

(二)推进国家一体化的环保产业发展

生态文明建设是一场包含生产生活方式、思维方式和价值观念的全方位变革。[②] 在区域大气污染一体化治理过程中,一方面,生产活动日益朝着科技水平高、资源消耗低、环境污染少的产业结构和生产方式转变;另一方面,居民生活也逐渐走向低碳化、绿色

---

① 《中国碳交易市场现状及未来发展趋势》,http://zfs.mep.gov.cn/hjjj/hjjjz-cywxz/201609/t20160908_363795.shtml,查询日期:2018 年 3 月 9 日。

② 逯元堂等:《以加快环保产业发展助力绿色化:形势、思路与对策》,《环境保护科学》2015 年第 5 期。

化。环保产业作为附属产业不断发展,环保投融资需求不断提高;绿色生活观普及,人们更倾向于购买节能环保产品,倡导绿色出行。整个社会环保意识逐步提升,环保市场日渐活跃。而一体化的大气污染治理必将促进一体化的环保市场发展。

环保产业是发展绿色经济的核心。环保产业的重要特征在于其既依附于主体产业的发展而发展,又为主体产业发展提供重要物质支撑。随着大气污染治理一体化的深入展开,一体化的环保产业将迅速发展。环保产业由末端治理为主逐渐实现全方位化,覆盖整个生产过程;环保技术不断革新,生产更加清洁化;环保服务业逐步走上正轨,环保产业由环保产品为主实现向环保服务为主的转变;环境金融不断发展;市场规模持续扩大,产业集中度不断提升;环保产业将由政策驱动向政策技术双驱动转变。①

随着大气污染一体化治理机制不断健全,政府的角色逐渐演变为监督和引导,市场机制将起主导作用。市场主体在生产生活中的环保自觉性、主动性将不断提升,地区之间产业交流日益频繁,社会资本更多投向环保领域,区域环保市场的一体化将逐渐走向成熟。

### 四、满足人民对绿色生活环境的普遍化和公平化需求

（一）满足人民对绿色生活环境的普遍化需要

2018 年人民网"两会"热点问题调查结果中,"环境保护"进入榜单前十名。这是自 2014 年以来第五次上榜,并且与

---

① 储成君等:《环保产业的市场环境变化与制度建设思考》,《环境保护》2017 年第 9 期。

"反腐""社会保障""收入分配"等位列近五年"两会"热点调查高频词榜首。① 近年来,我国经济发展取得显著成就,人民经济实力普遍提升,生活水平明显改善,对环境污染和身体健康问题越来越关注,环保意识逐渐增强。然而,环境污染是工业化和城市化不可避免的副作用,甚至在国家、地区之间的 GDP 竞争中,更是不惜以环境为代价。此外,企业为了追求高盈利,以各种方式规避法律、逃避监管,对环境造成严重破坏。大气环境质量关乎人民身体健康,而生产生活排放的废气却使得大气污染问题日益严峻,$PM_{2.5}$ 问题始终没能得到长效解决。

为有效治理环境污染问题,近年来,国家陆续出台了一系列环保政策,积极回应人民关切,党的十九大报告更是将环境问题作为重要内容。大气污染具有区域性和复合性特征,需要污染所辐射的各行政区域开展一体化治理。治理过程中,如何协调好各区域之间的利益关系是核心。APEC 和奥运会、亚运会的良好空气质量虽然展现了我国对于跨区域大气污染一体化治理的初步成就,但是随后发生的区域内重污染天气表明这种治理机制只能实现短期应急性。我国实行依法治国基本方略,重大改革必须于法有据,立法必须与政策相衔接。通过区域不断合作和探索,形成有效的一体化治理经验。并通过一体化立法,将已经成熟的经验政策固定下来,形成大气污染一体化治理的长效机制,为持续管控排污主体行为、维护一体化治理成果建立制度基础,不断促进生活环境的持续改善。

---

① 《图解:人民网第 17 次两会热点调查,"反腐"蝉联榜首,"改革开放"受关注》,http://lianghui. people. com. cn/2018npc/n1/2018/0228/c417507 – 29839442.html,查询日期:2018 年 3 月 5 日。

（二）满足人民对发展水平均衡化的需要

小康社会建设是否全面,生态环境质量是其中的关键。[1] 生态文明建设被纳入"五位一体"总体布局,成为实现全面建成小康社会、促进人民均衡发展的重要一环。通过区域一体化立法,形成区域大气污染治理的长效机制,在推动区域环境持续改善的同时,促进区域产业结构优化调整,各地均能发挥地区产业优势,实现经济的高质量发展,不断缩小地区发展差距,从而缓解中心城市和地区人口膨胀、交通拥堵等"大城市病"现象,使生活环境更加宜居适度,社会关系更加和谐稳定,实现区域均衡和可持续发展。

其一,交通一体化是京津冀一体化发展的先行领域。[2] 区域内交通逐步实现低碳化、多元化发展,交通基础设施日渐完善,安全性、实用性、舒适性提升,交通管理和服务水平提高。区域内铁路网快速形成、高速公路逐步贯通、区域航线进一步优化,整体运行效率有明显提升,实现了三地之间的互联互通,缩短往返时间,满足人们日常工作、生活需要。

其二,区域环境治理对经济的带动将产生大量就业需求,尤其是环保市场的日渐成熟将创造环保产品研发、生产、环保服务、环保投融资等一系列就业岗位。区域就业结构不断优化,并且随着科学技术的作用日益显著,对就业者素质要求提高。此外,人们对生活水平高质量的追求将促进服务业的发展,从而创造更多就业机会。

---

[1] 杨飞:《坚持绿色发展,共筑美丽中国》,http://www.xinhuanet.com/comments/2016-12/13/c_1120099104.htm,查询日期:2018 年 3 月 13 日。

[2] 李琳:《交通一体化让空间上的京津冀实现时间上的同城化》,http://news.cri.cn/20180226/d93364ea-fdf2-5a76-359c-a34cb2d9a08d.html,查询日期:2018 年 2 月 26 日。

其三,区域一体化发展背景下,经济发展将促进教育基础设施的完善,缩小地区之间教育差距,不断提升区域教育水平。尤其是各地区科技创新对人才的需求以及居民自身因生活质量提高而产生的教育需求,推动区域内教育资源的整合,建立区域联动培养机制,协同开展科技创新活动,推动高等教育一体化。

其四,完善的社保制度是社会最好的稳定剂。传统社保体系具有身份分割、城乡分割、地域分割等特点,而区域一体化发展带来的人口、产业等跨区域流动将促进区域社保一体化。整合不同社保项目,促进地区间社保的自由流动,使公民在区域内不同地区都能够得到公平的养老、医疗、工伤和失业保障等。①

## 第二节 京津冀大气污染治理区域 一体化立法的现状

为全面妥善缓解京津冀地区发展与大气环境之间的矛盾关系,释放区域经济活力,强化区域大气环境资源承载能力,基于国家加快生态文明建设的意见和生态文明体制改革总体方案中"绿色发展""发展中保护、保护中发展"的基本原则,在严格环境法治思想的引导以及国家生态文明制度体系的总体要求之下,京津冀地区现已基本形成了一套旨在促进区域一体化大气污染治理工作落实的,以改善环境质量为核心、体系层级多元、规范性质多样、兼顾共性和差异性环境问题、兼顾顶层设计与措施方案的京津冀协同发展中的大气污染治理一体化法律政策体系。环保部 2013 年

---

① 朱南军:《继续推进我国社保一体化》,《中国保险报》2018 年 1 月 3 日第 004 版。

9月发布的《大气污染防治行动计划》多处提及"京津冀、长三角、珠三角等区域",且在细颗粒物浓度测算、污染治理设施建设与改造、区域协作机制的建立,以及重污染天气应急响应体系等方面都是以区域为主体的。

从整体上讲,京津冀大气污染治理法律政策能够基本契合区域一体化的绿色发展要求,协调区域产业结构调整与大气污染防控的对立统一关系;能够与人民群众普遍关注的突出区域性大气污染问题的应对相契合,做到宏观调控与微观监管突出重点同时全面兼顾;能够与国家生态文明建设的基本要求相适应,突出了绿色发展的核心理念,基本契合了国家生态文明制度体系建设的基本要求。

## 一、中央法律与政策搭建区域一体化治理的顶层设计

### (一)中央法律法规

其一,《中华人民共和国宪法》(以下简称《宪法》)。在京津冀大气污染治理的国家立法顶层设计方面,我国《宪法》作为国家一切法律制度的根本法,为包括跨区域环境保护法律制度(包括大气污染联防联控)在内的一切环境法律制度,提供了根本法渊源。《宪法》第9条第2款、第14条第2款以及第26条分别规定,"国家保障自然资源的合理利用,保护珍贵的动物和植物。禁止任何组织或者个人用任何手段侵占或者破坏自然资源""国家厉行节约,反对浪费""国家保护和改善生活环境和生态环境,防治污染和其他公害。国家组织和鼓励植树造林,保护林木",成为我国环境保护法律制度体系的根本法制度基础,为京津冀大气污染的治理立法提供了宪法基础。

其二,《中华人民共和国环境保护法》(以下简称《环境保护法》)。根据《宪法》保护自然生态资源和防治环境污染的根本要

求,在京津冀等地区协同发展的战略背景下,针对大气污染等问题跨区域的重要特征,结合国家生态文明体制建设的重要部署,我国现行《环境保护法》第20条在环境基本法意义上规定国家建立跨行政区域的重点区域、流域环境污染联合防治协调机制,在"统一规划、统一标准、统一监测、统一防治措施"四方面统一环保工作。①

其三,《中华人民共和国大气污染防治法》(以下简称《大气污染防治法》)。依据《环境保护法》关于跨区域环境保护法律制度的基本规定,针对具有典型跨区域环境问题特征的、人民群众普遍关注的大气污染防治的实际要求,我国现行《大气污染防治法》第5章专章规定"重点区域大气污染联合防治",建立了"重点区域大气污染联防联控机制"②,明确规定了跨区域的联席会议、大气污染防治目标责任制、环评会商、大气环境监测与信息共享等主要机制以及跨区域的统一机动车污染源排检方法、排放标准限值、燃油供应和煤炭等量或减量替代等具体大气污染防治措施,成为大气污染防治工作领域中跨区域大气污染联防联控的基本机制和措

---

① 《环境保护法》第20条:国家建立跨行政区域的重点区域、流域环境污染和生态破坏联合防治协调机制,实行统一规划、统一标准、统一监测、统一防治措施。前款规定以外的跨行政区域的环境污染和生态破坏的防治,由上级人民政府协调解决,或者由有关地方人民政府协商解决。

② 《大气污染防治法》第86条:国家建立重点区域大气污染联防联控机制,统筹协调重点区域内大气污染防治工作。国务院生态环境主管部门根据主体功能区划、区域大气环境质量状况和大气污染传输扩散规律,划定国家大气污染防治重点区域,报国务院批准。重点区域内有关省、自治区、直辖市人民政府应当确定牵头的地方人民政府,定期召开联席会议,按照统一规划、统一标准、统一监测、统一防治措施的要求,开展大气污染联合防治,落实大气污染防治目标责任。国务院生态环境主管部门应当加强指导、督促。省、自治区、直辖市可以参照第一款规定划定本行政区域的大气污染防治重点区域。

施安排。

(二) 中央政策规划

事实上,在大气污染跨区域一体化防控法律规定出台以前,为有效地规范京津冀地区一体化的大气污染防控工作,已形成了一套大气污染一体化治理政策机制。

其一,《关于推进大气污染联防联控工作　改善区域空气质量的指导意见》。2010 年 5 月发布的《关于推进大气污染联防联控工作　改善区域空气质量的指导意见》是国家针对大气污染跨区域一体化治理制定的首个综合型、管控型政策规定,标志着我国的大气环境治理工作进入了新的发展阶段,为后来《大气污染防治法》修订时增设专门的大气污染联防联控条款做了铺垫,同时也为今后在其他相关部门法和地方法规、规章中增设符合地方大气污染防治现状的法律规范奠定了基础,①是京津冀地区开展大气污染一体化治理工作的重要政策依据。

其二,《重点区域大气污染防治“十二五”规划》。2012 年 12 月发布的《重点区域大气污染防治“十二五”规划》,提出了五项创新机制,即联席会议制度、环境影响评价会商机制、信息共享机制、联合执法监管机制、预警应急机制等。这些机制为推动京津冀地方政府迅速有效地开展联控行动提供了具体政策保障,具有突破性意义。②

其三,《大气污染防治行动计划》。2013 年国务院出台了《大气污染防治行动计划》,提出大气污染治理要坚持“区域协作与属

---

①　王金南、宁淼:《区域大气污染联防联控机制路线图》,《中国环境报》2010 年 9 月 17 日第 002 版。

②　严昊等:《找回“世博经验”:长三角大气污染协治机制最快下月启动》,《东方早报》2013 年 12 月 27 日第 A12 版。

地管理相协调、总量减排与质量改善相同步",①具体明确了京津冀地区大气污染治理的要求和目标。

其四,《京津冀协同发展规划纲要》。2015年4月,中共中央政治局审议通过的《京津冀协同发展规划纲要》明确提出,在生态环境保护方面,重点是联防联控环境污染,建立一体化的环境准入和退出机制,加强环境污染治理,推进生态保护与建设,积极应对气候变化。

其五,《京津冀协同发展生态环境保护规划》。依据《京津冀协同发展规划纲要》在"生态环境方面联防联控环境污染"取得率先突破的核心要求,2015年年底发改委发布《京津冀协同发展生态环境保护规划》,提出到2017年,京津冀区域力争超额完成国家确定的大气污染防治目标;到2020年主要污染物排放总量大幅削减,PM$_{2.5}$浓度比2013年下降40%左右。《京津冀协同发展规划纲要》以及《京津冀协同发展生态环境保护规划》作为京津冀地区生态环境协同保护的基础性、宏观性政策文件,当然也是京津冀大气污染一体化治理现行法律政策的重要构成,为多项具体的大气污染一体化防控工作的开展以及措施的落实提供了政治导向。

其六,《关于加快推进生态文明建设的意见》。2015年,中共中央、国务院出台了《关于加快推进生态文明建设的意见》以及《生态文明体制改革总体方案》,提出"生态文明建设是中国特色社会主义事业的重要内容,关系人民福祉,关乎民族未来,事关'两个一百年'奋斗目标和中华民族伟大复兴中国梦的实现。总体上看,我国生态文明建设水平仍滞后于经济社会发展,资源约束

---

① 《国务院关于印发大气污染防治行动计划的通知》,http://www.gov.cn/zwgk/2013-09/12/content_2486773.htm,查询日期:2018年8月25日。

趋紧,环境污染严重,生态系统退化,发展与人口资源环境之间的矛盾日益突出,已成为经济社会可持续发展的重大瓶颈制约"。建立污染防治区域联动机制。完善京津冀等重点区域大气污染防治联防联控协作机制,在部分地区开展环境保护管理体制创新试点,统一规划、统一标准、统一环评、统一监测、统一执法。可以说,《关于加快推进生态文明建设的意见》以及《生态文明体制改革总体方案》在京津冀大气污染一体化治理方面提供了重要的体制机制建设蓝本,为具体措施的制定和实施提供了明确方向。

## 二、地方法规与政策配套区域一体化治理的细化规则

### (一)三地"相互衔接"的大气污染防治条例

北京、天津以及河北分别颁布实施了当地的《大气污染防治条例》,在国家《大气污染防治法》的统一协调下具体落实本地的大气污染防控措施。在国家法律政策体系普遍要求"跨区域的大气污染问题应当联合防控"之下,三地的大气污染防治条例也有意识地进行了"衔接"。

其一,《北京市大气污染防治条例》。《北京市大气污染防治条例》主要是在宏观上提出了防治大气污染应当建立健全区域联动的工作机制,加强与相关省区市的大气污染联防联控工作,建立重大污染事项通报制度,逐步实现重大监测信息和污染防治技术共享,推进区域联防联控与应急联动。① 相较于区域其他省市而

---

① 《北京市大气污染防治条例》第6条:防治大气污染应当建立健全政府主导、区域联动、单位施治、全民参与、社会监督的工作机制。第23条:市人民政府应当在国家区域联防联控机构领导下,加强与相关省区市的大气污染联防联控工作,建立重大污染事项通报制度,逐步实现重大监测信息和污染防治技术共享,推进区域联防联控与应急联动。

言,缺少必要的具体协调措施和体系性的立法结构。

其二,《天津市大气污染防治条例》。《天津市大气污染防治条例》明确规定了天津市与北京、河北等地开展大气污染防治协调合作机制的基本原则,①建立"重污染天气应急联动机制"②和"重大项目沟通协调机制"③,同时开展京津冀区域的科研合作统一相关环境标准的制定实施。④ 加快淘汰高污染排放车辆。⑤ 总体上讲,天津市的大气污染防治条例相较于北京市规定得较为详细,明确提出了区域协调大气污染工作的主要制度措施,但仍未能形成较为完整细致的区域大气污染防治立法体系。

其三,《河北省大气污染防治条例》。《河北省大气污染防治条例》因颁布实施于国家《大气污染防治法》实施之后,其体例上也更加契合《大气污染防治法》的整体架构。该条例第 5 章专章规定(大气污染)"重点区域联合防治"。其中主要规定了河北省

---

① 《天津市大气污染防治条例》第 70 条:本市与北京市、河北省及周边地区建立大气污染防治协调合作机制,定期协商区域内大气污染防治重大事项。

② 《天津市大气污染防治条例》第 72 条:市人民政府应当会同北京市、河北省及周边地区人民政府,建立重污染天气应急联动机制,及时通报预警和应急响应的有关信息,并可根据需要,商请有关省市人民政府采取相应的应对措施。

③ 《天津市大气污染防治条例》第 73 条:市环境保护等行政主管部门应当与北京市、河北省及周边地区有关部门建立沟通协调机制,对在省市边界建设可能对相邻省市大气环境产生影响的重大项目,及时通报有关信息。

④ 《天津市大气污染防治条例》第 74 条:市环境保护行政主管部门应当加强与北京市、河北省及周边地区的大气污染防治科研合作,组织开展区域大气污染成因、溯源和防治政策、标准、措施等重大问题的联合科研,推动节能减排、污染排放、产业准入和淘汰等方面环境标准的统一。

⑤ 《天津市大气污染防治条例》第 71 条:市人民政府应当根据本市和北京市、河北省及周边地区大气污染防治需要,加快淘汰高污染排放车辆。

政府应当与北京市、天津市等相邻省市开展区域大气污染治理协调机制,落实《环境保护法》中关于区域环境治理的"四个统一"的工作部署。① 与此同时,河北省环保部门应当与北京市、天津市等相邻省市的环保部门建立"大气污染预警联动应急响应机制",统一规划、统一预警、统一监测并数据信息共享。②《河北省大气污染防治条例》在协调区域大气污染治理方面相较于《北京市大气污染防治条例》和《天津市大气污染防治条例》规定的制度内容最为详尽,整体结构体系性最强。同时,《河北省大气污染防治条例》以河北省政府和环保主管部门为法律调整的主体,明确可以参与区域大气污染治理协调工作的法律职责,在三地大气污染防

① 《河北省大气污染防治条例》第61条:省人民政府应当与北京市、天津市以及其他相邻省、自治区人民政府建立大气污染防治协调机制,定期协商大气污染防治重大事项,按照统一规划、统一标准、统一监测、统一防治措施的要求,开展大气污染联合防治,落实大气污染防治目标责任。省人民政府有关部门在实施产业转移的承接与合作时,应当严格执行国家和本省有关产业结构调整规定和准入标准,统筹考虑与北京市、天津市以及其他相邻省、自治区大气污染防治的协调。有关设区的市人民政府对北京市、天津市大气污染防治项目专项资金应当专款专用,不得截留、挪用。

② 《河北省大气污染防治条例》第62条:省人民政府环境保护主管部门应当与北京市、天津市以及其他相邻省、自治区人民政府环境保护主管部门建立大气污染预警联动应急响应机制,统一重污染天气预警分级标准,加强区域预警联动和监测信息共享,开展联合执法、环评会商,促进大气污染防治联防联控,通报可能造成跨界大气影响的重大污染事故,协调跨界大气污染纠纷。第63条:省人民政府有关部门应当加强与北京市、天津市以及其他相邻省、自治区人民政府有关部门的大气污染防治科研合作,组织开展区域大气污染成因、溯源和防治政策、标准、措施等重大问题的联合科研,提高区域大气污染防治水平。第64条:省人民政府环境保护主管部门会同有关设区的市人民政府,制定重点区域大气污染防治规划,明确协同控制目标,提出重点防治任务和措施,促进区域大气环境质量改善。

治的地方立法中,具有明显的进步意义。

(二)区域"综合框架性"的大气污染治理协议文件

其一,《京津冀区域环境保护率先突破合作框架协议》。2015年,依据《京津冀协同发展规划纲要》以及《天津市贯彻落实〈京津冀协同发展规划纲要〉实施方案(2015—2020年)》,京津冀三地环保厅、局正式签署了《京津冀区域环境保护率先突破合作框架协议》(以下简称《框架协议》),明确提出以大气污染防治为重点,以联合立法、统一规划、统一标准、统一监测、协同治污等十个方面为突破口,联防联控,共同改善区域大气环境质量。具体而言,《框架协议》在大气污染治理领域可以明确解读为:未来京津冀三地将率先从十项重点领域实现大气污染治理的突破,包括联合立法、统一规划、统一标准、统一监测、信息共享、协同治污、联动执法、应急联动、环评会商、联合宣传。

其二,《关于进一步加强环境保护合作的协议》和《加强生态环境建设合作框架协议》。围绕《框架协议》,北京与天津又签署了《关于进一步加强环境保护合作的协议》,天津与河北又签署了《加强生态环境建设合作框架协议》,专项推进落实《框架协议》中关于京津冀协同发展中的生态保护率先突破任务。这对于整个京津冀地区统筹落实大气污染的一体化治理工作具有积极的促进作用。

(三)区域"专项法治化"的大气污染治理协议文件

其一,《关于加强京津冀人大立法工作协同的若干意见》。在一体化立法政策机制方面,2015年在中央提出京津冀协同发展重要国家战略之后,北京市、天津市和河北省人大常委会便共同协商地方立法工作的协同问题,并责成三地法制工作机构深入研究,力争促进京津冀协同发展的立法保障工作。经过反复研究讨论,天津市人大常委会法工委起草了《关于加强京津冀人大立法工作协同的若干意见》（以下简称《若干意见》）草案，并于 2015 年 3 月在天津召开了三地人大常委会的座谈会，三地一致同意《若干意见》草案，并且约定分别由各地的人大常委会主任会议作出决定，分别通过内容是一致的《若干意见》。就京津冀的大气污染一体化治理问题，《若干意见》指出，"京津冀地方立法工作，要认真落实中央要求，按照优势互补、互利共赢、区域一体的原则，以区域基础设施一体化和大气污染联防联控作为优先领域，以产业结构优化升级为重点，把立法工作协同的功夫主要下在联动上，努力实现良性互动、协同发展。"

其二，"京津冀环境执法联动工作机制"。在一体化执法政策机制方面，2015 年京津冀三地环保部门建立了"京津冀环境执法联动工作机制"，旨在形成有部署、有行动、有标准、相互支持、共同配合的环境监察执法局面，共同打击区域内环境违法行为，逐步实现三地环保一体化。就京津冀地区的大气污染一体化治理工作而言，"京津冀环境执法联动工作机制"建立的"定期会商""联动执法""联合检查""重点案件联合后督察""信息共享"五项制度，极大促进了区域一体化大气污染治理工作的开展，为一体化大气污染治理的防控执法工作提供了联合平台。另外，在大气污染一体化治理中，"京津冀环境执法联动工作机制"提出了明确的重点工作：一是排查与处置跨行政区域重污染企业及大气污染问题、环境违法案件或突发大气污染事件；二是在国家重大活动保障、空气重污染、秸秆禁烧等特殊时期，联动排查与整治大气污染源等。

其三，《最高人民法院关于为京津冀协同发展提供司法服务和保障的意见》和《关于京津冀检察机关服务和保障京津冀协同发展的合作框架意见》。在一体化司法政策机制方面，根据最高人民法院制定实施的《最高人民法院关于为京津冀协同发展提供司法服务和保障的意见》中"建立京津冀三地法院联席会议机制"的基本构想要求,京津冀地区现已开展了由最高人民法院召集,京津冀三地法院参加的司法联席会议工作,助理推进京津冀一体化的大气污染治理工作。当下,联席会议机制下设日常工作机构,负责三地法院日常沟通、协调、会商、联动等工作。司法工作联席会议重点研究和解决京津冀协同发展中的重大司法事项、司法需求、司法政策和重大疑难法律适用问题,促进司法裁判尺度的统一。这对于京津冀地区具有跨区域违法性质的大气污染行为来讲,具有极为重要的司法实践意义。

与此同时,2016 年 3 月,北京市、天津市、河北省三地检察机关联合签订了《关于京津冀检察机关服务和保障京津冀协同发展的合作框架意见》。这一"意见"以着力服务京津冀协同发展大局为总体目标,以京津冀检察机关依法合作为基本原则。京津冀地区的检察机关开展合作机制,为进一步探索实现三地联合大气公益诉讼协作机制的开展,共同落实大气环境法律监督,共同打击大气违法行为奠定了极为积极的合作平台。以《最高人民法院关于为京津冀协同发展提供司法服务和保障的意见》与《关于京津冀检察机关服务和保障京津冀协同发展的合作框架意见》为代表,京津冀地区在司法工作协作方面已经展开了新的突破,能够为京津冀地区大气污染治理工作中的联合司法活动提供一种谋求深化协同的新机制。

（四）区域"具体指标性"的大气污染治理政策规划

其一,《京津冀及周边地区大气污染防治行动计划实施细则》。2013 年,根据国务院出台的《大气污染防治行动计划》,环保部牵头京津冀及周边地区制定实施了《京津冀及周边地区大气污染防治行动计划实施细则》,明确指出了京津冀及周边地区落实《大气污染防治行动计划》的具体任务安排和工作目标。

其二,《京津冀区域大气污染控制中长期规划》。2015 年 7月,中国环境科学院启动了《京津冀区域大气污染控制中长期规划》的编制工作,对京津冀区域的大气污染治理工作进行了系统安排,明确空气改善的具体时间表,并进一步明确奖惩原则,推进区域空气质量切实改善。

其三,《京津冀大气污染防治强化措施(2016—2017 年)》。2016 年 7 月,为加大对专项石油、化工等重污染行业的大气污染的治理工作,国家环保部牵头京津冀地区制定实施了《京津冀大气污染防治强化措施(2016—2017 年)》(以下简称《措施》),重点推进 VOCs 整治和超低排放工作。《措施》强调,要加大挥发性有机物(VOCs)综合治理力度。京津冀地级及以上城市 2016 年度前完成所有石化、化工行业 VOCs 综合整治任务。2016 年 10 月底,传输通道城市 10 万千瓦及以上煤电机组全部完成超低排放。

### 三、央地法规与政策实现区域一体化治理的问题难点

(一)《立法法》未明确区域一体化的环境保护立法模式

尽管我国已在京津冀地区划出较为细致的大气污染防治区,但关于区域内的执法依据以环保部牵头、各地行政机关协调配合为主,依然缺乏体系化的协调机制安排,而根本原因在于缺乏区域一体化的立法安排。

但是,国家政策要具体到立法层面,则又面临着当前立法体制造成的现实困境。考查新修订通过的《立法法》,未有一处规定中央立法机关可以制定区域性法律法规,在地方立法方面也将规范性文件的效力范围严格限定在各地方的行政区域范围内。关于不

同立法机关联合立法,仅第 81 条规定,"涉及两个以上国务院部门职权范围的事项,应当提请国务院制定行政法规或者由国务院有关部门联合制定规章。"但部门规章的效力及于全国,与区域立法无甚关联,地方立法机关联合立法在《立法法》中至今缺乏依据。

(二)临时性区域的大气污染治理政策"矫枉过正"

由于严格的地方大气污染治理联合立法工作未能及时跟进,导致部分大气治污思路、措施在临时性的政策调整下"矫枉过正",超出了大气污染防治法律框架的基本原则理念,形成了所谓的"滥用大气治污执法权"问题。例如,部分地区为凸显环保工作"政绩",不加区分地对各种使用环境资源的行为予以限制和禁止,整治手法过于苛刻,不够细致,不分情形,处罚规定过于笼统,按国家标准走,留下的只有大企业。所谓的环保整治,其实就是干了一件事——"一刀切"的关闭停产。[①] 这反映出,一味的以行政政策措施为主,应急性地治理大气污染,必然会导致地方政府为应付上级而采取与长期工作规划不相协调的"政策风暴式"措施,从而对正常的经济秩序造成破坏。从长远来讲,这样的大气污染治理手段并不利于《环境保护法》第 4 条第 2 款所规定的"经济社会发展与环境保护相协调"。

(三)大气污染治理的长效机制尚未建立

大气污染治理是一项长期的系统性工程。大气环境的维持、修复和治理工作,都需要长期目标稳定地进行不断积累和完善。尤其对京津冀地区而言,地区内部各行政区划的经济发展水平的

---

① 《环保执法一刀切!企业终于忍无可忍!有的直接干起来了!》,http://www.sohu.com/a/168648549_739556,查询日期:2017 年 12 月 22 日。

差异,要求京津冀地区的大气污染一体化治理工作必须寻求长效机制的建立。这种长效机制的建立应当以一种可预见的、稳定的、规范性的规则秩序进行构建,并在这种规则秩序之下具体执行区域性的治理措施。目前来讲,京津冀地区的一体化大气污染治理工作,关于一体化的立法机制如何构建,如何长效发展区域环境保护的联合执法工作等,多以行政政策性文件进行部署安排。需要注意的是,大气污染治理的行政政策措施的易变性和灵活性往往只能短时内应付眼前问题,并不足以支撑整个京津冀地区长时、可持续的大气污染治理工作需要。而且,政策与政策之间由于制定实施的部门以及时间上先后顺序的差异,往往存在一定的冲突和不协调,在一段期间内很可能出现"反复"现象,这种大气环保工作的散乱性和分头性问题,很大程度上削弱了区域一体化大气污染治理工作的协调性和系统性,从而导致真正的区域一体化大气污染治理工作难以长期、稳定、高效的开展。

(四)京津冀三地立法衔接不协调

京津冀现行各地方分头制定实施的大气污染防治条例,虽然在一定程度上实现了制度措施的衔接,但是由于各自颁布时间的不同,立法的目标以及具体的侧重点各异,致使各个条例在衔接过程中"一体化程度"十分有限。

首先,河北省关于大气污染一体化治理的规定,因为是在《大气污染防治法》修订之后,所以在内容上较为翔实。而天津市的规定并未设立专门的章节,只有若干条款进行规定,相比之下北京市的规定因为较早,则显得过于原则化。这导致各地很难开展步调一致的一体化治理工作。

另外,三地的大气污染防治条例进行"衔接"的方式,基于地方立法权的空间效力范围的限制,一般是规定本地政府及相关部门要在有关的大气治理方面与其他两地进行配合。需要注意的是,由于各地本身大气污染的污染源以及防控重点是存在差异的,各地均以自身视为重点的内容规定本地与其他地方配合,而该地方条例又无法约束其他地方,则无法充分保障其他地方依据该条例予以配合,从而导致"配合性"的"衔接条款"流于形式。

（五）大气污染防治的联合统一立法缺位

过分靠政策推行大气污染治理工作,会侵蚀环境法治的基本要求,导致"轻法重政",即导致淡化法律作用,过分看重政策的不利后果。2014年2月底,中央确定把京津冀协同发展上升为重要国家战略,习近平同志在中央深改组第二次会议上提出,凡属重大改革都要于法有据,确保在法治轨道上推行改革。① 因此,京津冀地区开展一体化的大气污染治理工作应当严格践行环境法治,以法律法规部署安排和调整联合治污措施。

依法治理大气污染除了由于法律规范本身的确定性、稳定性以及可预见性之外,主要还因为立法是严格的科学、民主过程,法的意志和要求能够最大程度地反映出广大人民群众的利益和期望,能够保证人民利益在大气污染治理过程中的核心位置。然而,京津冀地区的大气污染治理工作一直长期过度依赖环境政策,以政策代替法律作为工作依据,以政策的即时性来取代法律的稳定性和立法的程序性,表面上可以及时应对突发的、临时的环境问题,具有一定的现实基础和实践价值,但是长此以往无论机制是否成熟均一味地以政策进行形式固定,从根本上讲并不利于环境法

---

① 常纪文、汤方晴:《京津冀一体化发展的环境法治保障措施》,《环境保护》2014年第17期。

治化的发展、不利于环保民主科学性的实现。应当说,京津冀一体化的大气污染治理工作,确实应当兼顾立法与政策的相互协调,共同发挥功能。但是,政策应当依法制定和实施,对于探索性政策较为成熟的实践机制应当尽快进行立法审议并以立法进行最终确定。长期立法缺位、政策填补,将导致环境治理工作过度随意,对于京津冀一体化、需要高度集中的大气污染治理工作而言也是极为不利的。

## 第三节　京津冀大气污染治理区域一体化立法的新发展

随着经济发展,社会管理逐渐突破行政区划限制,传统行政管理模式逐渐无法有效适应社会需求。其中,区域公共服务不均衡,环境、交通等区域发展问题较为严峻。因此,"区域一体化"逐渐成为经济、政治、社会、环境等众多问题的衡量单位,区域一体化治理逐渐成为现代治理模式的重要特征。

区域一体化治理的核心在于以区域整体利益为中心,促进社会多元主体的合作。其中,良好的府际关系是区域一体化治理的内在动力,因此良性、全面的府际竞争与合作是组成部分,从而摒弃传统的地方自治观念和狭隘的地方保护主义,协调政府之间的利益关系,合理有效地分配公共资源,扩大公共服务规模,完善区域公共服务体系,提高公共服务水平与效率。

### 一、从协商立法到联合立法的形式变迁

区域一体化立法的议题虽然伴随着区域一体化进程的发展产生,但与区域市场、交通一体化不同,区域一体化立法作为一种法

律活动,不仅包含一般法律活动所具有的特征,更是在基于我国现行多元分层的立法体制之下一种立法活动的新模式和新探索。

（一）京津冀大气污染治理立法形式变迁的内在驱动

京津冀大气污染治理一体化立法是为一体化治理京津冀三地不同行政区域间的大气污染而采取的一种立法方式,使其在大气污染治理立法方面形成三地行政区域间法律制度的统一。

首先,京津冀协同发展战略是关乎经济发展、行政改革、社会治理等多个重大命题的系统工程。① 而法治是社会治理规则的核心,法治一体化是区域一体化的重要组成部分,为区域一体化构建提供制度保障,京津冀三地的协同发展离不开法治一体化的支持。

另外,从环境科学角度来讲,由于大气的运动是一种动态的方式存在,不会局限于一城一地,污染物一进入大气,就会稀释扩散,其污染范围散布于不同行政区域之间。② 这是大气物理运动的自然规律,现行立法体制下各行政区域内的属地管辖模式已经不适应应对该类问题的治理,设计出符合大气污染运动规律的治理模式显得尤为重要,而京津冀大气污染治理一体化立法正是在考虑大气污染规律的基础上所做出的在立法层面上的应对措施,为实现京津冀三地协同治理大气污染提供法律保障。

（二）京津冀"区域一体化立法"走向联合立法形式

立法是由拥有立法权的特定国家机构,依据特定职权和程序,制定、认可、变动表达国家意志的行为规范的活动。③ 基于对法的

---

① 孟庆瑜:《论京津冀协同发展的立法保障》,《学习与探索》2017年第10期。

② 杨金田:《区域大气污染联防联控重点何在》,《瞭望东方周刊》2012年第3期。

③ 张文显:《法理学》,高等教育出版社2012年版,第4页。

范围的不同界定,立法有广义与狭义之分,从广义的角度来讲,可以将一切有权依照程序制定行为规范、制定法律的行为称之为立法。本研究使用的"一体化立法"一词,是"区域一体化立法"的简写形式。而"区域一体化"最初是一个源于经济学的概念,其内涵在于不同的空间经济主体之间为了生产、消费、贸易等利益的获取,产生的市场一体化的过程,包括从产品市场、生产要素(劳动力、资本、技术、信息等)市场到经济政策统一逐步演化。[①] 在此基础之上逐步衍生出交通一体化、政治一体化、市场一体化等多种一体化概念并在多个地区得以实践运用。自党的十八届四中全会提出全面推进依法治国的总目标和重大任务以来,要求凡属重大改革措施必须做到于法有据,任何一种社会治理机制的正常运作都应当以法制作为基本保障,因此在区域一体化进程不断发展的同时,区域一体化立法便成为区域一体化发展过程中的重要法制课题。

1. 区域一体化立法的概念区分

在界定京津冀大气污染治理区域一体化立法的概念之前,首先应对与一体化立法相似的一些概念进行辨析,以更好地界定一体化立法。在学术上或实践中常见的相似概念有协商立法、衔接立法、协同立法、联合立法等几种表述。这些表述在语义上有相似之处,但在学理或实践中则有着不同的具体指向。

第一,协商立法在不同语境下有着不同的概念,通常作为一种政治学意义上的立法方式,主要是指多元参与主体通过协商民主的方式、在法制建设和建构中积极参与、充分发挥协商民主的作用,在协商中广纳群言、广集民智、广纳民意,自由、理性、有序、平

---

① 孟庆民:《区域经济一体化的概念与机制》,《开发研究》2001 年第 2 期。

等地对立法工作和程序提出合理化建议、建设性的意见及其他具有参考性价值的思想,其实质就是通过协商民主的方式,把立法作为协商的一项基本内容进行民主协商。① 而在立法主体关系层面,它可以指不同立法主体之间就相关立法问题相互之间进行研究、商讨进行分别立法。从立法过程上看,协商立法是一种程序性立法方法,强调立法的方法。

第二,衔接立法是指由不同立法主体对于相关联的问题分别立法,在制定法律文件时做到内容上的相互联系。衔接立法强调不同主体间立法内容上的关联性,属于立法的一种结果状态,实践中类如京津冀三地分别制定的大气污染条例以及上海、江苏、浙江省立法机关制定的相互衔接的大气污染防治条例等皆属于衔接立法的范畴。

第三,协同立法是不同行政区域的机构通过合作方式订立的,旨在保持不同区域的法规与规章的协调,避免出现地区规则不一致所引起的冲突。② 在一体化立法语境下,协同立法最常见的方式是不同立法主体之间就相关法律问题制定同一个法律文件,然后由不同立法主体分别颁布。协同立法区别于协商立法和衔接立法,最大的不同在于其在法律文本的形式上有所突破,实现了不同行政区域间法律文本的统一,但通过颁布程序仍由不同立法主体各自独立实施。这种立法方式强调法律文本内容上的统一性,在具体操作过程中既保持了地方立法的独立性又兼顾了统一的需要,该种立法方式为以往众多学者所提倡。

---

① 关振国:《协商立法在法治中国建构中的实践价值》,《湖北民族学院学报》2015 年第 4 期。

② 张瑞萍:《京津冀法制一体化与协同立法》,《北京理工大学学报(社会科学版)》2016 年第 4 期。

第四,联合立法主要是指不同立法主体在就相关联的法律问题立法时,共同制定同一个法律文本,并在该法律文本上共同署名、共同颁布。联合立法在协同立法的基础上更进了一步,不仅实现了法律文本的统一,而且在立法形式上亦实现了三者的统一,立法内容与立法形式兼具。该种联合立法的形式在当前立法体制之下最大限度地契合了一体化立法的需要。

实质上,上述几种立法模式都是在立法内容与形式上达到了某种程度上的统一,但联合立法相较于协商立法等模式更能使不同行政区域相互之间在某一法律问题上达成高度统一。这对于我们界定京津冀大气污染治理一体化立法有着重要的启示作用。

2. 高度联合的"区域一体化立法"模式的选用

当前,调整和规范京津冀大气污染一体化治理工作的主要模式:在国家关于京津冀地区大气污染治理一体化法律政策框架的统筹下,由环保部或其他部委牵头,京津冀地区联合部署落实一系列污染治理措施或者京津冀地区自发由一地发起,联合制定实施大气污染防治措施。这既是一种较为成熟有效的调整京津冀地方一体化治理工作的模式(规范模式),也是一种较为高效的贯彻实施国家关于京津冀大气污染治理一体化法律政策要求的模式(行政执法模式)。这种模式能够有效地将京津冀地区协调统筹起来,打破区域之间、部门之间的利益倾向从而造成的协调困难,同时这种机制能够有效地督促各地区积极落实一体化的工作要求,具有突出的机制优势。由此,京津冀地区打造大气污染治理一体化立法,应当考虑借鉴这一实践模式,由环保部或其他部委牵头,或者由京津冀地区自发进行联合立法,并以联合立法将这一模式规定为一种长效联合立法的法律机制。

## 二、从地方法规到地方标准的内容演进

京津冀大气污染治理一体化立法,即京津冀三地在依据《中华人民共和国立法法》(以下简称《立法法》)以及《地方各级人民代表大会和地方各级人民政府组织法》(以下简称《地方组织法》)等宪法性法律和国内既有立法体制的前提下,协调一致、联合统一地制定实施区域性地方立法,用以专门规范和调整京津冀地区一体化的大气污染治理工作。从立法价值上来讲,根据此前京津冀三地联合确认的《关于加强京津冀人大立法工作协同的若干意见》,京津冀地区应当确保大气污染一体化治理工作的立法引领和保障。京津冀在经济社会协同发展的过程中,在当下已取得一定"环境政策引领大气治污"成果的情况下,应当积极推进立法的起草与制定工作,将成熟政策措施转化为地方法规,从而严格调整地区的一体化大气治污行为。

(一)"区域一体化立法"内容的确立

首先,应建立一体化的大气环境规划制度。环境规划作为环境保护工作的工作指南,具有高度的宏观性以及重要的协同性,可以确保地区一体化环境保护工作长期步调一致开展落实。当下京津冀地区既已部分完成了一体化大气污染防治规划的制定实施,由此以一体化立法为目标确立完善京津冀一体化的大气污染防治规划制度尤为必要。根据现实情况,一体化的大气污染防治规划主要包括环境空气质量改善规划和大气污染源防控规划等。

其次,应建立一体化的大气环境监测制度。环境监测是各项环保工作了解环境情况,及时获取、处理环境信息以及环境执法的重要前提依据。为降低大气环境信息不对称造成区域一体化大气污染防治工作的高成本,应当建立一体化的大气环境监测制度,及

时交流共享环境信息。实际上,当下京津冀地区的大气污染防治工作已经有意识地根据我国《环境保护法》《大气污染防治法》以及"大气十条"等法律政策要求,部署实施了重污染天气联动监测预警机制,实现了监测预警信息的共享交流。应当以此为基础,进一步通过区域性统一联合立法建立一体化的大气环境监测制度,扩大大气环境监测一体化的范围和程度,实现京津冀区域整体布控、整体构建网络、整体信息发布、整体环境执法。

再次,应建立一体化的大气环评会商制度。环评制度是重要的基础性环境保护法律制度,贯彻了"保护优先、预防为主"的基本原则。在环评制度与跨区域环境保护制度相结合的过程中,形成了环评会商机制。我国《大气污染防治法》以及"大气十条"均明确提出了"环评会商"的要求,京津冀地区在法律和国家政策的基础上,应当以一体化立法细化完善环评会商制度。具体而言,京津冀一体化环评会商立法应当包括环评会商的主体、程序、公众参与以及法律效力等内容,真正将环评会商机制落于实处。

最后,应建立一体化的大气污染防控措施制度。当前京津冀地区广泛以政策性文件部署安排了大量的大气污染防控措施,基本实现了在政策层面的防控措施一体化制度安排。接下来急需将一体化的政策措施进行法律规范化,形成法律长效机制。具体来讲,考虑到政策的必要性,可以通关立法建立政策性措施的联动机制,规范政策制定的法律程序要求,确保政策在严格的法律框架内制定实施,妥善协调好经济与环境的关系,杜绝"政策风暴"引发的"滥用环境执法权"现象。当然,对于基础性的大气污染防治措施,则可以通过一体化立法直接予以确认,直接建立污染防治法律措施,避免政策措施的直接介入。

（二）"区域一体化立法"大气环境标准的体系构建

环境标准是环境治理工作的主要依据和具体行为尺度,[1]更是区域环境协同治理的必要前提。[2] 京津冀地区的大气环境治理标准一体化,主要包括以下四个方面。

一是环境空气质量标准的一体化。京津冀一体化的环境空气质量标准,需要以一体化的环境空气质量目标(包括改善目标、限期达标指标)为向导,进行一体化的环境质量改善要求配置,从而保障区域内的大气污染防治工作(重要的是产业结构调整、能源结构革新等宏观治理)能够协调一致,避免出现因宏观质量标准的差异而形成"我保护、你污染"的局面,造成大气污染防治成本的升高。

二是大气污染物排放标准的一体化。京津冀地区严格控制各类固定、移动大气污染源的各种污染物排放,应当在区域一体化的经济社会发展过程中,逐步实现各地污染物排放标准的统一协调。目前,北京市的多项排放标准明显高于天津、河北等地,从而导致京津冀整体污染防控以及污染整治任务落实缓慢,并且容易造成污染产业、企业向低标准处的溢化。京津冀大气环境标准一体化,应当强调推进各类大气污染物排放标准的逐步协调统一,促进京津冀地区形成整体化的大气污染物排放约束。

三是能源标准的一体化。目前,以能源结构不合理导致的大气污染问题已成为京津冀大气污染问题的顽疾。对以煤炭为主的化石能源的大量依赖,是造成京津冀大气污染问题的重要原因之

---

[1] 韩广、杨兴等:《中国环境保护法的基本制度研究》,中国法制出版社2007年版,第377页。

[2] 常纪文、汤方晴:《京津冀一体化发展的环境法治保障措施》,《环境保护》2014年第17期。

一。为此,京津冀地区在环境标准一体化构建的过程中,应当强调能源标准的统一,如煤炭洗选标准、燃油生产标准等,从而进一步实现一体化的能源标准与一体化的排放标准相适应。

四是监测标准的一体化。京津冀三地应当建立"协调一致、信息共享"的大气环境监测网络,在国家统一环境监测规范的基础上,应当一体化对于监测标准要求进行协调统一,从而实现从监测的严格尺度、监测的类型、监测的信息范围等方面,构建一体化大气污染防控格局。

(三)"区域一体化立法"法律解释方式的创新

理解法律规范的含义和具体要求,是从法律规范到法律实施过程中的必要环节,也是法律价值得以实现的重要纽带。通过对法律规范的解读,执法者可以掌握法律规范准确、具体的含义以便充分、全面地实施。

京津冀地区在大气污染治理一体化立法的过程中,应当强调对现行大气污染治理一体化法律政策体系区域一致的法律解读,形成区域整体体系性的理解。当前,京津冀地区既已形成了一套围绕大气污染治理一体化的法律政策体系,体系庞大且数量繁多,在不同地方贯彻实施过程中,避免不了解读上的分歧,从而导致一体化的法律政策无法真正一体化实施。针对这一问题,在当下构建大气污染治理一体化立法的过程中,应当完善法律政策的区域体系性解读机制,定期进行联席交流,统一各地对执法规范的理解。

在解读的内容方面,应当对国家大气污染治理法律政策一体化解读,比如对《京津冀协同发展规划纲要》《京津冀生态环境协同保护纲要》以及国家生态文明建设的区域整体要求,在国家统一法律政策解释的基础上,进一步统一学习、集中理解,避免"分头解释、区别领会贯彻"下的简单协同执行,导致在整体治理思路上出现分歧。同时,也要对环保部或其他部委牵头的地方联合法规政策在实施的过程中,定期一体化解读,防止一体化法规政策在执行中"走样"。除此之外,京津冀地区在今后一体化大气污染防治工作中,可以探索性地提请全国人大常委会对跨区域的大气污染防治法律规定进行法律解释,以促进京津冀地区的环保工作准确高效落实。

### 三、从主体融汇到效力扩张的制度超越

开展区域大气污染一体化立法,对于传统大气污染问题以及区域性新问题的立法协调,将推动立法内容的创新。

#### (一)京津冀大气污染治理区域一体化立法的主体融汇

我国目前各行政区域之间平等享有立法权的制度设计不仅不利于各地区立法协调统一,而且不利于一部统一的协同治理立法顺利形成。大气污染一体化治理,最主要的就是各地方之间的协调与合作。因此,完善区域一体化立法将推动地方立法关系的创新,使区域内各地方以区域整体利益为核心目标,协调各地之间以及与区域整体之间的利益关系,通过积极协作不断完善区域一体化法律体系。京津冀在区域大气污染一体化立法过程中对地区立法关系的创新将为国内其他区域提供可靠经验。

首先,体现为区域统一协调机构的设置,即京津冀区域大气污染防控委员会,作为区域一体化立法协调和总执行机构。委员会经国家批准设立,具有权威性和正当性;由京津冀及周边地区大气污染防治领导小组派出的环境保护专员、三省市立法、行政机关、环保机构负责人、环境保护组织和群众代表组成,具有科学性和民主性。委员会具有独立性,其将依照科学、规范的决策程序,指导

和协调大气污染一体化立法中的各项工作。

其次,针对区域大气污染法治的一体化,既需要国家层面的宏观规定,又需要区域层面的具体规定。在区域自行规定时,首先需要三地联合进行宏观原则性的规定,具体包含地方协同立法和治理的指导思想,对大气污染一体化治理具体问题的整体指标和协调方式等,之后才交由三地有关机关在此基础上进行分别立法。这样做有利于使区域一体化立法的宗旨和目标更加明确,提高协同立法效率。

最后,针对地区各自立法,同样需要建立有效的立法协商与沟通机制,联合确立重点立法协同项目,并就地区年度立法计划、法规草案等互相征求意见,实现从立法起草开始全方位的协同。为此,三地人民代表大会和人民政府可以通过立法联席会议的方式为立法协商提供平台,政府之间也可以缔结地方政府协议。

国家和地方的法律文件均明确实行区域大气污染联合防治机制,以及"统一规划、统一标准、统一监测、统一防治措施"的"四统一"原则和要求。立法原则是区域大气污染一体化治理机制的基础,有利于在一体化立法中确保有效的协同。[①] 此外,即使强调区域大气污染一体化治理,各地区之间的经济发展水平、生态环境现状以及环境治理水平和能力均有较大差异,如果一味地强调区域协调统一而忽视地方差异,可能会削弱地方在一体化治理中的积极性,不利于提高区域大气污染治理效果。因此,在协调统一的指导原则下,不能忽视区域内各地方之间的差异。

区域一体化立法是对传统立法模式的重大创新,其核心在于

---

① 王海涛等:《区域经济一体化视阈下京津冀产业结构分析》,《东北大学学报(社会科学版)》2013年第4期。

如何通过立法有效协调各地区立法主体以及市场主体之间的利益关系,构建区域大气污染一体化治理平台,推动环境标准、信息公开、公众参与、监督执法的一体化。对各地区环保标准的制定和执行的统一是基础,主要为大气环境质量标准和污染物排放标准。大气污染区域一体化治理的主体机制包含政府机制、市场机制和公众参与机制。其中,市场机制起主导作用,而政府需要发挥引导和监督的作用。通过利益协调机制和市场激励机制,在区域合作中实现区域以及各地区的收益最大化,提高企业等市场主体的积极性。此外,扩大一体化治理中的公众参与,能够保障治理主体的多元化和广泛性,以及弥补前两种机制的失灵。①

(二)京津冀大气污染治理区域一体化立法的效力扩张

一般来讲,法的效力范围涉及四个维度:一是时间效力,二是空间效力,三是对人效力,四是对事效力。具体到京津冀大气污染治理区域一体化立法上,其时间效力、对人效力和对事效力相比于空间效力问题并不突出,无需过多讨论,而其空间效力范围则因关涉众多、重大法律关系而成为三地的争议热点问题,本研究从京津冀地区的实际情况出发,认为区域一体化立法文件的空间效力应及于京津冀三地整体的行政区域,而不是局限于三地各自的区域之内。理由如下:

首先,这是由京津冀大气污染治理一体化立法的性质决定的。实现三地一体化立法,构建在三个不同行政区域内法制的统一格局,其性质本身就蕴含空间效力范围一体化的内容。

其次,京津冀大气污染治理区域一体化立法的主体类型和立

---

① 朱京安、杨梦莎:《我国大气污染区域治理机制的构建——以京津冀地区为分析视角》,《社会科学战线》2016年第5期。

法模式,为一体化立法的空间效力及于整个京津冀行政区域提供了依据。在以中央为主体的立法模式下,依据《宪法》《立法法》规定,全国人大及其常委会、国务院及其组成部门可以制定全国性的法律法规,其空间效力及于全国,当然及于京津冀地区。在以京津冀地方为主体的立法模式中,地方立法的空间效力首先及于本地方行政区划,在此基础上地方以协调或联合模式制定一体化立法,方可以在京津冀整个区域获得空间效力。简言之,无论采取哪一种立法模式,其空间效力范围都应该及于整个京津冀区域。

最后,将京津冀大气污染治理区域一体化立法的空间效力范围确定为京津冀整个行政区域,是立法遵循自然规律、解决区域大气污染问题的本质要求。如果空间效力范围没有突破各自行政区划的范围,那么区域一体化立法将无法有效地应对和解决具有区域流动性的大气污染问题。

## 第四节　京津冀大气污染治理区域一体化立法的可行性

### 一、"一带一路"倡议为区域一体化立法提供了国际交流平台

"一带一路"战略构想的提出,是中国贡献于国际社会的公共产品,也为中国的可持续发展提供了国际合作契机,为京津冀大气污染治理区域一体化立法提供了新的国际交流平台。

(一)绿色发展理念的交流为区域一体化立法提供了价值引领

早在2015年,国家发展改革委、外交部、商务部发布了《推动共建丝绸之路经济带和21世纪海上丝绸之路的愿景与行动》,明确提出要突出生态文明理念,加强生态环境、生物多样性和应对气候变化合作。2017年,环境保护部、外交部、国家发展改革委、商

务部四部委联合印发《关于推进绿色"一带一路"建设的指导意见》,作为推进"一带一路"建设的纲领性文件,该《指导意见》体现了国家在"一带一路"建设中突出生态文明理念、推动绿色发展、加强生态环境保护、共同建设绿色丝绸之路的决心。

中国坚持以"绿色发展理念"致力于"绿色丝绸之路"建设,以"绿色发展理念"引领沿线国家区域合作。绿色发展理念成为"一带一路"建设中国际交流的重点议题,同时也为国内京津冀区域一体化发展注入了"绿色激素",推进了京津冀大气污染治理区域一体化立法的创新与突破。① 以"惠民和强国"②为内涵目标,"一带一路"倡议下"绿色发展理念"的国际交流,为京津冀大气污染治理区域一体化立法提供了价值引领。

1. 绿色惠民理念明确区域一体化立法的本质导向

习近平同志指出:"环境就是民生"③"良好生态环境是最普惠的民生福祉"④"要把环境治理作为重大的民生实事紧紧抓在手上"⑤"为人民提供更多优质生态产品,推动形成绿色发展方式和生活方式"⑥。这充分体现了党和国家以人民为中心的发展理念,

① 《建设绿色"一带一路"的路线图》,《中国环境报》2017 年 5 月 16 日第 01 版。
② 焦艳、李合亮:《习近平绿色发展理念的形成及内容》,《中共天津市委党校学报》2017 年第 2 期。
③ 《习近平张德江俞正声王岐山分别参加全国两会一些团组审议讨论》,《人民日报》2015 年 3 月 7 日第 1 版。
④ 《加快国际旅游岛建设谱写美丽中国海南篇》,《人民日报》2013 年 4 月 11 日第 1 版。
⑤ 《习近平就建设首善之区提出 5 点要求》,《新华每日电讯》2014 年 2 月 27 日第 1 版。
⑥ 《中共中央关于制定国民经济和社会发展第十三个五年规划的建议》,《新华每日电讯》2015 年 11 月 4 日第 1 版。

充分实践绿色为民的生态环境保护观念。总体上讲,绿色惠民理念就是要让绿色发展的成果惠及广大的人民群众。

2017 年,第一届"一带一路"国际合作高峰论坛期间,京津冀地区区域一体化打响"蓝天"攻坚战,"蓝天白云"成为会议期间一道亮丽的风景线,这正是"一带一路"建设绿色惠民理念对京津冀大气污染治理区域一体化立法价值导向的积极影响。这种积极影响明确了未来我国京津冀大气污染治理区域一体化立法的本质导向,即以惠及广大人民群众为宗旨,一体化立法工作围绕人民福祉的增加。这使得京津冀大气污染治理一体化立法获得了实质理念上的"主心骨"。

2.绿色强国理念明确区域一体化立法的根本方向

习近平同志强调:"牢固树立保护生态环境就是保护生产力、改善生态环境就是发展生产力的理念"①和"绿水青山就是金山银山"的发展观念,生动阐释了"绿色强国理念"下经济发展与环境保护之间的关系,将生态环境保护放在重要的位置,是实现强国梦不可或缺的重要组成部分。

西方国家的工业化历程多经过了"先污染、后治理"的不可持续发展阶段,为人类社会的生存和发展带来了不可逆转的消极影响。"一带一路"倡议下,沿线国家在国际交流与合作中,都将生态环境保护摆在国家发展的重要战略位置,绿色强国理念得到了广泛的认可。

"绿色强国理念"为我国当前转变经济发展方式树立绿色发展观念指明了道路,也为京津冀地区如何处理经济发展和大气污

---

① 《盲目决策破坏生态要终身追责》,《新华每日电讯》2013 年 5 月 25 日第 1 版。

染治理之间的关系提供了理论指导。总体而言,绿色强国理念明确了京津冀大气污染治理一体化立法的根本方向,即走可持续发展的道路,协调环境与经济发展之间的矛盾,实现经济社会高质量发展,推动我国社会主义建设向新阶段迈进。

(二)沿线国家区域立法经验交流为区域一体化立法提供参考

21世纪以来,国际形势呈现出经济全球化的特点。经济社会发展在面临传统安全威胁的基础上,更面临着如资源短缺、气候变化、环境污染等源自生态的全球性非传统安全领域的新挑战。[1]对此,必须牢固树立人类命运共同体意识,加强国际合作,学习其他国家的先进经验,反思其他国家错误做法、吸取教训,积极构筑尊崇自然、绿色发展的生态体系。[2] 在京津冀大气污染治理区域一体化法的过程中,借助"一带一路"倡议的国际交流平台广泛开展区域一体化立法经验交流,积极学习发达国家大气污染治理立法的成功经验,可为探索具有中国特色的大气污染治理区域一体化立法提供有益参考。

具体而言,美国建立了区域法治协调的机制,这种机制主要由州际协定和行政协议组成。其中,州际协定具有刚性约束力,主要解决重大的政治问题和敏感问题,而除此之外的其他问题则主要通过行政协议的形式加以解决。[3]

日本也具有类似的跨区域事务协调机制,如广域行政制度,即

---

① 曲星:《人类命运共同体的价值观基础》,《求是杂志》2013年第4期。

② 《习近平出席第70届联合国大会一般性辩论并发表重要讲话》,http://news.xinhuanet.com/ttgg/2015-09/29/c_1116703634.htm,查询日期:2017年9月29日。

③ 高桂林、姚银银:《大气污染防治联治中的立法协调机制研究》,《法学杂志》2014年第8期。

推动市町村等行政区域合并,在都道府县及市町村行政区域不调整的情况下,通过合作推动广域行政。① 日本以该制度为基础,建立了跨区域的协调机制,在立法上,协调各地方的自治法,为跨区域的协调机制平台提供了法律依据。

欧盟在大气污染治理问题上也建立了相应的立法协调机制。欧盟根据自身的实际情况和欧盟的组织架构,建立了具有特色的立法协调机制,采取咨询、合作与共同决策的立法协调机制。

以上国际普遍的、各种形式的"区域协调机制",为京津冀大气污染治理区域一体化立法提供有益参考。

(三)区域优势资源交流为一体化立法提供保障

通过"一带一路"的国际交流平台能够整合沿线国家优势资源,开展区域优势资源交流,为京津冀大气污染治理区域一体化立法提供重要资源保障。

第一,人才优势资源交流。中国作为"一带一路"倡议的发起国、成员国,在引领绿色"一带一路"建设发展的进程中,通过沿线国家的共同努力,能够广泛开展具有国际视野的高素质环保人才的联合培养,促进沿线各国的环保人才交流,培养大气污染治理区域一体化立法急需的法律人才与环保人才,形成人才优势资源保障,为我国京津冀大气污染治理工作打下坚实的人才基础。

第二,资金优势资源交流。"一带一路"倡议下,各成员国积极推进"丝路基金"的组建运营,推动设立生态环境保护专项基金,同时积极投资沿线成员国的绿色产业,实现绿色发展,减少经济发展对大气环境的破坏。京津冀大气污染治理区域一体化立法

---

① 高桂林、姚银银:《大气污染联防联治中的立法协调机制研究》,《法学杂志》2014年第8期。

对接"一带一路"框架下的合作协议,可以争取丝路基金与专项环保基金,为接下来的治理工作获取资金优势。

第三,技术优势资源交流。按照优势互补、互利共赢的原则,"一带一路"倡议促进了沿线国家在新一代信息技术、生物、新能源、新材料等新兴技术领域的深入交流,落实了共建联合实验室(研究中心)、国际技术转移中心、海上合作中心等部署,实现了科技人员交流、合作开展重大科技攻关,共同提升科技创新能力,为京津冀大气污染治理区域一体化立法中深入开展技术合作和落实技术保障提供了重要基础。

## 二、"全面深化改革"部署为区域一体化立法提供了政策保障

全面深化改革作为"四个全面"的重要组成部分,对国家各项发展领域均具有重要的引领和政策保障作用。京津冀大气污染治理区域一体化立法工作是推进生态环境保护领域深化改革的具体表现,对于生态文明体制改革和推动区域大气污染联防联控工作以及跨区域大气污染治理立法创新均具有重要意义。

(一)政治体制改革推动立法结构创新

1. 自上而下的立法结构创新

与生态环保相关的政治体制改革存在自上而下的发展趋势,为自上而下的立法结构创新点明了方向。首先,中央环保督察制度的建立,标志着自上而下的环境执法体制的探索形成,地方政府和环保部门面临着更加严格的环保整治要求和更加严厉的环保问责压力。中央环保督察制度经过历次巡视,积累了许多宝贵的经验。在中央环保督察组的指导下,各省纷纷成立省一级的环保督察组,就本区域的环境问题展开巡视并形成了系统的问责机制。

与此同时,省级以下环保机构监测监察执法垂直管理制度改

革,赋予相关环保部门独立的人事任免权和财权。在法律层面上,也尝试就环保部门的设置、权限、职责和分工等问题进行创新。

另外,在国家的政治体制改革中,逐渐形成了以环保为重要指标的自上而下的政绩考核体制,改变了以往以 GDP 增长为导向的评价体系,突出环境保护和大气污染治理的重要性,提高了地方治理大气污染的积极性。总而言之,自上而下导向的政治体制改革,为相应的自上而下的区域一体化立法结构创新,提供了政策基础和保障。

2. 横向合作的立法结构创新

京津冀地区当前开展了系列府际合作的创新机制,为大气污染治理区域一体化立法的横向立法结构的创新奠定了基础。京津冀地方人大立法体制的改革是京津冀地区大气污染治理区域一体化立法创新的关键环节。当前,在国家全面深化改革的背景下,基于政治体制改革的总体部署,三地人大建立了立法工作协同制度框架,形成了立法工作联席会议制度,建立了地方立法起草、修改的协商沟通机制和立法项目协同机制,有效发挥了立法对京津冀大气污染治理的引领和保障作用。京津冀三地在全面深化政治体制改革背景下开展的各式横向合作创新,为区域一体化立法横向结构的突破提供思路上的重要方案。

(二)生态文明体制改革推动立法内容创新

1. 生态文明建设的内涵统筹了区域一体化立法的核心内容

生态文明建设作为"五位一体"总体布局的重要组成部分,是我国着眼于全面建成小康社会、实现社会主义现代化和中华民族伟大复兴的时代背景提出来的。作为国家宏观顶层设计,在京津冀一体化发展中应当坚决贯彻,把生态文明建设放在京津冀协同发展战略建设的重要位置,早作谋划,体现在京津冀一体化发展的方方面面。在京津冀三地协同发展的过程中,生态文明建设为大气污染治理一体化立法治理提供了不可多得的契机。当前京津冀地区最为突出的生态环境问题就是大气环境污染,大气污染的治理关系到人民群众的生命健康问题,关系到京津冀地区可持续发展的问题。京津冀三地应该充分认识生态环境保护的至关重要性,顺应国家布局的规划,制定政策措施,把大气污染治理作为当前开展的重要工作,加强三地协调,通过促进生态文明体制改革,推动一体化立法模式和内容创新,共建美丽中国。

2. 生态环保法律体系为区域一体化立法内容提供保障

在生态文明体制改革的推动下,我国不断加强大气污染防治领域的立法工作,初步形成了以宪法、法律、行政法规、部门规章、地方性法规以及其他规范性法律文件、行政规范性文件等不同层级的、比较完备的法律保障体系,对生态文明体制改革的成果起到了巩固作用,为京津冀大气污染治理区域一体化立法的内容创新提供了重要的法律引领、框架支撑和体系保障。

从某种程度上讲,生态文明体制改革的实践和中国特色社会主义法律体系为京津冀大气污染治理区域一体化立法内容的创新,提供了理论和实践上的可能性。以京津冀三地在近年来纷纷出台本地区的大气污染防治条例为例,实质上各地进行了立法内容的协同。在制定大气污染防治条例过程中,京津冀三地首次开展立法协同,就建立协调机制、环评会商、协同监管、联防联治等做出规定。三地人大常委会组成人员互相考察交流,建立了会议交流机制,为京津冀大气污染治理区域一体化立法建立了基础。[1]

---

[1]　高建、白天成:《京津冀环境治理政府协同合作研究》,《中共天津市委党校学报》2015 年第 2 期。

### 三、"京津冀一体化"战略为区域一体化立法提供了经济基础

京津冀协同发展上升为重大国家战略,为这一地区的大气污染治理一体化立法提供强有力的经济支撑。由此,京津冀大气污染治理区域一体化立法具有多方位立体式的经济基础。

（一）经济结构一体化调整保障区域一体化立法顺利推进

京津冀协同发展战略作为我国三大国家级战略之一,是在全面深化改革步入深水区、经济发展进入新常态的时代背景下提出来的。与西方发达国家的城市群相比,我国的城市群明显在数量和质量上还存在较大的差距,其发展长期受制于供需矛盾,其中京津冀地区的问题最为突出。[1] 为了解决这一矛盾,实现京津冀地区乃至全国的可持续发展,为经济增长增添新的动力,京津冀协同发展战略应运而生。京津冀协同发展战略实现了北京、天津、河北三地的有机融合,达到互补性发展,进一步释放经济社会发展的潜力,打造内部有机良性发展的世界性城市群。这一过程在经济层面的本质上来说,就是一个解决区域供需矛盾的过程,即供给侧改革的过程。通过这一过程,使京津冀地区的经济结构得到一体化的调整,产业结构和区域结构不断优化。经济结构的一体化调整为这一地区大气污染治理的一体化立法奠定了经济基础,破除横亘在这一区域的经济结构壁垒,对京津冀大气污染治理区域一体化立法的顺利开展和推进,提供了重要的保障。

1. 一体化的产业对接保障区域一体化立法

京津冀通过三地的产业对接协作,进一步优化城市空间布局和产业结构,有序地疏解北京的非首都功能,扩大环境容量和生态

---

[1] 姚伟:《推进供给侧结构改革,探索京津冀协同发展新机遇》,《中国商论》2017 年第 2 期。

空间,增强经济的发展活力,打造全国经济增长新引擎。

　　京津冀协同发展战略在未来一段时期会极大激发经济增长的潜力,促进环首都、环渤海地区乃至全国经济发展步入崭新的阶段,其关键在于"一体化"的产业对接率先突破。也即,京津冀三地立足于各自的比较优势和现代产业分工的要求,按照区域优势互补的原则,遵循合作共赢的理念,进行产业对接,实现经济的共同发展。产业对接使得京津冀三地的产业布局得到进一步优化,在大气污染治理一体化立法中能够根据三地的具体情况因地制宜地采取合理的大气污染控制标准,使产业发展与大气污染治理相互协调。

　　2. 一体化的产业转移保障区域一体化立法

　　京津冀地区的"一体化"发展将激活本地区的产业转移,通过产业的分工与协作,形成本地区产业良性互动的发展机制,进一步提升本地区经济的可持续发展水平。经济发展水平的提高一方面会带来产业的转型升级、经济发展结构的优化,另一方面也会吸引更多低耗能、高附加值的绿色企业落户京津冀地区,形成良性发展的经济结构,为本地区的生态环境保护打下坚实的经济基础。随着全面深化改革的深入,创新、协调、绿色、开放、共享的新发展理念逐渐深入人心,政府和社会不断加大对生态环境保护的投入,为生态环境和大气污染治理提供了坚实的经济保障。在更高层面上,随着我国社会主义建设步入新时代,传统的粗放型经济增长模式已经不符合京津冀地区经济发展的需要,作为京畿要地,探索新型经济增长模式的任务是京津冀地区义不容辞的责任。产业转移与大气污染治理一体化立法工作相互衔接,将对大气环境污染严重的产业及时淘汰或转移,对大气环境治理工作奠定稳步推进、长期进行的可持续性基调。

### 3. 一体化的产业布局保障区域一体化立法

随着中国经济发展步入新常态,社会主义建设进入新时代,必须以新的面貌迎接新的挑战。在产业布局与城市布局方面,京津冀协同发展强调经济结构调整应当细致划分区域各空间的分区功能,既要考虑区域整体的空间布局与规划,又要重视各功能分区的具体情况。这实际上满足了京津冀大气污染治理区域一体化立法的需要。京津冀大气污染治理区域一体化立法,是法制的统一性和法律与社会适应性的协调,既要保障整个区域经济功能的发挥,采取全面统一的大气污染治理措施,又要有所差异、因地制宜,采取异化的举措。一体化的产业布局既强调整体功能,又重视分区功能,恰好契合区域一体化立法既关注整体又着眼差异的基本要求。

### 4. 一体化的产业环保化要求保障区域一体化立法

随着经济发展水平的提高,人们环保意识的增强,都要求区域的城市具有更加优化的、良好的生态环境和大气环境,也都因此要求绿色环保化的产业发展方向。京津冀地区一体化的产业环保化要求是区域经济发展和经济结构调整无法回避的问题。客观上经济发展水平的提高给人民群众带来了更加美好幸福的生活,而区域生活质量的提高也在区域内形成了一体化的要求,共同追求更高标准的生态环境和大气质量。在一体化的产业环保要求之下,区域政府和社会以更加平和和科学的心态审视地区经济结构调整和布局建设的现状,这为当前京津冀大气污染治理区域一体化立法提供了重要保障。

### (二)一体化的经济发展目标保障区域一体化立法协调统筹

改革开放四十多年来我国经济飞速发展,经济总量已经稳居世界第二位,人民生活有了很大改善,但是也要清晰认识到我国仍处于并将长期处于社会主义初级阶段的基本国情没有变,我国是世界上最大发展中国家的国际地位没有变,发展经济仍然是我国当前的主要任务。大气污染治理作为生态环境保护的重要组成部分,应当遵循生态环境保护的一般规律和方式,坚持从源头治理大气污染,在先期的经济发展目标中就要有生态环境保护和治理大气污染的意识。京津冀协同发展的战略部署下,区域一体化的经济发展目标保障了区域经济发展步调一致,保障了区域大气污染治理一体化立法的协调统筹。

1. 一体化的可持续发展目标助力区域一体化立法全面统筹

首先,一体化的经济发展规划在三地树立了一体化的可持续发展目标,统筹了大气污染治理区域一体化立法的目标要求。可持续发展是生态可持续发展、经济可持续发展和社会可持续发展三者的有机统一,也是建立在生态可持续性、经济可持续性、社会可持续性基础之上的经济与社会和人与自然的协调发展。[①] 在可持续发展系统中,以生态可持续发展为基础,以经济可持续发展为主导,以社会可持续发展为目标。所以,经济可持续发展,不单纯是经济问题,还涉及自然、生态、资源、社会等很多与经济相关的方面。可持续发展要求今天人们福利水平的提高不能以未来人们福利水平的下降为代价,即:可持续发展不但要解决当代人发展的问题,还特别强调人类代际之间行为的相互影响,尤其是消除当代对后代的不利影响,即代际外部性。[②] 因此,对可持续发展不能作孤立的理解,可持续发展不是单纯生态、经济、社会其中之一的可持续发展,要从整体上理解,三者之间是相互协调、相互促进的关系。

---

① See P. Ya. Baklanov. Indicators, " Criteria and Limitations of Regional Sustainable Development", *Geo-Information Science*, 2007(9), pp.79-85.

② See Alan Frieker, "Measuring Up to Sustainability", Futures, 1989(4), p.367.

由此,京津冀地区树立一体化的可持续发展目标既是三地空间上的一体化目标,也是经济、社会和生态一体化的目标,将大气污染治理区域一体化立法在三地的顺利开展完整统筹起来,大气污染治理既要三地空间上步调一致,又要三地在经济、社会和生态上步调一致。可以说,一体化的经济发展规划强调可持续发展,正是在为一体化的大气污染立法强调可持续发展做铺垫。

2. 一体化的绿色发展目标申明区域一体化立法的目的

随着我国经济发展步入新常态,经济发展更加注重对生态环境的保护成为社会的广泛共识,传统的"先污染后治理"经济发展方式不符合经济绿色发展的思路,从长远看不利于经济持续稳定的增长。京津冀地区的经济发展要走新型工业化道路,以绿色发展为目标,布局绿色产业、保护绿色生态,摒弃传统西方国家"先污染后治理"的思维定势,走绿色发展之路。

早在 2013 年,习近平总书记在哈萨克斯坦纳扎尔巴耶夫大学发表演讲并回答学生提出的问题,在谈到环境保护问题时指出:"我们既要绿水青山,也要金山银山。宁要绿水青山,不要金山银山,而且绿水青山就是金山银山。"习近平总书记的讲话生动阐释了经济发展与生态环境保护的关系,"绿水青山就是金山银山",这为我们当前转变经济发展方式,促进京津冀地区绿色、协调发展指明了道路,京津冀地区要实现什么样的发展,怎样发展,如何处理京津冀地区经济发展和大气环境治理之间的关系提供了理论指导。

京津冀地区区域经济的绿色发展就是生态环境的绿色发展,唯有树立经济绿色发展的观念才能从根本上治理好京津冀地区的大气污染。经济的绿色发展就是不向自然界贪婪地索要财富,而是在保护生态环境的基础上大力发展绿色经济。京津冀大气污染治理一体化立法工作就是为了协调三地的经济发展方式,建立大气污染联防联控机制,确保三地走上绿色发展之路。由此,京津冀协同发展之下,区域一体化的绿色发展目标,有助于为区域一体化立法申明目的原则,确保各地方、各单位凝心聚力,保障大气污染治理一体化立法工作能够落到实处。

# 第二章　域外大气污染治理区域
# 一体化立法的实践探索

近年来,大气污染现象在京津冀地区频发,呈现出区域一体化特征。因此京津冀地区的大气污染在治理上,为寻求协同治理的突破,亟待制度"顶层设计",即通过区域一体化的制度安排大气污染联防联控,一体化的大气污染要求一体化的治理。由此京津冀地区的大气污染防治势必要超越传统的地方治理权力区隔,采取区域一体化的立法对策,通过立法设计联防联控,发挥三地在治理上的协同效应。西方发达国家上百年来的治污历史实际,为我国京津冀地区提供了宝贵的经验,如采取从中央到地方多位一体的立法策略、构建国内区域法律协调机制、将大气防控区域划片实行区域联防联控治理方法等。所谓"他山之石,可以攻玉",我们应借鉴这些国家的有益立法经验,同时结合我国当前的立法体制,创新适合我国具体国情的立法模式,积极探索区域大气污染联防联控法律制度,为京津冀地区的大气污染一体化治理提供重要的规范引领和制度保障。

## 第一节　欧盟大气污染治理区域
## 一体化立法的实践

一体化的大气污染要求一体化的治理,京津冀地区的大气污染防治势必要超越传统的地方权力区隔,而采取区域一体化的立法对策。通过联防联控,发挥三地在治理上的协同效应。区域一体化的立法治理在西方发达国家上百年的治污史中都可以找到成功的经验。作为高度政治经济一体化的国际组织,欧盟大气污染治理的立法在区域多边一体化框架治理方面具有得天独厚的优势。

## 一、从末端分治到源头联合的区域一体化立法背景

(一)从"末端治理"走向"源头治理"

"雾都""阴霾""昏暗"等词在 19 世纪的英国名著中常常出现。大文豪查尔斯·狄更斯的小说《荒凉山庄》的开篇就将伦敦的雾描述成"一种沁入人心深处的黑暗,一种铺天盖地的氛围"。文学虽高于生活,但却也源于生活。19 世纪英国文学在一定程度上反映出英国当时的空气污染之严重。大气污染传输没有也不会遵守行政边界,工业化的步伐带来的不仅是人类科技文明之声,伴随而来的是德国、比利时等国的大气污染,辽阔的欧洲大陆上很少有国家可以独善其身。

19 世纪的比利时马斯河谷遍布锌厂、过磷酸钙厂,其以产煤业和金属加工业闻名于世,但盛誉之下的灾难也在悄然接近。1930 年 12 月,主要由工业企业和私人住户燃煤引发的浓雾笼罩比利时、荷兰大部分地区,而马斯河谷由于其特殊的地形,浓雾无法在短时间内扩散,污染更甚。调查显示,63 位居民在短短两天内死亡,至少有数百名居民出现呼吸道不同部位疼痛。[1]

---

[1] 《治理雾霾,他们花了多少年?》,http://view.news.qq.com/original/legacy-intouch/d428.html,查询日期:2018 年 3 月 8 日。

19世纪中后期,煤烟型污染席卷欧洲,多个城市深受烟雾笼罩之害。但是,由于认识不足和技术限制,英国①首推"污染末端治理"策略②,主要采取的控制措施包括提高烟囱高度、消灭低矮点源和大规模开发应用消除烟尘、脱硫技术。而同样被雾霾困扰的德国也将"高烟囱环保措施"奉为上策,但此举治标不治本。鲁尔工业区大气污染的数据短暂降低伴随着的是半个欧洲的酸雨之苦,农作物减产严重,鱼类大量死亡,饮用水安全"红灯"亮起。③污染治理思路狭隘的问题也同样出现在欧共体的《环境行动规划》之中。欧共体的第一份《环境行动规划》用多达11章的篇幅强调减少污染和有害物的环境政策,紧随其后的两个《环境行动规划》除在污染和有害物的范围上有所扩大外,只是重申并强化上述环境政策目标。由此可见,这个时期的欧洲环境政策内容的重点,是污染产生后被动进行末端治理,这些仅局限于污染物排放浓度的治理方法只能算是一针"止痛剂",并不是最终治疗空气恶疾的良药。

---

① 2017年3月16日,英国女王伊丽莎白二世批准"脱欧"法案,授权英国首相特雷莎·梅正式启动脱欧程序,目前英国已经不属于欧盟成员国,但是脱欧之前的英国在欧洲大气污染治理联防联控制度形成中的作用举足轻重,因此,本章在阐述相关制度时还是会提及英国的大气污染治理措施。

② 所谓"末端治理"(end-of-pipe treatment)指的是一种在已生成废弃物排放前对其进行污染治理的方法。有关末端治理的定义,参见胡代光、高鸿业主编:《西方经济学大辞典》,经济科学出版社2000年版,第1052页;而有关末端治理主要弊端的分析,参见彭昆生主编:《江西生态》,江西人民出版社2007年版,第2086页。

③ 王永战、赵竹青:《德国鲁尔工业区治理雾霾的措施与启示》,http://www.360doc.com/content/15/0211/22/21685599_448007647.shtml,查询日期:2018年3月8日。

工业化的车轮滚滚向前,因燃煤造成的污染尚未彻底解决,新的空气污染——汽车尾气又悄然兴起,空气治理举步维艰,末端治理黔驴技穷,源头治理的治理思想应运而生。20 世纪 40 年代,英国采取燃料替代策略,煤改气和煤改油双管齐下。1968 年以后,英国以一系列的空气污染防控法案严格约束各种废气排放,并以明确的处罚措施辅之,国内烟尘和颗粒物得到有效控制。① 而德国政府为应对日趋严重的空气污染,不得不摒弃旧思路。在 20 世纪 70 年代,德国通过制定本国"空气清洁与行动计划",从源头对释放颗粒物限制,用技术手段减少排放治理本国空气污染,力求空气清新。

强调溯本逐源,从源头控制污染物排放的思想一直贯彻在欧盟大气污染治理一体化全过程,自 20 世纪 70 年代以来,欧洲开始采取积极的总量削减控制策略。

(二)从"关门治理"走向"合作基础上的联防联控"

欧洲国家协同合作控制大气污染的治理思路与大气污染并非是"孪生兄弟",二者并不是同时产生的。大气污染初期,由于缺乏科学研究和数据支撑,同时由于人们的认识局限,导致污染防治意识不强。尽管有马斯河谷烟雾事件的前车之鉴,但直到 22 年之后"伦敦雾霾事件"的发生,英国政府才猛然受到触动,出台了《清洁空气法案》,正式开始其大气污染防治之路。虽然这部法案在烟雾方面的国内短期治理效果显著,但是其颁布后的 5 年内,伦敦严重的烟雾事件仍多达 12 次。这充分说明了该法案并不能处理所有形式和所有来源的污染,至少来源于欧洲其他国家的大气污

---

① 《欧美大气污染防治特点分析和经验借鉴(GEI 长城战略咨询)》,http://www.360doc.com/content/14/0221/15/9048756_354505296.shtml,查询日期:2018 年 3 月 8 日。

染,该法案无法发挥效果,其直接后果就是本国国内的大气环境质量改善的进程缓慢甚至停滞。同时期的德国为治理鲁尔区雾霾事件相继颁布了《雾霾法令》和《联邦污染防治法》,因为前者设定的污染限值相当宽松,由此后者决定执行更为严格的污染指标。但这些法令仅仅限于国内法,无任何域外效力,也未涉及国际合作,致使德国"关门治理"的效果不甚明显。

　　一方面,20世纪60年代以来的汽车尾气挑战了工厂烟囱及家用烟囱的地位,单一型的煤烟型或石油型污染转向复合型污染;另一方面,科学家们从欧洲大陆的硫排放与斯堪的纳维亚湖酸化之间的相互联系中发现:大气污染物会跨越国界,远距离传播成千上万公里,最后才会沉积和产生危害。由此,欧洲各国开始注意到污染的跨界问题。在"一荣俱荣,一损俱损"的现状下,"关门治理、各自为政"的传统思路已经不能有效应对污染现状,寻求共同治理大气环境的议题随即逐步进入公众视野。首先,欧共体把"成员国合作,建立共同体层面上的共同环境保护政策框架"作为主要提议在1972年巴黎峰会上提出,共同环境政策的形成和发展首次进入公众视野。此后,"大气污染跨界治理"被列入联合国欧洲经济委员会工作日程,先是启动了一项特别计划——"欧洲大气污染物远距离传输监测和评价合作方案"(EMEP),主要向各国政府提供大气污染的浓度、沉积及跨越边界的污染物远程传输数量等重要监测和评价信息,然后又签署了《远程越界大气污染公约》(*The Convention on Long-range Trans-boundary Air Pollution*,CLRTAP),制定了关于大气污染跨界治理的一般性原则以及制度框架,"协同控制的思路"被首次提出。这是"合作基础上的联防联控"治理思路的早期雏形。此后,欧洲各国随即开始了由"局部大气污染管控"逐步转向"地区性的联合行动"。

## 二、从横向条约到纵向指令的区域一体化立法模式

### (一)国际条约推动横向大气污染治理联防联控

不管是一体化立法还是大气污染联防联控治理都经过了漫长的摸索。污染初期，各国都是"各扫门前雪"。但是，大气污染已然不是局部问题，单个国家治理大气污染越发力不从心。在污染的中后期，各国纷纷开始寻求合作，时代背景和现实需求造就了各主权国家通过签署或参加国际条约的形式，来实现大气污染治理联防联控的横向基本模式。

欧洲国家为摆脱 20 世纪 70 年代以来的酸雨与污染物跨界传输问题双重困扰，1979 年 11 月在瑞士日内瓦召开了环境保护框架部长级会议，制定了国际社会第一部以控制跨界空气污染为目标的区域性多边公约——《远程越界空气污染公约》(1983 年 3 月 6 日生效)，这也是远距离和跨国边界空气污染有害影响首次得到正式承认。该公约第 2 条明确各缔约方尽可能逐步减少并防止远程跨界空气污染等空气污染的基本原则；[1]第 3—5 条强调治理跨界空气污染双方主体在公约框架内，通过交流信息、协商、研究和监测等方式制定适当的政策和战略，并评估其应对空气污染治理的措施；第 8 条详细说明缔约国信息交换的范围，为之后欧洲国家大气污染治理联防联控的信息交换奠定了基础。另外，根据《远程越界空气污染公约》第 10 条，欧洲经济委员会不仅成立专门的环境高级顾问团及其常设机构，主要负责定期检查公约执行情况，还要求各缔约国成立本国内的执行机构。[2]

其后，51 个缔约国又签署了相关系列协议，在公约的框架内

---

① 《远程越界空气污染公约》，联合国欧洲经济委员会，1979 年 11 月。
② 任凤珍、孟亚明：《欧盟大气污染联防联控经验对我国的启示》，《经济论坛》2016 年第 8 期。

对具体的减排任务作出规定。1985 年"第一硫协议"(《赫尔辛基协定》)以 1980 年水平为基准,要求 21 个欧洲国家在 1993 年降低一定幅度的 $SO_2$(30%)以控制酸雨污染,但只有 8 个国家签署该协议。这说明欧洲国家谋求大气污染治理一体化的历程由来已久,却道路波折。1994 年"第二硫协议"(《奥斯陆协议》)首次针对生态系统沉降方面制定了以减少实际沉降和临界沉降量之间差距的若干方法为主要内容的具体规则,并且允许不同国家的排放减少约定存在差异。1988 年,联合国为控制氮氧化物排放和输送,在《远程越界空气污染公约》框架之下制定了索菲亚协议,欧盟签署该条约并作出在 1994 年前不提高氮氧化物排放的承诺,正式设置控制排放标准并引入污染治理措施。1991 年的日内瓦协议要求各缔约国在 1998 年之前减少排放 30%的挥发性有机化合物。1999 年的《哥德堡协议》在科学分析各个国家减排潜力的基础上,根据欧洲各签约国 1990 年的排放水平,规定了 4 种主要污染物(二氧化硫、氮氧化物、非甲烷挥发性有机物和氨)至 2010 年的国家减排目标,各缔约国除需要提交每年汇报排放情况,还要向欧洲经济委员会(UNECE)报告未来的排放预测。2012 年修订后的《哥德堡协议》规定了各成员国 2020 年的减排目标,并首次增加细颗粒物和炭黑(烟尘)的排放上限标准。[①] 这标志着欧洲国家在治理大气污染上不断突破单一污染物限制的治理困境,寻求多方共同控制多种污染物的系统治理策略。

　　2001 年 5 月,欧洲规划增加空气清洁计划部分,计划在欧盟国家间建立一体化战略来防治空气污染。至此,国际条约推动欧洲各国大气污染联防联控的横向模式基本形成。

————————

　　①　Kathrin Mohr:《清洁空气在欧洲》,《中国涂料》2015 年第 10 期。

值得注意的是,欧洲的减排协议大部分只涉及基本原则和制度,属于框架性条约,可操作性不强,国家损害责任的规定通常不足。但是这些减排协议一般都建立在科学认知的基础之上,各签约国之间通过相互信任与履行承诺的良好意愿协作完成,基本都一定程度地履行了承诺,减排效果显著。[①]

(二)欧盟指令纵向实现大气污染治理联防联控

上述致力于防治大气污染的协议并没有具体的解释和说明。为了落实欧洲环境行动规划提出的治理目标,欧洲国家设立自上而下的机构层级,通过各种条约、计划、指令、决定等法律和非法律性质的环境政策来推进大气污染联防联控工作的开展。

1. 欧洲《环境行动规划》

《环境行动规划》具有在欧洲大气污染治理上独特的地位和作用。早期的《环境行动规划》只涉及环境立法的基本原则,但是随着其对欧盟环境问题规定的具体化和详细化,其逐步为欧盟环境指令、条例、决定等提供了二次立法的直接依据。因此,《环境行动规划》本身就是一个明确的、狭义的、共同的欧洲环境政策。[②]

(1)欧共体《环境行动规划》推动环境政策一体化

1973 年 12 月,欧共体以宣言的方式通过了第一个《环境行动规划》(1973—1976 年),由此欧共体环境政策正式拉开序幕。该规划以防止跨界污染为目标,强调国际合作在环境领域的作用。1977 年 5 月,欧共体以决议的形式通过了第二个《环境行动规划》

---

①　宁淼、孙亚梅等:《国内外区域大气污染联防联控管理模式分析》,《环境与可持续发展》2012 年第 5 期。

②　卢晨阳:《欧盟环境政策的发展演变及特点》,《国际研究参考》2014 年第 2 期。

（1977—1981 年），该规划首次提出了"国际层面的共同体行动是联防联控"的设想。

1987 年《单一欧洲法令》的生效和第四个《环境行动规划》（1987—1992 年）是欧洲环境政策的重大拐点。前者首次将环境保护问题纳入欧洲基本法范畴，为欧共体进一步完善环境政策和立法提供了明确的依据；后者将环境政策改革势头转向与其他政策的一体化和融合，该阶段成为欧共体环境政策一体化发展的重要阶段。

环境是个广阔的名词，早期的环境规划并没有专门的章节致力于空气污染，但是漫长的环境规划道路却推动了欧洲环境政策一体化的发展，联防联控不再是新鲜事物，因为在其他环境治理领域早有成功的先例，学者们也不再耗费精力去论证联防联控的可行性，只是"拿来主义"将其运用到大气污染治理工作当中。

（2）欧盟《环境行动规划》推动大气污染联防联控

1991 年，欧共体 12 国通过《欧洲联盟条约》（又称《马约》）转变成为超国家的地区主权实体——欧盟，其环境政策致力于高水平的大气污染联防联控治理。

欧盟第五个《环境行动规划》（1993—2000 年）和第六个《环境行动规划》（2002—2012 年）与先前的欧共体时期的《环境行动规划》有所区别，不是对所有污染治理面面俱到，而是重点关注大气污染。此后，欧盟根据环境污染突出大气污染、以点治面的策略，衍生出一系列与大气颗粒物及其先驱物相关的政策和措施。2005 年，欧盟根据第六个《环境行动规划》推出"空气污染主体战略"（EU Thematic Strategy on Air Pollution），制定了截至 2020 年的空气质量长期治理目标（相对于 2000 年）。其中，要将大气颗粒物污染中造成的人类寿命期望损失降低47%。[①] 但此规划并未明确提出有效的环境政策执行手段,只是强调国家政府有义务有效地实施环境法律,通过其所具有的法律约束力,迫使各国在大气污染防控方面将指令规定的义务转化为本国的立法。目前,欧盟正在实施的第七个《环境行动规划》结合了欧盟新中期预算框架(2014年至2020年)以及欧盟长期发展战略"欧洲2020战略"中的环境政策,确定了9个优先课题,同时包括将大气污染联合治理的环境目标的法律效力进一步提高,升级为欧盟法案。

欧盟《环境行动规划》是欧盟各国环境管理和环境事务方面统一行动的基本大纲,构成了欧盟实施区域联防联控的主体政策框架。

2. 制定欧盟指令强制推动大气污染联防联控

尽管《环境行动规划》奠定了欧盟治理大气污染的基调,但具体的权利义务不清,实施操作混乱。为此,欧盟选择强制式的区别管理政策。考虑到不同国家间的环境和经济差异,各国在减排方面所要付出的努力各异。2001年欧盟利用EMEP监测数据和RAINS模型,以欧洲环境质量最新成果为基础,推出了"欧洲清洁空气计划"(Clean the Air for Europe),试图定量分析空气质量在整个欧洲的变化情况以及由其引起的健康问题,进而根据各成员国环境敏感度、大气沉降特点和排放源点的不同确定不同的减排量。[②] 遗憾的是,由于不能排除不确定因素的干扰,上述分析属于

---

① 尹盛鑫、尹军:《欧洲大气颗粒物污染治理》,《全球科技经济瞭望》2013年第9期。

② 环境保护部大气污染防治欧洲考察团、王淑兰等:《欧盟PM$_{2.5}$控制策略和煤炭使用控制的主要做法——环境保护部大气污染防治欧洲考察报告之四》,《环境与可持续发展》2013年第5期。

假设分析,最终只能得到一些技术性排放控制原理。① 整体上讲,该计划是欧盟大气污染治理上的一大进步,数据的分析使得联防联控不再仅仅处于模糊的规划层面,而是在精准数据的支撑下,各国之间的责任分配也能"有法可依"并落到实处。

为了积极响应欧洲清洁空气计划,欧盟通过了一系列指令。欧盟指令是欧盟法律体系中最独特的立法形式,对成员国具有拘束力,但在指令落实的方式上由各成员国自主决定。2008 年欧盟整合了空气质量框架指令(《关于环境空气质量评价和管理的96/62/EC 指令》)及其第一指令(《关于环境空气中的二氧化硫、二氧化氮和氮氧化物、颗粒物和铅的限值的 1999/30/EC 指令》)、第二指令(《关于环境空气中的苯和一氧化碳的限值的 2000/69/EC 指令》)、第三指令(《关于环境空气中臭氧的 2002/3/EC 指令》)和欧盟理事会 97/101/EC 指令,通过《欧洲委员会关于大气环境质量与欧洲清洁大气的指令》(以下简称 2008/50/EC 指令),以欧盟成员国的大气污染协调控制机制和区域空气质量管理协调机制,分区域管控大气质量。针对大气污染协调控制机制,该指令不仅规定了成员国按照制定的联合或者协调性大气质量计划开展合作,还赋予了欧洲委员会在区域一级采取更多行动的权力。②而区域空气质量管理协调机制则主要体现为将成员国划分成"区"和"块"。

欧盟指令众多,2008/50/EC 指令主要侧重于提高环境空气质量,《关于某些大气污染物的国家的排放上限的 2001/81/EC 指

① 康京涛:《论区域大气污染联防联控的法律机制》,《宁夏社会科学》2016 年第 2 期。
② 张欣炘、杨帆:《美国、欧盟大气污染联防联控机制及启示》,《环境保护》2015 年第 13 期。

令》(以下简称 2001/81/EC 指令)主要规定国家排放上限制度。①
《关于综合污染预防与控制的 2008/1/EC 指令》(新 IPPC 指令)、
《关于限制大型燃煤工厂向大气排放特定污染物的 2001/80/EC
指令》和《关于废物焚烧的 2000/76/EC 指令》主要针对固定点源
大气污染排放。②《关于汽油和柴油质量的 98/70/EC 指令》及修
订 98/70/EC 指令的 2000/71/EC 指令和 2003/17/EC 指令主要指
导运输工具与大气环境方面的污染物排放。③《关于汽油储存和
从配送站到加油站的 VOC 排放控制的 94/63/EC 指令》《关于限
制在某些装置和工作中因使用有机溶剂而引起的 VOCs 排放的
1999/13/EC 指令》《关于降低某些液体燃料含硫量的 1999/32/EC
指令》主要约束易挥发有机化合物(VOCs)。④ 另外,2011 年 12 月
12 日《欧洲委员会为关于环境空气质量信息互换和报告的欧洲议
会和欧盟理事会 2004/107/EC 和 2008/50/EC 指令拟定规则的
2011/850/EC 决定》重点阐述成员国信息公开制度。⑤

---

① 常纪文:《域外借鉴与本土创新的统一:〈关于推进大气污染联防联控工
作 改善区域空气质量的指导意见〉之解读(上)》,《环境保护》2010 年第
10 期。

② 蒋北辰、张媛:《我国空气污染联防联控法律机制存在的问题及其对
策——基于欧盟地区空气污染联防联控经验的借鉴》,《广西社会科学》
2017 年第 2 期。

③ 陈波:《揭开 PM$_{2.5}$ 的面纱——兼谈对 PM$_{2.5}$ 的防治》,《可持续发展・环境
保护・防灾减灾——2012 年全国环境资源法学研究会(年会)论文集》,
2012 年 6 月。

④ 蒋北辰、张媛:《我国空气污染联防联控法律机制存在的问题及其对
策——基于欧盟地区空气污染联防联控经验的借鉴》,《广西社会科学》
2017 年第 2 期。

⑤ 常纪文:《中欧区域大气污染联防联控立法之比较——兼论我国大气污
染联防联控法制的完善》,《发展研究》2015 年第 10 期。

在指令调整对象范围上,欧盟指令只限于成员国。这意味着指令中的减排要求只约束指向的成员国,但成员国可以自行决定其国内为实施指令而采用的具体手段。

3. 纵向机构强制管理实现欧盟大气污染联防联控

欧盟制定和实施大气污染联防联控制度的法律组织框架主要由 7 个欧盟组织和机构组成,包括欧洲委员会、欧洲议会、部长理事会、欧洲法院、经济和社会委员会、区域委员会和欧洲环境局。①其中,欧洲委员会这一跨行政区域的管理机构在这种协同治理模式中起到了举足轻重的作用。欧洲委员会不仅可以主动介入调查成员国不遵守大气污染防治指令的行动或者以某种借口不履行的情况,发表意见提请有关方面注意,而且还可以"寻求外援",向欧洲法院起诉相关违法事项,交由欧洲法院处理。此外,欧洲委员会内部设置"环境空气质量委员会",主要负责空气质量评价、监测、分析、协助欧盟范围的质量保证规划。欧洲环境局主要负责有关大气污染状况和污染源的监测及建立数据库,并保证各成员国及其公众及时获知大气状况信息。② 总之,以欧洲委员会为主体的欧盟空气污染治理组织和机构虽然没有明显的等级层次划分,却各司其职,它们是实现欧盟大气污染治理联防联控的重要组织支撑。

### 三、从宏观控制到微观监管的区域一体化立法政策

(一)区域空气质量目标制度

为了统一欧盟环境空气质量测定手段及标准,明确并强化各

---

① 本刊编辑部:《国外大气污染防治的区域协调机制》,《环境保护》2010 年第 9 期。

② 宁淼、孙亚梅等:《国内外区域大气污染联防联控管理模式分析》,《环境与可持续发展》2012 年第 5 期。

成员国的治污责任,欧盟出台了 2008/50/EC 指令,设立区域环境空气质量标准(主要针对空气中的二氧化硫、二氧化氮和氮氧化物、颗粒物、铅、苯和一氧化碳成分)及臭氧的空气质量评价标准,确立区域空气质量目标制度,为空气监测和评价提供了一把标尺。[①]

　　2008/50/EC 指令第 12 条规定:环境空气中相关污染物浓度需低于附件 11 及附件 14 中所规定限值的空气治理区域及地带,各成员国应继续保持这些污染物的浓度使其低于限值,并尽力追求最佳的环境空气质量,实现可持续发展。该指令第 13 条至第 18 条就保护人体健康的限值和警戒值、临界值、保护人体健康的国家细颗粒物($PM_{2.5}$)暴露削减目标、保护人体健康细颗粒物($PM_{2.5}$)的目标值及限值、对臭氧浓度超过目标值和长期目标值的区域地带的要求以及对臭氧浓度达到长期目标值的区域地带的要求详细阐述。其中,该指令着重强调国家细颗粒物($PM_{2.5}$),各成员国应采取一切必要措施,在规定年限内实现附件 14 第二节中规定的国家暴露削减目标,削减其暴露值。对于臭氧浓度,根据其是否超过目标值和长期目标值分为三类,并提出不同的要求:(1)臭氧浓度超过目标的空气治理区域和地带,各成员国应确保其治理项目符合 2008/80/EC 指令中第六条的要求,并于合理的情况下实施相应的空气质量改善计划;(2)臭氧浓度高于长期目标值但低于或等同于目标值的空气治理区域和地带,各成员国应制定并实施成本效益高的系列措施,确保实现长期目标;(3)已实现目标的空气治理区域或地带,无需实施空气质量改善计划和成本效益高的系列措施,只需要继续保持。第 23 条要求各成员国尽可能确

---

[①]　常纪文:《中欧区域大气污染联防联控立法之比较——兼论我国大气污染联防联控法制的完善》,《发展研究》2015 年第 10 期。

保空气质量改善计划同 2001/80/EC 指令、2001/81/EC 指令或 2002/49/EC 指令中要求的相关环境计划保持一致,以实现相关环境目标。针对污染物浓度逾期仍超限值的情况,空气质量改善计划中应规定相应措施以尽可能缩短超标时间,而多项污染物需要治理时应当制定全面空气质量改善计划,囊括所有超标物。空气质量改善计划时间上的限制也很严格,成员国应及时向欧盟委员会汇报,最晚不得超过第一次超标年底后两年。[①]

2008/50/EC 指令在自然源污染方面要求各成员国向欧盟委员会递交其一定期限内,国内空气治理区域和地带内因自然污染源而造成的某种污染物浓度超过限值并承担举证诱因是自然污染源的责任。而针对冬季道路铺砂或撒盐造成的污染物导致的可吸入颗粒物($PM_{10}$)污染物浓度超过限值,各成员国可将这些地区单独划分为特定的空气治理区域或地带,采取合理措施,并且将相关情况提交给欧盟委员会。

2008/50/EC 指令长期目标灵活性不足,为此,成员国在各项污染物水平有可能超过一项或多项附件 12 中警戒值的空气治理区域或地带应制定相应的行动计划,明确短期措施,即短期行动计划,若存在超过附件 7、附件 11、附件 14 中污染物限值或目标值的风险时也应制定此类计划。

为最大限度减少各种工业源对欧洲大气的污染,自 2011 年 1 月起,欧盟开始实施《欧盟工业排放指令 2010》(以下简称 2010/75/EC 指令)。虽然欧盟前期有关工业排放的指令主要解决的也是工业排放问题,但是没有认识到工业排放本身就是大气

---

① 《欧洲议会与欧盟理事会欧洲环境空气质量及清洁空气指令》,指令编号 2008/50/EC。

污染的主要污染源之一,整合后的 2010/75/EC 指令第 18 条明确了环境质量标准与最佳可行技术能够实现的质量标准相冲突如何选择,如果前者严于后者,必须严格环境质量标准,在许可证中规定额外的措施。关于脱硫率,对于使用或燃烧当地固体燃料的燃烧设备应当分别对待,但最低要求是各成员国实施该指令附录第 5 部分规定的最小脱硫率要求,如果成员国选择遵守该规定,那么附件 6 第 4 部分第 1 点中规定的 Cwaste 值等于 0mg/Nm$^3$。由于各个国家对环境的历史治理力度不尽相同,该指令还规定了国家过渡计划,该计划涉及的所有燃烧设备包括以下一个或多个污染物的排放规定:氮氧化物、硫氧化物以及粉尘;对于汽油涡轮机,该计划只涉及氮氧化物的排放,在成员国告知义务方面,各个成员国应将过渡计划范围内的任何变动告知欧盟委员会。

(二)区域空气质量监测与评价制度

欧盟各成员国作为该欧盟指令的横向实施主体,根据 2008/50/EC 指令第 3 条,应指派专门主管机构负责环境空气质量评价、空气质量测定体系审批,确保测定数据准确性,分析评价方法,在欧盟层面空气质量控制项目中负责本国内的协调工作以及同其他成员国及欧盟委员会开展合作事项。

在环境空气质量评价方面,2008/50/EC 指令第 5 条设立了评价机制,附件 2 第三节中有关评价阈值上下限的规定适用于相关污染物的评价,所有空气治理区域和地带的划分应同这些评价阈值相关联。第 6 条提出空气环境评价标准,各成员国在各空气治理区域和地带内开展环境空气质量评价时,应包含第 5 条中的污染物质评价,污染水平不同,监测方法也有所区别,例如当空气治理区域或地带内上述污染水平低于其设定的评价阈值下限时,模型手段、目标估算法或二者相结合的方式已足以开展环境空气质量评价,而污染物水平超过针对其设定的评价阈值上限时上述方法不适用。除此之外,2008/50/EC指令强调远离主要空气污染源的农村背景点也被纳入监测和评价范围,并提供了具体的评价标准,详尽列出各种污染物超过警戒值时需要采取的措施(各成员国应采取必要的措施通过广播、电视、报纸及网络通知公众情况,还应临时将相关信息汇报至欧盟,信息内容包括污染级别,污染时长、超标通告值或警戒值)。

在环境空气质量监测方面,2008/50/EC指令要求各成员国在各空气治理区域和地带开展环境空气质量评价时,一旦超过针对其设定的评价阈值上限时,必须采用定点监测方法,当其低于设定的评价阈值时,则可采用定点监测方法与模型手段及/或指示性测定方法相结合的方法。定点监测方法数据来源主要依靠监测点的设置,因此2008/50/EC指令有专门条款规定如何科学设置监测点,第7条第1款规定,监测点的选址标准需遵循附件3中列出的标准,第2款和第3款要求监测点设置数量随着监测方法变动,采用定点监测方法作为获取环境空气质量评价信息唯一来源的空气治理区域和地带在设定监测点不应少于附件5第三节规定的最小检测点,而符合后者的情况下,其监测点数量可较附件5第一节中所规定的检测点数量酌情减少最高至50%。空气中的臭氧污染物监测根据过去5年或者用模型推导出来的过去5年的污染物数据也采取类似的办法。在整个空气质量监测过程中,各成员国并不是独立地划分空气治理区域进行环境空气质量监测,监测点的选择应该在欧盟委员会的监督之下开展,以确保整个欧盟层面选择监测点的标准一致。

2011/75/EC指令也存在对监测点设置的相关要求,该指令不仅要求各个成员国对所有排放的监测按照附件6第6和第7部分的规定进行,而且有专门的条款规定空气排放物的监测,各个成员国应当保证根据附件5第3部分的规定对空气中的排放物进行检测。如果满足附件5第4部分中的要求,即可以认定向空气中排放物符合排放限额标准。

(三)区域排放上限和核查制度

欧洲议会和委员会通过制定国家排放最高限值指令的手段,针对解决限制大气污染物(主要包括二氧化硫和氮氧化物在内的四种污染物)跨境排放的问题。2001/81/EC 指令第 4 条规定,最迟到 2010 年,成员国应将其二氧化硫($SO_2$)、氮氧化物($NOx$)、挥发性有机化合物($VOCs$)和氨($NH_3$)的年排放量限制在附件 1 规定的排放上限之内,并且成员国应确保 2010 年后的任何一年都不能超过这个标准。该指令第 5 条以 1990 年为基准设立了一系列中期环境目标,包括土壤酸化超过临界负荷的区域减少至少50%,限定地区臭氧负荷水平的绝对值并且要求负荷超过人类健康水平的区域减少三分之二等目标。2001/81/EC 为欧盟及欧盟各成员国设定了大气污染物的排放上限,以上上限规定主要包括了四种引起酸化、富营养化及臭氧污染的大气污染物。关于国家规划,指令第 6 条指出其应囊括关于已采取和设想的政策和措施的信息,以及这些政策和措施对 2010 年污染物排放的影响的量化估计,并发布国家排放量地理分布的预期重大变化;成员国应最迟于 2002 年 10 月 1 日起草第 4 条所述逐步减少国家排放污染物的方案,以便至少符合附件 1 中规定的最新国家排放上限。2001/81/EC 指令还提出国家排放清单,要求成员国应使用附件 3 规定的方法确定其排放清单和方案,编制和每年更新第 4 条所述污染物的 2010 年国家排放清单和排放量预测。欧洲委员会在欧洲环境局的协助下,与成员国合作,根据其提供的信息,公开提供并确定第 4 条所述污染物的清单和预测。

为使区域上限制度不浮于表面,2001/81/EC 指令规定了报告和核查制度确保其更好地运转。第 8 条规定成员国应每年最迟在 12 月 31 日前向委员会和欧洲环境局报告按照第 7 条设立的 2010 年国家排放清单和排放量预测,最迟应在 2002 年 12 月 31 日前向委员会通报按照第 6 条第 1 款和第 2 款制定的规划。欧洲委员会应在收到的一个月内将收到的国家规划转交给其他成员国,确保各成员国家规划的连贯和透明。欧洲委员会应在 2004 年和 2008 年向欧洲议会和理事会报告附件 1 规定的国家排放上限的实施进展情况以及第 5 条中规定的中期环境目标及长期目标可能达到的程度。第 10 条指出欧洲委员会应对到 2010 年达到排放量上限的进展情况、科技进步情况和实现本指令中期环境目标的进展情况进行审查,为每份报告做准备;在 2004 年完成的审查中,将对附件 2 所列共同体的指示性排放上限进行评估,并将其作为考虑因素,分析为减少所有相关污染物排放而可能采取的进一步行动的成本效益。欧洲委员会的所有审查应根据第 9 条所列因素包括进一步调查国家排放上限的估计成本和收益,并使用最先进的模型计算,并利用最佳可得数据以尽可能降低不确定性。同样的配套措施还有第三国合作制度,违反区域控制措施的规定,同时第 14 条规定成员国没有履行应尽的义务可被处以罚金。

值得注意的是,在 2001/81/EC 指令中并没有成员国具体减排治污方法的阐述,在符合相关立法的前提下,成员国可以自主决定采取何种措施,缺少强制性排放方案条款恰恰提高了指令的适用灵活性,各成员国接受度更高。但是,该指令就目前的执行情况而言,在大气污染比较严重的国家,如法国、西班牙等国执行效果不是很理想。

除 2001/81/EC 指令外,2011/75/EC 指令在许可证条款中也提及国家排放限额,它规定各成员国应当保证许可证包含必要的措施,这些措施至少包括不违反第 18 条规定排放限额、同等参数和技术手段。合格的权威机构在设定排放限额时,应当保证在通常的操作条件下排放量不会超过第 13 条第 5 点中 BAT 结论中的最佳可行技术能够达到的排放水平。有限使用年限的克减权是该指令针对排放限额独有的制度,在 2016 年 1 月 1 日至 2023 年 12 月 31 日间,如果燃烧设备满足相应的条件,则可以不遵守第 30 条第 2 点中排放限额以及第 31 条中的脱硫率,并且可以不包含与第 32 条中国家过渡计划。

（四）区块结合管理制度

将空气治理区域划分为"区"和"块"是 2008/50/EC 指令的一大创举,指令第 4 条规定:成员国应将本国领土划分为不同空气治理区域和空气治理地带,均需要开展空气质量评价及空气质量管理工作。其中"区"指各成员国为开展空气质量评价及管理而在本国领域范围内划分的不同地区,"块"指人口超过 25 万居民的组合城市区域,以及虽是或不到 25 万居民但人口密度达到成员国确定的每平方公里人口密度的区域。[①]

"区"和"块"是空气质量评价和空气质量管理的基本区域,监测点设置都是基于"区"和"块"的划分,采用不同的监测方法监测空气质量时检测点数量也有限制;它们同时也是成员国采取空气质量改善计划和短期行动计划的基本区域。如 2008/50/EC 指令第 23 条第 1 款规定:对于污染物水平超过限值(含宽容上限)的

---

① 常纪文:《欧盟如何一盘棋治大气?》,《中国环境报》2014 年 6 月 26 日第 004 版。

空气治理"区"或"块",各成员国应为其指定空气质量改善计划以达到附件 11 和附件 14 中规定的限值或目标值;第 24 条第 1 款规定:针对各项污染物水平有可能超过一项或多项附件 12 中警戒值的"区"或"块"成员国应制定相应的行动计划,明确短期措施,以减少超标风险。

欧洲委员会是区块结合管理制度实施的主要监督机构,它负责监督各区划内环境质量管理的情况,成员国必须向欧洲委员会报告包括区和块的列表与定界的改变、一种或多种污染物的水平高于限值的区和块的列表和水平高于目标值或临界水平的区和块列表等重要情况。①

在"区""块"的信息变动情况上,2011 年《欧洲委员会为关于环境空气质量信息互换和报告的欧洲议会和欧盟理事会 2004/107/EC 和 2008/50/EC 指令拟定规则的 2011/850/EU 决定》规定更为详细,其第 6 条("区"和"块")规定,各成员国提供依照 2004/107/EC 指令第 3 条和 2008/50/EC 指令第 4 条确立的"区"和"块"的定界和类型的信息,并据此对空气质量开展评价和管理;成员国应当在每年 12 月 31 日前提供"区"和"块"的相关信息,也可以报告"区""块"信息无变动,如果"区"和"块"定界和类型发生变化,成员国应当在该变化发生年末的 9 个月内向欧洲委员会报告。

(五)跨境污染防治合作与信息共享制度

如何通过跨境污染防治合作与信息共享制度真正实现跨界空气污染一直是欧盟大气污染治理联防联控治理的主要难题之一。

---

① 常纪文:《欧盟如何一盘棋治大气?》,《中国环境报》2014 年 6 月 26 日第 004 版。

2008/50/EC 指令第 25 条第 1 款为区域合作防治合作制度奠定基础,规定:因严重的空气污染物或其污染前体跨界流通而造成的空气污染超过警戒值、限值(含宽容上限)或产气目标值,各成员国应通力合作,采取联合行动,共同准备合作或协调本指令 23 条中规定的空气质量改善计划,通过合理措施削减超标。欧盟委员会应当参加、协助跨界污染治理,并且衡量在欧盟层面采取相关措施以削减因跨界污染造成的污染物前体排放超标的必要性。合理情况下,各成员国应遵循第 24 条中的相关规定,制定并实施联合短期行动计划,与其他成员国共同治理毗邻地区;成员国应确保同其他成员国共享毗邻地区短期行动计划的相关信息。临界国界的空气治理区域或地带污染物超过通告值或警告值时,成员国应尽早将相关信息反映至受到影响邻国的相关部门。这些信息也应面向公众公开,在通知公众时,成员国应在合理情况下,积极同相关第三方国家开展治理合作。

2010/75/EC 指令中"跨境影响"一款中提出了成员国合作制度,如果一个成员国意识到一个设备的运行可能对另一成员国的环境造成巨大的负面影响,或者意识到可能受到另外一个成员国的影响,并且该成员国已经为其国境内提交了许可证申请,那么该成员国应当向另一成员国提供所有附件 6 中要求的信息,并公之于众。

区域合作制度需要以互通信息为前提,1993 年,欧盟成立了欧洲环境署(EEA),主要职能是收集、汇总、发布成员国环境数据信息。97/101/EC 指令规定了成员国内部监测环境空气污染的网状系统和单独站点的信息与数据相互交换制度。[①] 2001/81/EC

---

① 常纪文:《域外借鉴与本土创新的统一:〈关于推进大气污染联防联控工作 改善区域空气质量的指导意见〉之解读(上)》,《环境保护》2010 年第 10 期。

指令也有关于信息共享与公开制度的规定,明确要求成员国按照统一的技术指南每年上报排放量清单,并且由欧盟环境署管理并建立欧洲污染物排放清单网站,将各成员国的报告汇集成册,在政府内部共享污染排放数据库,再加上分类方法的标准化和规范化程度高,欧盟已经完成空气质量管理和应对气候变化的污染源信息协同管理。① 2008/50/EC 指令主要强调在跨界污染治理时成员国的信息沟通。在相关公众信息公开方面,成员国致力于确保环境组织、消费者协会、易感人群、行业协会等其他相关机关及时获取相关的环境空气质量信息、延期达标决定、责任免责情况和空气质量改善计划等内容,并且公开成员国的污染物年报和自身责任。

2010/75/EC 指令中则有专门的成员国汇报制度条款,成员国须以电子版形式汇报包括工业排放及其他污染的代表性数据、排放限值及其放宽政策、最佳可行技术的应用等内容的执行情况。针对许可程序的信息获取和公众参与,第 24 条规定,所有的成员国应当确保相关公众能够尽早有效地参与一系列许可证的颁发以及更新程序。当做出颁发决定、重新审阅或者更新一个许可证时,合格的权威机构应当向公众公布包括需要专门通过互联网进行公布的相关信息等。为向公众提供根据第 24 条规定质疑决定、法案以及排放行为的本质合法性或程序合法性的法律渠道,各个成员国被要求建立相关国内法律体系,成员国有权决定具体内容。

2011 年 12 月 12 日颁布的《欧洲委员会为关于环境空气质量

---

①　杜譞、程天金等:《欧盟大气污染物排放清单管理经验及启示》,《环境保护》2014 年第 20 期。

信息互换和报告的欧洲议会和欧盟理事会 2004/107/EC 和 2008/50/EC 指令拟定规则的 2011/850/EU 决定》是一个专门针对信息共享与公开的决定,要求建立"环境空气质量门户"和"数据库",前者是指由欧洲委员会管理、欧洲环境局协助的一个网站,通过该网站提供关于本决定的执行包括数据库在内的信息;后者是指链接环境空气质量门户、欧洲环境局管理的信息系统,该系统包含空气质量信息,以及通过成员国数据报告及其控制的交换节点而获得的数据。该决定第 3 条指出"公众应有途径免费获悉数据库",第 6 条和第 7 条规定,各成员国按照规定的程序和方法,包括评价体制和评价方法,提供国内区和块的空气质量信息。① 凭借这些指令的实施以及获得的各种报告信息,欧洲环境署建立一系列环境空气信息系统( 如 Air Base),为各成员国治理提供了大量有关空气质量和大气污染物排放的信息支撑,在某种程度上构建了相对完善的环境公开、环境信息共享制度。②

现阶段,欧盟各个成员国间的大气环境信息已经能够实现共享,这也更利于成员国之间展开更深和更精准的合作。

(六)区域治污不达标的处理制度

欧洲国家在环保和保持空气清洁方面利益诉求相似,因此,除了立法对成员国的空气指标进行限制外,还针对治污不达标采取了标准化的处理措施,并按照程序要求成员国就污染问题进行

---

① 常纪文:《中欧区域大气污染联防联控立法之比较——兼论我国大气污染联防联控法制的完善》,《发展研究》2015 年第 10 期。

② 环境保护部大气污染防治欧洲考察团、王晓彦等:《欧盟大气环境标准体系和环境监测主要做法及空气质量管理经验——环境保护部大气污染防治欧洲考察报告之三》,《环境与可持续发展》2013 年第 5 期。

问责。

2001/81/EC 指令第 14 条规定:各成员国对违反本指令下国家法律相关条款的行为应制定处罚措施并确保其落实,处罚措施应具备有效性、相称性及劝诫性。

2008/50/EC 指令中的处罚条款与其如出一辙,但是它并不将处罚作为区域治污不达标时的唯一处理措施,当污染物浓度超过指令附件 12 中规定的通告值或任一警戒值,各成员国应采取必要的措施通过广播、电视、报纸及网络通知公众这一情况,各成员国还应临时将相关信息汇报至欧盟,信息内容包括污染级别、污染时长、超标通告值或警戒值。对于超过浓度限值或目标值以及规定的宽限范围的污染物水平,成员国为确保污染物排放达标,须为这些区域或城市群制定空气质量改善计划。不仅如此,为避免污染物浓度超标问题的出现,成员国还必须制定涵盖机动车、建筑工地、对敏感人群的特殊保护措施等方面的短期行动计划。[1] 为了保证各成员国从本国实际情况出发,在规定期限内逐步完成各项指标,第 22 条规定了截止期限的延长和特定限值责任豁免情况。在地区根据第 23 条制定了空气质量改善计划和提供相关污染物信息情况证明在新的截止期限内该地区的污染物浓度可以实现限值的前提下,某一"区"和"块"无法在附件 11 规定的限期内实现针对二氧化氮或苯污染物设定的限值,该"区"或"块"所在成员国可以申请限值截止期限延长至最多五年;在前款和采取合理措施条件下,由于具体监测站点分布特征、恶劣气候状况或跨界污染造成的"区"或"块"可吸入颗粒物($PM_{10}$)浓度无法低于附件 11 中

---

[1]  燕丽、贺晋瑜等:《发达国家颗粒物污染防治经验对我国的启示》,《环境与可持续发展》2013 年第 3 期。

所列限值,可以要求豁免达标责任至 2011 年 6 月 11 日。延期申请的规定事实上具有妥协性质,"留有宽限范围"的做法一定程度上降低了成员国对颗粒物的治理力度和积极性。① 2010/75/EC 指令在成员国违反许可证条款的情况下,允许一定的"缓冲期",它要求成员国保证操作方立即通知合格权威机构,采取必要措施保证在最短的时间内重新实现合规性,但是操作方违反许可证中的条款并且对人类健康构成了直接危害或者可能对环境产生显著的负面影响,在相关操作方按照上述条件重新实现合规之前,违规设备、燃烧设备、废物焚烧设备、废物共焚设备或者相关部件应当停止运行。同时,它的处罚条款中不再强调处罚的相称性,规定惩罚应当适当,并以阻止违法行为为主要目标,这实际上加重了不达标成员国责任。为保证指令实施,它对成员国的国内法也作了强制性的要求,成员国须在 2013 年 1 月 7 日前将本国制定的法律条款汇报给委员会,之后若有修改,也须及时汇报给委员会,国内法层面上也要出台必要的法律法规以及行政命令保证指令实施。

总的来说,欧盟治污立法如山、执法如铁,环境质量目标约束性强,当临近规定期限时,欧盟委员会主动警告及建议预期无法按时达标的成员国,相关成员国须及时回复相关通报批评或警告,并在欧委会书面警告之后两个月内准备应诉。到期无法达标的成员国会面临欧洲法院的诉讼,颜面受损不说,诉讼成本也很高,如果进入法律程序,可能还会遭遇"天价罚款"。

---

① 环境保护部大气污染防治欧洲考察团、王淑兰等:《欧盟 $PM_{2.5}$ 控制策略和煤炭使用控制的主要做法——环境保护部大气污染防治欧洲考察报告之四》,《环境与可持续发展》2013 年第 5 期。

因为未达标者在法院判决的限期内仍无法达标的,法院将再次提起诉讼,根据超标环境功能区大小、人口数量不同,判决超标者将按超标时间缴纳每日 1.37 万—82.3 万欧元不等的罚金。①

### 四、欧盟大气污染治理区域一体化立法的效果与国际影响

(一)欧盟及其成员国国内环境空气质量得以改善

1. 欧盟总体环境空气质量得以改善

2015 年 10 月 20 日,欧洲环境署(EEA)发布了《2015 年欧洲趋势和预测——跟踪欧洲气候与能源目标进展年度报告》(*Trends and Projections in Europe* 2015—*Tracking Progress Towards Europe's Climate and Energy Targets*),评估了欧洲"20—20—20"总体目标、可再生能源目标和能源效率目标、温室气体(GHG)减排目标的实施进展情况,明确表示欧盟目前已经超水平实现 2020 年 GHG 减排 20%的目标。

(1)2020 年气候和能源目标实施进展

报告指出,欧盟正稳步实现 2020 年气候目标。1990—2014 年,欧盟 GHG 排放量下降了 23%,预计到 2020 年将减排 24%(见图 2.1)。

该报告还指出,可再生能源的稳定转型和大部分欧盟成员国能源消费量的减少对 GHG 减排起了主要的积极作用。从 2013—2020 年,欧盟进入《京都议定书》目标的第二承诺期。大部分成员国都在稳步实现国家目标,其中 GHG 排放、可再生能源和能源效

---

① 环境保护部大气污染防治欧洲考察团、刘炳江等:《借鉴欧洲经验加快我国大气污染防治工作步伐——环境保护部大气污染防治欧洲考察报告之一》,《环境与可持续发展》2013 年第 5 期。

（单位：%）

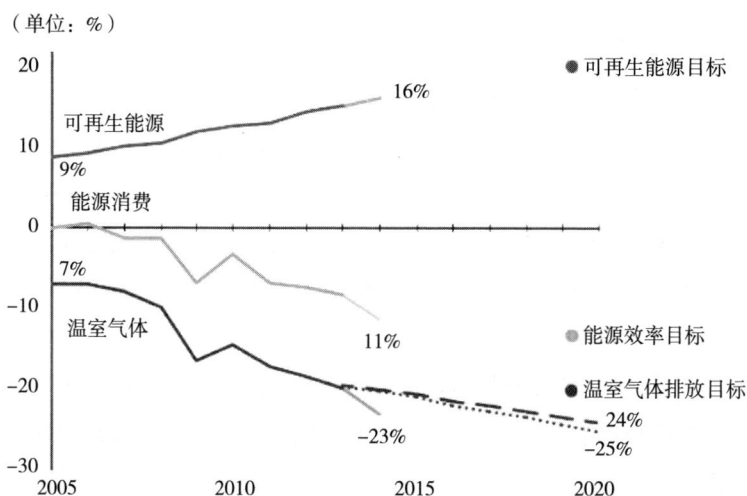

**图 2.1　2020 年欧洲气候和能源目标实施进展①**

　　图片来源于《2015 年欧洲趋势和预测——跟踪欧洲气候与能源目标进展年度报告》（*Trends and Projections in Europe 2015-Tracking Progress Towards Europe's Climate and Energy Targets*）。

率三大目标的实现都步入正轨的成员国增加了 9 个,这是与 2014 年报告相比的进步之处。

　　（2）2030 年气候和能源目标实施进展

　　欧洲委员会于 2014 年通过了 2030 年欧洲气候和能源框架,制定了新的 2030 年 GHG 排放目标、可再生能源目标和能源效率目标。2015 年,欧洲委员会实施了能源联盟战略（Energy Union

---

　　①　可再生能源目标与欧洲最终能源消费量中 20% 的可再生能源份额一致,相当于 2005 年水平的 9%;能源效率目标与低于常规情景（BAU）20% 的绝对能源消费量一致,相当于 2005 年水平减排 13%;GHG 排放目标与 1990 年水平减排 20% 一致;虚线和点线表示根据 2015 年成员国提交数据所作的排放预测。

Strategy），以实现 2030 年目标。报告显示，预计到 2030 年，GHG 排放量比 1990 年下降 27%—30%。[1]

2. 欧盟成员国国内空气环境质量得以改善

2016 年 1 月 28 日，美国耶鲁大学环境法律与政策中心（YCELP）联合哥伦比亚大学国际地球科学信息网络中心（CIESIN）、世界经济论坛（WEF）联合发布了《2016 年全球环境绩效指数报告》（*Environmental Performance Index：2016 Report*）（以下简称"2016 年 EPI 报告"）。[2]"2016 年 EPI 报告"以"保护人类健康"和"保护生态系统"为原则，将空气质量作为 9 个政策领域之一，使用 20 个具体评估指标评估各个国家、地区在各方面的环境表现，系统分析了过去 15 年各项指标得分的变化情况，通过衡量测度指标得分，对于那些存在高优先级环境问题的国家进行了环境绩效指数（EPI）排名。[3]

表 2.1　2016 年全球国家 EPI 前 12 排名

| rank | country（国家） | score | peer comp * |
|------|----------------|-------|-------------|
| 1 | Finland（芬兰） | 90.68 | ↑ |
| 2 | Iceland（冰岛） | 90.51 | ↑ |
| 3 | Sweden（瑞典） | 90.43 | ↑ |
| 4 | Denmark（丹麦） | 89.21 | ↑ |

① 《2015 年欧洲趋势和预测——跟踪欧洲气候与能源目标进展年度报告》（*Trends and Projections in Europe 2015-Tracking Progress Towards Europe's Climate and Energy Targets*），欧洲环境署。
② 董战峰、郝春旭等：《2016 年全球环境绩效指数报告分析》，《环境保护》2016 年第 20 期。
③ 《耶鲁大学发布〈2016 年环境绩效指数〉报告》，http：//research.iae.ac.cn/web/ShowArticle.asp？ArticleID=5399，查询日期：2018 年 3 月 9 日。

续表

| rank | country(国家) | score | peer comp * |
|------|--------------|-------|-------------|
| 5 | Slovernia(斯洛文尼亚) | 88.98 | ↑ |
| 6 | Spain(西班牙) | 88.91 | ↑ |
| 7 | Portugal(葡萄牙) | 88.63 | ↑ |
| 8 | Estonia(爱沙尼亚) | 88.59 | ↑ |
| 9 | Malta(马耳他) | 88.48 | ↑ |
| 10 | France(法国) | 88.20 | ↑ |
| 11 | New Zealand(新西兰) | 88.00 | ↑ |
| 12 | United Kingdom(英国) | 87.38 | ↑ |

图表来源于《2016 年全球环境绩效指数报告》(*Environmental Performance Index：2016 Report*)①。

### 表 2.2　2016 年 EPI 评估指标框架与权重分配

| 目　标 | 政策领域 | 指　标 |
|--------|---------|--------|
| 环境健康(50%) | 健康影响(33%) | 环境风险(100%) |
| | 空气质量(33%) | 室内空气质量(30%) |
| | | 空气污染-$PM_{2.5}$的暴露平均值(30%) |
| | | 空气污染-$PM_{2.5}$的超标率(30%) |
| | | 空气污染-$NO_2$的暴露平均值(10%) |
| | 水和环境卫生(33%) | 饮用水质量(50%) |
| | | 不安全的环境卫生(50%) |

① 由于"用电人口比例"指标不用来计算评估分数,没有将其纳入框架。

续表

| 目　　标 | 政策领域 | 指　　标 |
|---|---|---|
| 生态系统活力（50%） | 水资源（25%） | 废水处理（100%） |
| | 农业（10%） | 氯元素使用效率（75%） |
| | | 氮元素平衡（25%） |
| | 林业（10%） | 森林覆盖率变化（100%） |
| | 渔业（5%） | 鱼类资源（100%） |
| | 生物多样性和栖息地（25%） | 陆地保护区（国家生物量占比）（20%） |
| | | 陆地保护区（全球生物量占比）（20%） |
| | | 物种保护（国家）（20%） |
| | | 物种保护（全球）（20%） |
| | 气候与能源（25%） | 每千瓦时二氧化碳排放趋势（75%） |
| | | 碳排放强度趋势（25%） |

图表来源于《2016 年全球环境绩效指数报告》（*Environmental Performance Index: 2016 Report*）①。

表 2.1 中排名前 12 的国家中,有 9 个国家属于欧盟成员国,这些国家的环境质量改善要归因于欧盟强有力的政策。在表 2.2 的评估指标中空气质量指标和碳排放指标也是主要的评价标准,这说明了欧盟成员国的大气质量在不断得到改善。

（二）欧盟成员国内大气污染治理立法获得发展

受欧盟一体化法的影响,欧盟成员国内的大气污染治理以欧盟立法为框架,发展迅速,基本都在其内容之下制定更为严厉的国内法。

---

① 董战峰、郝春旭等:《2016 年全球环境绩效指数报告分析》,《环境保护》2016 年第 20 期。

在上述报告调查的 180 个国家当中,欧盟成员国西班牙排名位于世界第六。西班牙获此殊荣与西班牙政府高度重视环境保护的治理理念是密不可分的。西班牙政府曾于 2013 年在欧盟指令框架下通过了总共包含 78 项措施的《2013—2016 年国家空气质量及环境保护计划》。其中多达 27 项措施致力于改善空气质量、加强推广宣传及管理环保信息等领域。与此同时还将机动车的税款与空气质量的标准挂钩。其余措施则着重减少工厂、建筑、道路交通、机场、农业、畜牧业等固定因素的污染源排放。政府希望通过制定政策,鼓励公民多使用环保交通工具以达到改善城市的空气质量、减少污染物排放的目的。该计划还充分体现了政府对民众健康的关心和重视,要求降低对人体有害的污染物的排放量,同时也弥补了现有公共环境管理计划的不足。①

意大利环境及国土部和境内 682 个地方政府联合发起的"低影响燃料倡议"是一个重污染机动车"油改气"项目。凡在相关地区登记注册、排放量为 Euro3、Euro4、Euro5 的机动车,均可在项目指定的汽车维修公司进行车辆改装预约,并且在改装项目中根据改装后的车型不同得到不同的补助。政府将为该项目投入 90 万欧元,依车辆改装登记时间顺序发放补贴,补完为止。②

对于超标污染治理问题,欧洲多年前就为此制定严格的法律,不仅可以由欧洲法院在欧盟层面上进行诉讼,在欧盟成员国内部,

---

① 《西班牙逆天了! 2016 全球空气质量最好的国家之一》,https://www.gg-doc.com/MjAxNuW5tOilv_ePreeJmQ2/OGI3N2VmY2YwNzIyMTkyTQ0Mz-ZmNjRj0/,查询日期:2018 年 3 月 9 日。

② 王晓易:《意大利出资推广机动车"油改气"降低空气污染》,http://www.chinanews.com/hr/2017/12-04/8391806.shtml,查询日期:2018 年 3 月 9 日。

追究司法责任也不是一句空话。高度发达的荷兰经济带来的空气污染问题不容乐观,数次的欧洲调查都显示荷兰的空气指标令人堪忧。2017 年 9 月 8 日,环保组织 Milieudefensie 就将荷兰政府告上法庭。当地法官认为荷兰政府现存的解决空气污染的方案,即所谓的"国家空气质量合作方案(NSL)"过于笼统,缺乏在短期内解决问题的具体措施,也不能满足欧洲和荷兰相应法律规定要求。因此海牙法院法官做出判决,要求荷兰政府在短期内必须立即着手解决环境的污染问题。不光是在荷兰,其他国家的法官们也都对政府有关空气污染的"不作为"忍无可忍而纷纷采取诉讼行动。德国的法官也曾判本国政府"有罪",要求他们采取积极的措施去解决空气污染的问题。①

法国 2017 年全国空气质量日当天公布的一份报告指出,尽管某些地区悬浮微粒和二氧化氮浓度仍然超过欧盟标准,但法国的空气质量确实有所改善。空气质量监察总实验室(LCSQA)也指出,2000—2010 年期间,法国环境空气二氧化氮($NO_2$)浓度下降了 17.3%,直径小于 10 微米($PM_{10}$)的悬浮微粒浓度下降了 15.1%。臭氧($O_3$)浓度峰值减少了 3.8%,法国空气质量在这些方面的改善得益于多年来政府在欧盟立法框架下为减少污染气体排放量采取的战略和行动计划,例如,法国行政法院在 2017 年夏季命令政府务必在 2018 年 3 月 31 日之前将 2015 年 $PM_{10}$ 悬浮微粒和二氧化氮浓度超标地区的浓度降到欧盟指令规定的限值以下。②

---

① 《荷兰法院判政府需立马解决空气污染,蓝天白云还不够》,https://www.toutiao.com/i6463245733653905933/,查询日期:2018 年 3 月 9 日。

② 《法国空气质量有所改善》,http://huamei.haiwainet.cn/n/2017/0920/c3540917-31125651.html,查询日期:2018 年 3 月 9 日。

（三）欧盟大气污染治理一体化立法的国际影响

1997 年 12 月，联合国政府间气候专门委员会在《联合国气候变化框架公约》之下，于日本京都通过了第一个附加协议，即《京都议定书》。该议定书开辟了一种交易的新路径——碳交易，即把二氧化碳排放权作为一种可交易的商品。[1]

根据欧盟指令关于建立总量限制和国家排放上限制度的思路，欧盟于 2005 年建立了世界上第一个多国参与的排放交易体系——欧盟排放交易体系（European Union Emission Trading Scheme，EU ETS）。欧盟排放交易体系作为一项重要的公共政策，协调了 27 个主权国家的行动，其总体实施效果超过了其他总量交易机制，成为全球最大的碳排放总量控制与交易体系。

欧盟碳排放交易体系采用"总量管制和交易"（Cap and Trade）规则，包括配额交易与信用额度交易。[2] 借助于欧盟排放交易体系的实施，"低碳经济"成为欧盟各成员国国内新兴经济发展的重要战略之一，低碳产业作为欧盟经济发展新驱动力的有效模式成为其他国家转变发展方式的典范，在全球范围内进行"技术"和"模式"双输出。比如美国在其《美国清洁能源与安全法案》中借鉴了欧盟的"限额与交易"体系作为核心内容，逐级分配"碳排放额"并允许进行市场交易。[3]

欧盟大气污染治理一体化政策对世界的影响不仅局限于改善全球大气环境，为其他国家提供具有参考意义的治污模式，作

---

[1]　《十七届五中全会〈建议〉新名词解析》，《秘书工作》2011 年第 1 期。

[2]　《关于欧盟排放交易体系（EU ETS）您知多少？》，https://ec.europa.eu/clima/policies/ets_zh，查询日期：2018 年 3 月 9 日。

[3]　郇公弟：《欧盟抢占低碳经济制高点》，《中国石化报》2010 年 8 月 27 日第 008 版。

为大国博弈的手段之一,它还在深刻改变着世界政治、经济格局。

首先,环境问题其实也是政治问题。环境和发展在现代国际关系中占有重要分量,欧盟环境一体化政策为其推行环境外交、争夺世界事务领导权提供条件,全球低碳经济起源地和领头羊的双重身份也极大提升了欧盟在新一轮国家气候谈判中的话语权。目前,欧盟环境外交对国际环境关系产生了明显影响,欧盟在与美国争夺世界环境与发展领域的领导权较量中占有上风。

其次,政治较量永远服务于经济。率先在《哥本哈根气候变化综合协议》中做出"2020 年温室气体排放水平都将比 1990 年降低 20%"承诺的欧盟,同时还给世界其他国家施加了压力,提出"有条件减排"。[①] 一方面,欧盟试图将一些发展中国家也纳入强制减排的主体范围之内,企图向其输出"绿色技术",发展新兴经济;另一方面,欧盟通过一体化政策不断提高进入欧盟市场的产品环保标准,制造"绿色壁垒",以此抵消欧盟与发展中国家产品竞争中的成本劣势。目前,气候变化和低碳发展的可持续发展条款已经成为欧盟未来签署自贸协定的重要前提之一。2010 年签署的欧盟—韩国自贸协定中第 13.5 条明确规定了"成员再次明确为实现《联合国气候变化框架》及其《京都议定书》的最终目标所做出的承诺,承诺双方在根据巴厘岛路线图来制定了进一步的国际气候变化框架方面进行合作",这不仅是欧盟贸易协定中明确提出气候变化相关问题的典型例子,也是欧盟企图输出技术的

---

① 欧盟提出,如果其他发达国家进行同等规模的减排并且经济较发达的发展中国家在其责任和能力范围内做出适当的贡献,那么欧盟愿意继续努力并在一个雄心勃勃且全面的国际协议的框架内签订减排 30% 的目标。

具体表现。① 欧盟又是中国主要贸易伙伴之一,而未来中国商品进入欧盟市场之前必须要申请"低碳"通行证。随着碳关税税率的提高,我国出口部门早已不堪重负,税负最高可达 1400 多亿美元,出口额度大的行业都面临巨大的税负,碳关税占出口额的比重最高的黑色金属冶炼及压延加工业达到了 19.04%。如果欧盟继续提高我国出口商品的碳关税,我国的出口贸易将会遭受严重影响。②

## 第二节　英国大气污染治理区域一体化立法的实践

英国大气污染问题由来已久,最早可以追溯到工业革命之前的中世纪。③ 不过 18 世纪 60 年代之前,人们并没意识到空气中弥漫着的浓雾是危害健康的,他们相信弥漫着的浓雾反映了英国城市化的成就。④ 然而,随着空气中污染物的增加和公众健康问题的凸显,一部分早期的学者开始关注空气中污染物并研究其产生的原因。当时的学者将污染物的产生归因于两个方面:一是人口的增加,二是林地的不断减少。⑤ 虽然当时英国并未进入工业

---

① 李丽:《低碳经济对国际贸易规则的影响及中国的对策》,《财贸经济》2014 年第 9 期。
② 马晓微、孔祥民等:《欧盟征收碳关税对我国出口贸易影响研究》,《北京理工大学学报(社会科学版)》2014 年第 6 期。
③ 梅雪芹:《工业革命以来英国城市大气污染及防治措施研究》,《北京师范大学学报(人文社会科学版)》2001 年第 2 期。
④ 梅雪芹:《19 世纪英国的环境问题初探》,《辽宁师范大学学报(社会科学版)》2000 年第 3 期。
⑤ 梅雪芹:《19 世纪英国的环境问题初探》,《辽宁师范大学学报(社会科学版)》2000 年第 3 期。

革命时期,但是经济的缓慢增长和城镇化水平的推动还是导致了越来越严重的空气污染问题。

进入 18 世纪 60 年代,英国开始了第一次工业革命。工业革命使英国享受其带来财富增加的同时,也让英国成为第一个因为工业革命而遭受污染问题的国家。1750 年的伦敦仅是一座宽为 4.5 公里、人口为 67.5 万的城市。一年近 70 万吨的煤炭被燃烧,释放了 $76\mu g/m^3$ 的烟雾和 $340\mu g/m^3$ 的二氧化硫。1750 年到 1800 年的 50 年间,伦敦的城市规模发展缓慢,城市的宽度仅增加了 0.5 公里,但是 50 年间燃烧的煤炭数量翻倍达到 135 万吨。进入 19 世纪,从 1800 年到 1900 年的一个世纪,英国伦敦城市扩张为 1750 年的 4 倍,人口增加了近 10 倍;同时煤炭的使用量达到 1750 年的 22 倍,烟尘排放量接近 1750 年的 3 倍,其中二氧化硫的排放量达到 $603\mu g/m^3$。[1] 进入 19 世纪,民众越来越清楚认识到污染的严重性,并迫切希望政府能够采取有效措施治理污染。迫于公众压力,19 世纪初英国开始制定应对大气污染的相关法律。自此之后,英国开始了近 200 年的大气污染治理立法。

## 一、从应对治理到一体治理的区域一体化立法背景

(一)20 世纪 80 年代以前的"应对式污染治理"立法

从 19 世纪英国开始通过立法治理大气污染以来,一直到 20 世纪 80 年代的立法都有其共同的特点,即都是面对公众压力的被动反应[2],且控制对象单一,缺乏整体环境意识。有学者将 20 世

---

[1]　杜雪松:《英国空气污染治理研究》,北京外国语大学硕士学位论文,2017 年。

[2]　这一时期的英国法律,主要是英国立法机关对于污染问题的被动反应,即先有严重的污染问题产生,而后才有了相应的治理污染问题的法律。

纪 90 年代之前的英国大气治理模式称之为"应对式空气污染治理"①。应对式治理的主要特点是先污染后治理,同时治理手段也是片段性、非连续性的。这一时期的立法也与应对式治理的模式切合,呈现出被动反应立法、针对单一污染源立法的特点。因此本书将 19 世纪至 20 世纪 80 年代的大气污染立法称之为"应对式污染治理"立法。

关于此,英国 19 世纪第一部重要的法律是制定于 1821 年的《烟尘禁止法案》,其主要内容是鼓励对于环境不满的民众起诉带来工业烟尘的企业。但是也仅局限于此,对于带来工业烟尘的其他燃煤污染源,如锅炉、机车等却没有涉及。19 世纪中后期至 20 世纪初的这段时间,主要有 3 部制碱法案。1863 年议会第一次颁布制碱法案,是英国开始对大气污染源进行控制的标志。制碱法案主要针对制碱行业制定,目的是控制当时制碱工艺所产生的有毒气体。其主要内容:一是限制排污的标准。如规定碱业制造商必须将其对盐酸气体的浓度至少压缩 5%。二是巡视员监督。相关条款规定必须任命制碱业的巡视员。② 1874 年新的制碱法,相比 1863 年的制碱法,增加了对有毒气体如硫酸、氮氧化物、氯和硫化氢等的相关规定,但还是仅限于制碱行业。1881 年《制碱业及其他工业管理法案》,为控制各种制造业,特别是化学工业的制造工艺所排放的有毒气体而制定的法律。其最大的变化便是不再局限于制碱行业,这里的其他工业包括了硫酸厂、硝酸厂、化肥工厂和其他制造氯气及漂白粉、硫酸铵的工厂。除此之外,巡视员监督

---

① 蔡岚:《空气污染整体治理:英国实践及借鉴》,《华中师范大学学报(人文社会科学版)》2014 年第 2 期。

② 赵承杰:《英国对大气污染的法律调整》,《国外环境科学技术》1989 年第 1 期。

制度也有了很大变化:巡视监督机构从英国的贸易部门转变为地方政府;巡视员要对盐厂和水泥厂进行登记,并调查废气的排放能否控制在合理的开支范围之内。

进入 20 世纪,特别是在 1952 年震惊世界的"伦敦烟雾事件"发生之后,英国又相继出台了多部治理大气污染的立法。这一时期最为重要的是 1956 年制定的世界上第一部空气污染防治法案——《清洁空气法》。《清洁空气法》主要针对家庭和小企业,以煤烟治理为核心内容,具体包括四个方面的内容:一是禁止黑烟的排放。该项规定针对的是家庭房屋中排放出的黑烟。该法案规定了一定的标准,超过此标准的黑烟都是禁止排放的。二是赋予地方公共团体划定禁烟区的权力。依照法案规定禁烟区内任何烟尘都是禁止排放的,而且限制区域内居民使用无烟燃料,并强制居民进行炉灶的改造。三是防止煤烟的排放。法案中对于黑烟的态度是严格禁止,而对于煤烟是规定一定的强制措施来进行防止。四是规定了烟囱的高度。[①] 立法者认为,烟囱达到一定的高度可以有助于污染物流通,减轻污染现象,所以法案中有了此项内容。同时考虑到地区环境的差异,该法不是设定统一的标准,而是允许地方公共团体制定建筑条例,在建筑申请时,如果可能有害于环境,就会拒绝项目申请。除了《清洁空气法》,1974 年制定的《污染控制法》(其全称《空气污染控制法案》)也尤为重要,主要内容有两个:一是规定了社会公众有对环境质量进行申诉的权利;二是规定了工业燃料的含硫上限。[②]

––––––––––––––––––

① 赵承杰:《英国对大气污染的法律调整》,《国外环境科学技术》1989 年第 1 期。
② 蔡岚:《空气污染整体治理:英国实践及借鉴》,《华中师范大学学报(人文社会科学版)》2014 年第 2 期。

(二)"应对式污染治理"立法的困境

不可否认的是,20世纪90年代之前的"应对式污染治理"立法确实为治理大气污染做出了突出贡献,但是其暴露出的问题也注定这样的"应对式污染治理"立法无法长久生存下去。一方面是因为被动反应立法往往产生于污染问题已经积重难返、民众已经对污染问题极度不满之后,而且只是针对人们关心的污染源、污染物进行立法,导致的结果就是顾此失彼。比如《烟尘禁止法案》针对的是工业烟尘的企业,而对于带来工业烟尘的其他燃煤污染源,如锅炉、机车等却没有涉及。另一方面因为"应对式污染治理"立法针对的是单一污染物,而对于大气污染中的其他污染物不关注。大气污染具有复合性①的特点,只是针对单一污染物很难实现空气清洁。

(三)"大气污染治理一体化"立法模式的确立

20世纪90年代之后,随着英国环保观念的转变和英国政府进行的以可持续发展为核心的改革推动着英国大气污染治理朝着一体化立法的方向发展,1990年,英国制定了环境保护法案,共9部分。这部法案预示着英国走向了污染治理一体化立法之路。英国1990年环境保护法案一体化的立法思路具体表现为四个方面:一是整体治理环境问题。法案第一章便是整体控制污染与地方政府的污染控制(Integrated Pollution Control and Air Pollution Control by Local Authorities)。二是统一明确环境治理对象。在前言中对于环境、环境污染等下了定义,使各地区对环境治理对象和治理目标有统一认识。三是中央指导地方政府的污染控制。本法案第一部分规定便是关于地方政府如何进行大气污染控制。四是末端治

---

① "大气污染的复合性"指的是大气污染物种类的复杂性。

理向源头预防转变。这部法律不是环境事件引发,也不是人们对污染问题不满的产物,而是为了预防可能出现的环境问题而立法。①

## 二、从立法指导到立法建构的区域一体化立法模式

英国是单一制国家②,行政管理体制分为中央、郡和区(镇)三级行政区划。20世纪90年代之后,地方治理机构的"碎片化"状态带来了很多问题,其中就包括大气污染问题。当时的工党政府试图通过制度化的"合作治理"方式解决诸多社会问题,试图通过建立强调激励机制、责任体系,注重发展与政府整体价值和绩效的文化、哲学,重塑政府结构,以达到提升政府效能、满足社会公众需求的根本目的。③ 正是在制度化"合作治理"的大背景之下,英国从顶层设计上全面把握和推动中央与地方关系,自上而下推动大气污染治理。英国大气污染治理立法是以中央一体化立法先行,自上而下进行推动。

同时,作为欧盟成员国,英国大气污染治理一体化立法也受欧盟法律的约束。根据法案(*European Communities Act 1972*),当英国法律与欧共体法律发生冲突,英国法律应让位于欧共体法律,这也就直接导致英国法律直接来源于欧共体法律,英国的大气污染治理一体化立法也自然会受到欧盟法律的约束,其中影响最大的

---

① *Environmental Protection Act 1990*, http://www.legislation.gov.uk/ukpga/1990/43/contents,2018-05-04.
② 英国实行地方分权型的单一制国家结构形式,中央政府与地方政府有着较为明确的职权划分,不仅可以实现中央政府对地方政府的监督与控制,而且保证了地方政府的独立性与灵活性。
③ 宋雄伟:《英国地方政府改革:集权与分权的博弈》,《学习时报》2016年第4期。

便是有关环境标准方面的指令。英国一体化立法中有关环境标准的内容都是从欧盟指令中纳入的,不过具体如何达成这些标准是需要英国制定相关配套制度去落实。相关配套制度中最为重要的便是建立了空气质量标准评估体系。

(一)中央立法指导下的区域内大气污染联防联控

中央立法指导下的区域内大气污染联防联控始于 1990 年的环保法案。环保法案对地方如何治理污染做出了具体的制度安排,具体的制度措施包括:一是排放限制和空气质量目标制度。国务大臣可能根据法案中的规定建立标准、目标或做出要求特定的流程或特定物质的规定。二是要求地方提供综合的废物管理计划(An Integrated Waste Management Plan)。明确要求废物管理计划应包括地方多部门之间或者不同地方之间的合作。① 之后在 1993 年修订的《清洁空气法》中也强调在空气污染治理领域中地方政府应互相合作。其中第 61 条规定地方部门如何联合行动。该条明确强调当区域出现污染问题的时候,两个以上的地方当局应该无偏见地开展污染控制,污染控制区域可以是这些地方的全部区域也可以是部分区域。② 通过查阅英国一体化治理立法的法律,笔者认为其中最能体现中央立法指导下的区域内大气污染联防联控当属 2003 年制定的《空气质量限制值规则》(The Air Quality Limit Values Regulations)。该规则通过划分空气质量控制区、空气质量控制区域内评估的整个流程,敦促区域内地方政府主动开展大气污染治理的合作,以实现区域内大气

---

① Environmental Protection Act 1990, http://www. legislation. gov. uk/ukpga/1990/43/contents,2018-05-04.

② Clean Air Act 1993 ,http://www.legislation.gov.uk/ukpga/1993/11/contents,2018-05-04.

污染的联防联控。①

2003 年制定的《空气质量限制值规则》(*The Air Quality Limit Values Regulations*),对于地方联合治理的指导呈现出制度化和程序化的特点。具体规定包括:一是国务大臣负责制度,规则中规定的各个污染治理流程都由国务大臣负责统筹管理;二是规定环境保护手段不能对其他地区造成消极影响;三是规定划分空气质量管理区的制度;四是对区域内大气质量至少每 5 年评估一次;五是对于空气质量的评价方法做出具体规定;六是跨区域行政指导制度;七是环境空气质量评价公开。该规则首先明确了由国务大臣作为负责大气污染治理的主体,其主要职责是空气质量评估和空气质量管理。规则第三部分对于国务大臣确保限制值达成的责任做了规定。要求国务大臣应该采取必要的手段确保空气质量符合后续规定的评估标准和限定值标准,但是该环境治理手段要考虑结合到水环境和土壤保护的手段,不能违反工人健康和安全的法规,不能对其他成员国的环境造成消极影响。该规则第六部分是关于空气质量评估的规定,评估主体是国务大臣,评估对象是每个区域的空气质量。该规则第七部分规定了划分质量控制区的制度,而划分质量控制区的依据正是对空气质量的评估。划分质量控制区评估的手段包括根据固定的连续测量和根据短时间内的连续测量建模结果两种。② 划分质量控制区的标准包括三种:一是污染物在区域内是否聚集;二是污染物在区域之间的水平相关的限值和超过评估阈值;三是污染水平是否超过了限定值。划分

---

① *The Air Quality Limit Values Regulations 2003*, http://www.legislation.gov.uk/uksi/2003/2121/contents/made,2018-05-04.

② *The Air Quality Limit Values Regulations 2003*, http://www.legislation.gov.uk/uksi/2003/2121/contents/made,2018-05-04.

质量控制区之后,第八部分要求国务大臣对于分类进行评估。一是每5年至少一次;二是对于重大活动中污染物的影响程度要进行评估。该规则第九部分对空气质量评估的方法做出具体规定。评估的基本原则是根据当前所划分的质量控制区现状选择合适的评估方法。区域内的测量要按照以下两个要求:一是污染物测量必须采取固定地点连续或随机抽样;二是测量的数量必须足够大,以准确测量污染物水平。如果经过评估区域内污染物存在超过临界值的风险,国务大臣应该开展减少风险的行动计划,该行动计划应该能够减少风险或者使风险迟点到来。但是是否能够达成上述效果也并非仅依靠测量的数据,还需要考虑到地理气象经济的条件。规则还要求该项行动计划需要向社会公众公布,接受社会公众的监督,需要公开的信息包括为制定行动计划所做的调查准备、具体的行动计划和行动计划实施中的相关信息。当行动计划制定以后,国务大臣会把超过临界值的地区列成清单,这些地区将负责实施行动计划,当区域内环境质量发生变化,变好或者变坏会相应调整行动方案。同时,低于限定值的地区也会被列成清单,国务大臣应当保证这些低于限定值的地区相关污染物的水平低于限定值,并且应当努力保护最好的环境空气质量,使该地区环境符合可持续发展。①

该规则从划分空气质量控制区,到空气质量控制区域内评估,再到制定行动计划,列出清单的整个制度流程,为区域内大气污染联防联控创造了制度条件。一是划分空气质量控制区的制度为同一区域内的不同地方联合治理提供了充足的条件。根据质量条件

---

① *The Air Quality Limit Values Regulations 2003*, http://www.legislation.gov.uk/uksi/2003/2121/contents/made,2018-05-04.

划定的空气质量管理区制度使各地区有了充分交流联合的机会，空气质量管理区共同的大气治理目标也为各地区联合防控提供了动力。二是科学的评估方法、评估制度为区域内联防联控提供了科学依据。评估的基本原则是根据当前所划分的质量控制区的现状选择合适的评估方法，同时在最后测量得出结果的时候还需要考虑到地理气象经济的条件等都在规则中做出了明确规定。这些科学的评估方法为区域内不同地方政府了解自己地区空气质量现状，进而科学合理与其他地方开展大气污染联防联控提供了依据。三是制定行动计划，并区别对待超过临界值地区和低于临界值地区，为区域内联防联控明确了方向。要实现区域联防联控最重要的是充分认识到空气污染的复杂性和流动性以及应对不同地区之间行动不一致的问题。中央政府从顶层设计的角度为不同地区且污染问题严重程度相当的地区统一了行动计划，且该行动计划的制定主体又为空气质量管理区内的不同地方。这样一方面敦促空气质量管理区内的不同地方加强沟通交流以完成中央政府要求制定的行动计划，另一方面统一制定并达成的行动计划，为空气质量控制区内的大气污染治理明确了行动方向。

　　英国作为单一制国家，通过中央立法指导下的区域内大气污染联防联控的模式既不改变现有政治体制，又能实现区域内大气污染的联防联控，从模式构建和推行角度都相对容易。同时由于各地方有服从中央立法的义务，相对于地区间协议而言，更具有法律效力。但是该种模式也有其缺陷，虽然中央立法通过一系列的制度设计实现区域间不同地方的合作，但是具体如何执行，能否落实主动权在地方政府手中。为了地区利益，对于中央政府强加给自己的职责会有相应的抵触，虽然立法也规定了国务大臣负责制度，但是其监督还是有限，免不了出现"上令下不达"的情形。

## (二)立法构建空气质量标准评估体系协调地区差异

1980 年 7 月欧盟委员会发布了指令,该指令主要规定了二氧化硫和悬浮颗粒的限制值和指导值。1989 年英国根据指令中相关要求制定了《空气质量标准规则》(*The Air Quality Standards Regulations 1989*)。该规则主要是针对二氧化硫、二氧化氮和铅等大气中的悬浮颗粒物。规定如果污染物超过了限定值,污染严重和污染集中的区域应当建立污染监测站或污染采样站。但是该规则并不适用于全部区域,规则附表中对一些地区做出了暂时免除应用限制值的规定。[①] 之后在 1995 年对于空气质量规则的修订中对豁免区域进行了撤销。2007 年又颁行了新的空气质量规则,该规则是在 2003 年空气质量限制规则的基础上颁行。对于 2003 年中的划分空气质量区、评估等制度进行了继承,并在附表中对各类污染物空气质量标准做出了具体规定。2010 年又颁行了新的空气质量标准规则,2016 年做出修订。本书以 2010 年空气质量标准规则为例,分析立法构建空气质量标准评估体系协调地区差异的模式是如何运行的。

2010 年《空气质量标准规则》(*The Air Quality Standards Regulations 2010*)于 2010 年 6 月 11 日施行。该规则对 13 种污染物的限制值和目标值做出了具体规定,包括二氧化硫、二氧化氮、氮氧化物、颗粒物、铅、苯、一氧化碳、砷、镉、汞、镍、多环芳烃、臭氧;[②] 该规则也承继 2003 年《空气质量限制值规则》(*The Air Quality Limit Values Regulations*)划分质量控制区和评估的制度,在总则中

---

[①] *The Air Quality Standards Regulations 1989*, http://www.legislation.gov.uk/uksi/1989/317/contents/made,2018-05-04.

[②] *The Air Quality Standards Regulations 2010*, http://www.legislation.gov.uk/uksi/2010/1001/contents/made,2018-05-04.

就明确规定,国务大臣必须划分空气质量控制区和城市群。规则第二部分环境空气质量评价分三章对13种主要污染物的评估限定值、评估标准、采样点和采样数量和样本分析方法做出了具体规定。第三部分规定中央政府关于限制值和目标值的责任。第四部分为减少$PM_{2.5}$的相关规定,其中要求中央政府应当对$PM_{2.5}$做出准确测量,并确定了2015年和2020年应当实现的目标。第五部分规定空气质量计划和当区域内有污染物超过限制值的时候应当制定短期行动计划。第六部分是公共信息,和2003年规则相似,也是规定了政府相应的信息公开责任。第七部分包括指导的权利、跨界污染和废除2007年《空气质量标准规则》三部分。指导的权利是承继2003年规则中的内容,跨界污染属于新增内容。跨界污染部分规定了当由于临近地区造成本地区污染的时候应当采取的措施以及相关责任的划分。附表中对于如何采样,每种污染物具体每小时和每天的限制值、相应的目标值、应当公布的信息类型进行了列明。

纵观整个空气质量标准规则,其最大的意义便是对污染物的空气质量标准做出了详细明确的规定。通过一系列不同时期的空气质量标准、配套的评估和分区制度,英国以立法的形式为不同地区大气污染治理提供了统一标准。没有统一空气质量标准的不同地方之前很难达成治理空气的共识,往往各自为政,虽然有些地方为治理空气投入更多,但因为其他地方的空气质量问题而难以解决整个区域的空气污染问题。而统一的空气质量标准和设定的空气质量目标能让地方政府更好地达成意见一致,齐心协力为治理区域内的空气质量问题展开合作。

虽然英国建立的空气质量标准体系大部分内容来自于欧盟中的相关指令,但是如何通过统一的空气质量标准来协调地区之间差异则是英国的创设。在如何协调地区差异方面,英国空气质量标准更多的是承继了前面提到的划分质量控制区和评估的制度①,一方面英国制定了明确的空气质量标准来约束各个地方,同时又通过划分质量控制区和评估来敦促地方政府联防联控,使地区间空气治理协调发展以达成共同的空气质量目标。当标准加上相应制度使整体环境质量改善后,英国又通过不断修订空气质量标准、设定新的空气质量目标使英国的空气质量一直朝着良性的方向发展。

### 三、从宏观目标到微观防控的区域一体化立法政策

（一）国家空气质量战略目标制度

20世纪后期,英国通过一系列"应对式污染治理"的立法引领和推动,传统的煤烟污染基本上得到了控制,但是空气质量并没有显著改善。传统煤烟污染转变为新型污染物,如二氧化硫和二氧化氮等。如何解决新型污染成为英国民众持续关注的问题,国家层面也希望尽快通过新的法律来应对新型污染物。1990年英国制定了《环境保护法案》（Environmental Protection Act 1990）,1995年通过了《环境法》（Environment Act 1995）,这两部法律制定了一个全国范围内对环境问题进行综合治理的长期战略,并要求在全国范围内整体控制污染,要求地方政府联合起来进行污染控制行动。②

1997年英国颁布《国家空气质量战略》（Nation Air Quality

---

① 划分质量控制区和评估的制度最早出现在1989年英国空气质量规则法律文件中,后来在其他法律文件中得以承继。

② Environment Act 1995, http://www.legislation.gov.uk/ukpga/1995/25/contents,2018-05-04.

Strategy），之后颁布了《空气质量规则》（*The Air Quality Regulations*），其中规定了除臭氧外其他 7 种主要污染物的空气质量目标，并提出了 2005 年之前应该达到的空气污染治理目标。2007 年颁行的新的空气质量标准规则也提出了 2010 年之前应当实现的空气目标。

1997 年《国家空气质量战略》和《空气质量规则》将欧盟、世界卫生组织（WHO）的质量标准引入国内，明确了新型污染控制的定量和定期目标，并制定了具体的主要污染物排放量。为了实现全国定期定量的空气目标，中央机构（主要是国务大臣）应该发挥能动性，监督管理地方进行大气污染控制。同时再一次强调地方政府之间应当协同配合，要对城市空气质量进行定期评估，对于达不到目标的城市要划定空气质量区域，并制定污染控制行动计划，由国务大臣监督实施，该评估和分区制度也是上文提到的 2003 年制定的《空气质量限制值规则》（*The Air Quality Limit Values Regulations*）中评估和分区制度的源头。

1997 年之后，英国政府为降低空气中的碳排放量，在 2004—2009 年的六年内相继提出了《能效：政府行动计划》《气候变化行动计划》《英国可持续发展战略》《低碳建筑计划》《退税与补贴计划》《英国能效行动计划》《国家可再生能源计划》和《低碳转型计划》等一系列政策计划，尤其是《低碳转型计划》勾画了英国政府发展低碳经济的国家战略蓝图。[1]

国家空气质量战略目标的提出为英国改善空气质量提供了清晰框架：一是一个简单清晰的政策框架；二是符合实际却又有挑战

---

[1]　吴志功：《京津冀雾霾治理一体化研究》，科学出版社 2015 年版，第 58 页。

性的目标;三是监管和财政激励支持帮助实现上述目标;四是成本和效益分析;五是监测和研究,提高对污染的认识;六是提高公众意识的信息。该战略目标又包括四个主目标,分别是:社会进步以满足公众需求、有效地保护环境、谨慎地适用自然资源、保持较高并且稳定的经济增长和就业水平。① 该战略为英国的八个主要空气污染物设定了标准和目标。标准的设定基于每种污染物对公众健康的影响评估,并且通常会参考专家小组的空气质量标准、欧盟空气质量标准的分指令以及世界卫生组织的建议。②

　　清晰目标和科学战略目标的提出在英国面临新型污染转变的时期是必要的,一方面敦促各地区广泛开展合作,在有限的时间段内完成相应的空气质量目标。另一方面也是其他制度得以适用的前提条件,当评估无法完成相应的目标,依据质量规则相应的地区需要划定空气质量区,并制定出行动计划,这些后续制度的实施都建立在无法完成空气质量目标的基础之上。在国家空气质量目标制定之后,各地区紧接着就制定了各地方的空气质量目标。以伦敦为例,伦敦2001年拟定并发布了《空气质量战略草案》。在国家空气质量目标的基础上,伦敦也提出了其空气治理目标,如交通目标是到2010年伦敦市中心的交通流量减少10%—15%。

　　国家空气质量目标和之后各地方制定的空气质量目标战略为国家空气污染治理和各地方的空气污染治理提供了清晰的发展方向。正是在国家空气质量目标提出之后,英国中央政府和地方政府协调配合,地方政府之间的联防联控有了国家层面的战略指导。

---

① 吴志功:《京津冀雾霾治理一体化研究》,科学出版社2015年版,第59页。

② 叶林:《空气污染治理国际比较研究》,中央编译出版社2014年版,第36页。

（二）划定空气质量管理区制度

依据空气质量规则的规定无法达到空气质量目标的地方，必须划定空气质量管理区域。在划定了空气质量管理区的地方，中央政府要求地方政府必须制定书面行动计划，详细规划空气质量应如何完善。同时，国务大臣对于该行动计划的内容有具体要求，对行动计划的实施效果也有具体的考察。评估是划定空气质量管理区的依据。评估可以先了解各地区空气质量现状，然后把空气问题突出的地方筛选出来，根据评估的结果将空气质量问题突出的地区划成空气质量管理区进行集中治理。

该制度的优势包括：其一，集中治理相关重点区域，有针对性地解决污染问题。通过空气污染的复杂性对其治理的复杂性就可见一斑，而评估后划定空气质量管理区制度的优势在于找到了复杂污染问题中最急迫需要解决的区域，有针对且循序渐进地解决重点区域。其二，划分质量控制区可敦促重点区域的不同地方展开合作，联防联控。划分到同一区域的地方，空气问题突出急迫，而且空气污染问题息息相关。在中央政府的要求之下，这些地方需要尽快解决现实中存在的问题，而解决问题的关键在于与自己区域内息息相关的其他地方展开合作，以达成共同区域内空气质量改善的目标。

（三）空气质量评价制度

英国是世界上第一个提出环境影响评价的国家，因而其环境影响评价研究相对系统和完整。① 大气污染治理领域的环境质量评价制度最早出现在 2001 年《空气质量限制值规则》（*The Air Quality Limit Values Regulations 2001*）。该制度是划定质量控制区

———————

① 蔡玉梅、张晓玲等：《英国战略环境影响评价进展与启示》，《广东土地科学》2006 年第 6 期。

配合发挥效力的,包括前期划分质量控制区之前的环境空气质量评价和划定空气质量管理区之后的空气质量评价。划分质量控制区之前的空气质量评价为划分质量控制区提供了依据。正是有了前期的空气质量评价,才可以根据评价结果的不同划分成不同的空气质量管理区。而划分空气质量管理区之后的评价主要是敦促空气质量管理区的不同地方尽快改善空气质量以及衡量所制定行动计划的效果,以便及时做出调整。在之后的多部法律中对该空气质量评价制度进行了承继和完善,如后来重新制定的 2010 年《空气质量标准规则》。但无论法律如何修订,空气质量环境评价制度都是十分重要的内容。

英国在各个主要法律文件中不只是提出了环境空气质量评价制度,而且对于空气质量如何评估评价规定了具体的方法。一是对于测量和采样做出了具体要求。空气质量规则中规定测量污染物必须采取固定地点连续或随机抽样的方法,并且要求采样测量的数量必须足够大,以使测量的污染物水平是准确的。同时还规定了对于不同区域或者城市群的面积、人口以及超过限定值的程度确定最小采样数量。二是对于空气质量评价提供了相应的参考标准,并要求除非中央政府能够保证不适用这些参考标准时可以得到相同结果时才可以不适用。除了这一种情况都是强制必须适用这些标准的。如规则中规定对于二氧化硫的参考评价标准是 ISO/FDIS 10498,对于二氧化氮和氮氧化物的参考评价标准是 ISO 7996,对于铅的参考评价标准是 ISO 9855,对于臭氧的参考评价标准是 ISO FDIS 13964。三是对于监测点的要求。规则中规定 $PM_{2.5}$ 的测量点选择的要求,并且规定如果可以应和 $PM_{10}$ 的测量点一致。四是对于评价测量的温度压强做出了具体规定。规则中明确要求二氧化硫、二氧化氮、氮氧化物、苯、一氧化碳和臭氧体积测量必须在温度 293 k 和压强 1013 kPa 下进行。①

　　同时,依据英国空气污染治理立法规定空气质量评价结果应当向社会公众公开,接受社会公众的监督,如果公众对于空气质量评价的结果有异议可以提出。

　　英国环境空气质量评价制度之所以对英国大气污染一体化治理做出巨大贡献,在于其一,明确了具体的评价责任主体。在空气质量评价活动中,除了规定严格的评价义务之外,还要指定明确的责任主体,唯有责任主体认真负责,履行空气质量评价才能保障空气质量评价质量,有效杜绝环境风险。英国在规则中规定空气质量评价的责任主体是国务大臣(The Secretary of State),相较于评价主体为地方而言,更能保证评价客观公正,保证空气质量评价的质量。其二,制定了科学的评价方法。科学的评价方法也是评价质量的重要保证,也能保证评价结果为社会公众所认可接受。其三,公众参与,公众监督。大气污染与每一位民众都息息相关,特别是进入 21 世纪,人们越来越认识保护环境的重要性,也愿意关注并贡献自己的一份力量。保障人们获取环境信息、参与和监督环境保护的权利,畅通参与渠道,规范引导公众依法、有序参与是促进环境更加健康发展的重要途径。在英国,空气质量评价信息正是其中最为重要的环境信息,理应向公众公开,接受公众监督。

## 四、英国大气污染治理区域一体化立法的效果与国际影响

　　英国从"应对式污染治理"②立法到"污染治理一体化"立法

---

① *The Air Quality Limit Values Regulations 2001*, http://www.legislation.gov.uk/uksi/2001/2315/contents/made, 2018-05-04.

② 蔡岚:《空气污染整体治理:英国实践及借鉴》,《华中师范大学学报(人文社会科学版)》2014 年第 2 期。

的重大转变,一方面为大气污染提供了源头预防的正确治理思路,另一方面也促进了经济的健康发展。以前先污染后治理"应对式污染治理"立法,虽然对治理大气污染也做出了突出贡献,但是由于其未考虑到大气污染复杂性流动性的特点,往往是付出了很高的治理成本却收获了与之不匹配的治理效果。而污染治理一体化立法充分考虑大气污染复杂性流动性的特点,以中央立法为指导推动区域内不同地方政府污染治理的联防联控,以统一的空气质量标准和空气质量目标统一不同地方的治理行动,最终实现整体空气质量的改善。据报道,昔日的"雾都"伦敦,今日已是"绿色花园城市",城区的花园、公共绿地和森林覆盖面积高达三分之一,其中的自然保护区和社区花园更是不计其数。大雾天气已经由100余年前的每年90天,减少为不到10天。昔日因重度环境污染消失的多种鸟类,如今又重新飞回伦敦,曾经的"雾都"又处处充满了生机。①

此外,在全球化进程不断加快和全球性问题日益涌现的社会背景下,英国积极有效地参与全球环境治理,同时也倡导其他国家加入其中。在参与全球环境治理的过程中,成功维护国家利益,增强国际话语权,提高全球影响力,传播本国价值观。在全球环境治理的实践行动,英国的"污染治理一体化"立法也得以影响其他国家的大气污染治理,并进而帮助其他国家改善空气质量。

20世纪90年代初,解体后经济政治转轨的中东欧国家走上了新的环境治理之路,在来自英国、法国等西欧国家环境政策的影响下,中东欧国家以加入欧盟谈判为契机,对其环境政策进行了重

---

① 叶林:《空气污染治理国际比较研究》,中央编译出版社2014年版,第52页。

大调整。此时,正值英国"污染治理一体化"立法刚刚起步,但是其先进的立法理念还是对中东欧国家环境政策调整产生了很大影响。

　　以捷克为例,捷克也仿效英国制定了《清洁空气法案》,并且在法案中对污染的排放制定了严苛标准。和英国一样,捷克本国的法律也受到欧盟指令的约束和影响,很多空气质量标准和空气质量目标都来自于指令中的具体内容,但是具体如何达成具体的标准和目标确是本国自己的创设。① 通过阅读研究捷克空气治理立法的相关文章,发现其与英国在实现空气质量目标的手段相似。一是捷克也制定了相应的国家战略——"可持续运输"战略。② 该战略目的是降低汽车尾气中的氮化物、挥发性有机化合物以及粉尘的排放,降低在其他制造业、商业和运输业环节中的挥发性有机化合物的排放;以与欧盟立法同步的标准引入对新能源、重要能源关于氮化合物、挥发性有机化合物、硫化物和污染颗粒方面的排放限制。二是构建了空气质量评价制度。2000 年捷克政府开始规定检测站收集报告汞、铅、镉等重金属物质和胡多环芳香族化合物、多氯联苯等持续性有机污染物的数据,同时立法要求规范对于特定金属物质的数据收集,这使得其余一些重金属物质砷、铬、铜、镍、硒、锌等也加入了被检测行列。捷克通过借鉴和学习英国 20 世纪 90 年代之后的"污染治理一体化"立法的经验,在转型过程中顺利克服了工业化背景的羁绊,在短短十几年的时间内一步到位地达到了世界最先进的水准。

---

① 捷克于 2004 年 5 月 1 日加入欧盟成为正式会员国。
② 李栋:《欧洲化视角下的中东欧国家环境政策转型》,山东大学硕士学位论文,2009 年。

# 第三节　美国大气污染治理区域
一体化立法的实践

美国对于大气污染治理的历程可以划分为三个阶段。第一阶段为初级阶段,其主要表现为个别较大城市制定并颁布了相关的《烟尘法令》,从而开创了美国大气污染治理的相关历史。第二阶段为扩散阶段,在这一阶段中美国对于大气污染的治理逐渐由原来的城市扩散到州,并形成州内性的清洁空气的相关立法。第三阶段为联邦介入大气污染治理的立法工作中,并逐渐形成由联邦主导与进行宏观性的指导,各州配合进行大气治理的模式。

## 一、从单一立法到州际合作的区域一体化立法背景

（一）工业化"福利"导致雾霾及化学污染事件频发

美国大气污染相关立法的起始要追溯到两件极为严重的环境污染事件。第一件是 1943 年的洛杉矶烟雾事件,又被称为洛杉矶光化学污染事件[1]。洛杉矶自 1846 年之后就成为美国的一个繁荣地区,借助 1876 年美国南太平洋铁路修建至此地和 1890 年在此地发现石油两个契机逐渐发展起来,并成为一个较大的工业城市。此阶段最为主要的产业就是石油工业,而随着第二次世界大战后的发展,洛杉矶逐渐成为军事工业中心和飞机制造基地。工业经济的发展使得城市规模快速扩大,至 20 世纪 40 年代,洛杉矶已经成为美国第三大工业城市。1940 年的洛杉矶就已拥有 250

---

[1]　赵彩霞:《美国大气污染治理的经验与启示》,《"决策论坛——管理科学与经营决策学术研讨会"论文集(下)》,2016 年。

万辆汽车,被称为"汽车之城",仅汽车一项每天要排放 1000 多吨碳氢化合物、700 多吨一氧化碳、300 多吨氮氧化物。大量工业生产与汽车尾气导致大量的碳氢化合物和二氧化氮被排放到空气中,但洛杉矶的地形却是三面环山、一面临海的开阔盆地,呈口袋形状,空气对流缓慢,空气的自我净化能力并不强。大量的碳氢化合物和二氧化氮在强烈紫外线的照射下会发生光化学反应,生成含有剧毒的淡蓝色光化学烟雾。这种烟雾会刺激人们的眼、鼻、喉,造成人们的眼、鼻、喉出现炎症,严重时还会死亡。这种情况发展到 1943 年第一次爆发,导致市区的能风度严重降低,数千人出现咳嗽、流泪、打喷嚏等情况,甚至直接导致了百公里以外高山上松林的大量枯死。随后每到夏季,就会出现烟雾不散的严重空气污染现象。在 1952 年的一次烟雾事件中,导致了 400 多名老人因呼吸道衰竭死亡,随后 1955 年又出现了同样情况。这一现象引起了人们关注,试图不断关闭排放工业废气的工业,并开始重视空气污染问题。直到 1952 年美国加州理工学院的生化教授阿里·哈根—斯米特才将这一事件定位为光化学烟雾,这一事件也被称为世界八大环境污染公害事件。①

第二件是发生于 1948 年的多诺拉事件。作为美国宾夕法尼亚州西部的一个小镇,多诺拉的主要产业为硫酸厂、钢铁厂与炼锌厂,每天有大量的工业废气排放,这些废气中的有害气体会直接导致呼吸系统疾病,造成眼病、咽喉痛、流鼻涕、咳嗽、头痛、四肢乏倦、胸闷、呕吐、腹泻等病症。而小镇位于马蹄形山谷内侧,在正常情况下空气中的有害气体可以通过垂直上升至大气层,后扩散至

---

① Ashley B. Roberts, "Authority and Regulation Issues", *Nova Science Publishers*, 2012.

其他地区。但 1948 年 10 月 26—31 日时却因为持续的雾天气,空气中云层厚密,导致空气失去了垂直移动的能力,出现了逆温现象,随后几年工业排放的有害气体被封闭于这一地区,并在 5 天时间内造成 6000 人突然发病,其中有 20 人很快死亡。这一事件也被列入世界十大环境污染公害事件。①

严重的空气污染造成的后果引起了美国民众对于空气污染的极度重视,也直接和间接促进了美国在大气环境污染治理上立法、行政手段改革。美国自 20 世纪 50 年代便不断完善大气治理领域的法律机制,并逐步形成了州际契约,联邦统管的区域一体化模式,经过最近十年的验证,这种模式对于改善大气质量、统一大气治理极为有效,也因此成为各个国家与地区研究的重点。

(二)早期单一大气污染立法效果不明显

1. 个别城市空气污染治理立法

美国对于大气污染的立法治理最早起源于 1869 年,在匹兹堡市②。这一年,匹兹堡市出台了美国第一部空气污染控制法,这一法令的重点内容就是要求本市的所有烟囱都必须高于周围建筑 20 公尺以上,同时该规定体现了立法者对大气污染治理的决心。1881 年,颁布的烟尘法令(Smoke Ordinance)禁止使用含硫量高的烟煤,违者处以 10—100 美元。其后,1902 年圣路易斯市、布罗法市,1907 年底特律市、芝加哥市也相继出台了烟尘法令。至 1930 年,美国已经有 45 个城市出台了烟尘法令。这一时期,美国在大气治理的立法主要表现为:其一,立法主要集中在工业城市范围,

① 胡涛、朱力:《美国怎样应对环境风险?》,《环境经济》2015 年第 4 期。
② 匹兹堡市是美国著名的钢铁等重工业发展城市,由于粗放式发展,导致在其经济发展到顶峰,同时也带来了困扰人们生活的大气环境问题,其在整个美国大气污染治理过程中,是美国最早进行州内立法的城市。

大部分立法都是城市管理者在感觉到空气中的污染或是有民众向法院提出相关的诉讼后出台的治理相关烟尘的法律法规;其二,治理的内容大多是针对工厂生产所排放的烟尘,但因为这一时期的汽车等并没有得到普及,其治理往往限于对工业产业的管理,并且对于大气污染的相关原因了解并不透彻,故治理中有很大一部分并没有找到真正的污染来源;其三,在这一时期的立法中美国对于大气污染的治理主要都集中在州与地方政府的职权范围。①

2. 各州自行清洁空气立法

美国因地理优势,国内的工业发展并没有受到第二次世界大战形势的影响,并且抓住了这一机遇大力发展了军事工业与汽车工业。对于空气污染的治理,也从原来的城市性立法逐渐发展到州范围的立法。1941 年加利福尼亚州出现第一部州内大气污染治理立法,20 世纪 50 年代制定了第一个空气质量项目。其后,美国 1948 年的多诺拉烟雾事件,空气污染问题受到社会各界广泛关注,民众也对空气污染治理领域立法与政府的工作效果持怀疑态度。此时,空气污染治理专家雷蒙德·塔克通过对洛杉矶的实地考察,指出空气污染治理应当集合各方的力量,不应当简单限定为政府的职权。随后,1952 年俄勒冈州出台了州内的空气污染治理的相关立法,美国多数州都在其辖区内进行了相关的大气污染治理的相关立法工作。

3. 联邦介入清洁空气立法

美国联邦政府主导的《清洁空气法》于 1970 年正式出台,这

---

① 包茂红:《唐纳德·沃斯特和美国环境史研究》,《史学理论与研究》2003年第 4 期。

意味着美国对于大气污染的治理进入由联邦政府主导、地方政府主管、地区配合的新模式,这一模式发展至今主要经历了三个阶段。

第一阶段为命令—管制模式阶段。① 这一阶段联邦政府依据《清洁空气法》及其修正案对各州的大气污染治理工作进行了命令式的管制,严格要求各州依据其制定的污染治理方案进行治理。但是,由于各州情况不同和国家管理体制问题,这种严格限定式的管理模式引起了众多州与城市管理者的反感。并且,因为这种管理方式中的各项制度与政策缺乏应有的灵活性,并不能真正适用于所有的污染企业,因此各种政策制度逐渐受到反弹,甚至整体管理模式也受到极大质疑。

第二阶段为消极环保模式阶段。20 世纪 80 年代,里根政府有感于民众对于大气污染治理模式的反对,开始要求放松《清洁空气法》的执行,并试图采用成本效益分析法对联邦发布大气治理命令的价值进行评估,这种评估方法导致空气污染治理政策的推广和调整进入停滞阶段。

第三阶段,由原来的单一命令—管制模式发展为命令—管制与市场导向并存的二元制模式时期。乔治·布什时期,乔治·布什早在竞选之初就宣称要做一位"环保的总统",因此他直接促进了 1990 年《清洁空气法》修正案的通过②。而这一修正案也是导致美国在大气污染治理上出现新格局的主要导火索,它将美国对于大气污染治理的模式从原来的单一命令—管制模式发展为命令—管制与市场导向并存的二元制模式,解决了大气污染治理与

---

① 尚学兴:《论布什政府的环保政策》,《黑河学刊》2010 年第 5 期。
② "Overview of the Clean Air Act and Air Pollution", https://www.epa.gov/clean-air-act-overview,2018-03-04.

经济发展间的协调问题。① 而在 1993 年,布什政府试图通过完善的市场机制来解决大气污染治理中的排放量分配问题,这一政策的基本标志即确定了空气污染排放交易制度。当前,这一制度已经成为美国大气污染治理的支柱性政策制度。随后,美国进入比尔·克林顿时期,比尔·克林顿时期是美国政府在大气污染治理取得较大成果的一个时期。这一时期的成就主要集中在四个方面:其一,由克林顿和当时的副总统戈尔发起的清洁空气行动,要求环保局每隔 5 年重新评定空气质量的相关标准,而在任期间环保局经过 4 年的研究后制定了新的更为严格的烟雾标准和烟尘标准,客观推动了美国大气污染的进一步治理。其二,提高汽车和燃料的清洁度,通过制定更为严格的汽车排放物标准促进汽车产业在环保技术上的创新与运用。其三,制定了更高的污染物排放标准,要求企业进行环保方面加大投入。其四,倡导技术创新,刺激能源消费,要求在保护环境的前提下开发新能源。至 20 世纪末的乔治·沃克·布什政府时期,大多仍旧坚持了美国原有的对于大气污染治理的相关政策,如 2002 年促使出台了《清洁天空法》,对原有的《清洁空气法》进行了一些条款上的修改,特别是对发电厂的二氧化硫、氮氧化物和水银的排放量进行了进一步降低。在各州管理方面颁布了《清洁空气州际规程》,解决了跨州空气污染问题。当前,美国已经形成了国家空气质量标准、州实施计划、公民诉讼体系和大气污染治裁体系等四个层次的大气污染治理模式,这一模式已经被证实行之有效。

　　美国的大气污染治理,是在真正经历了大气污染对人们健康

---

① Hart, Kathleen, "House Panel Probes EPA Clean Air Act Implementation Issues", *SNL Energy Power Daily*, Vol.38, No.2, 2012, p.4.

不良影响后才得到真正建立与实施。立法一方面是因为民众在遭受大气污染极端事件后果后对于自身健康的重视而促使政府建立的,另一方面也是在治理空气污染的实践过程中,不断探索,在实践中逐步总结传统的单一立法的不足。大气污染治理不能仅仅依靠传统的单一立法。空气污染治理的过程充分证明了一时一地的空气污染治理并不能有效起到空气质量控制的目的。对于全国范围内的空气污染治理,以及空气污染的跨区域流动污染传输问题,尽管已取得了一定的治理效果,但相关立法实践证明,虽然将国家视为一个整体,从宏观的角度上来审视国家大气污染问题对大气污染治理具有一定的成效,但传统的单一立法,并不能真正实现有效治理空气污染的效果。

4. 单一立法未能达到有效治理空气污染的目的

在美国的大气污染治理历史上,很长一段时间内都将大气法治的相关治理工作认为是州或城市政府的职责犯罪,各州也大多通过自身的力量,如出台大气污染控制的相关法律、搬迁具有较大污染影响的企业至偏远地区、倡导新的低污染技术在生活中的应用等来应对大气污染。直到 1943 年洛杉矶烟雾事件时期,大多数民众都因为这一污染问题而向当时的洛杉矶政府施加压力,纷纷问责要求找出谁应当对这一污染事件负责。但即使是结合当时全州的力量应对大气污染,在最初时任洛杉矶市长弗莱彻·鲍伦宣布将在四个月内将大气污染进行彻底的治理,将正在生产的工人都进行停产改造,同时要求消灭其他的烟雾来源,如禁止民众焚烧垃圾,禁止柴油卡车的尾气排放等,但即使如此强硬的措施都并没有真正起到治理的效果。直到 1970 年美国在全联邦性的《清洁空气法》出台之前,洛杉矶的空气污染并没有得到改善。纽约州和新泽西州也是如此。纽约州位于美国东北部,和新泽西州相邻,其交际地区为斯塔腾岛。早在 1948 年纽约市就在斯塔腾岛设置了垃圾填埋场,每天有大量的垃圾被放置到这一地区并进行焚烧。到 1980 年这一地区几乎每天都要处理纽约州 1.4 万多吨的垃圾,至 1986 年垃圾处理量更大,每天要处理 2.9 万吨垃圾。另一方面,新泽西州的伊丽莎白林登地区和贝永地区废气排放烟囱一旦排放污染源,三个小时之内就弥漫整个斯塔腾岛。因此,这一地区的人们面对大气污染在自身不断改革的同时也在不断向新泽西州提出抗议,要求这一地区降低空气污染。这一抗议在美国历史上持续了近 25 年,直到确定了全联邦性的大气污染治理协调机制后才得到真正改革与完善。[①] 可以说,单一某一地区的大气污染治理模式很难真正起到大气污染治理的成果,特别是因为空气不断流动往往大多数受到污染侵害的居民所在地区并不是污染的主要来源地,因此在大气污染的治理中往往需要进行区域间的协调和控制。

(三)州际一体化大气污染立法的早期探索

1. 州际协议及其实际效果

从 20 世纪 60 年代末起,针对空气污染、噪音控制和固体废物处理的立法产量是 50 年代的三倍,有 26 个标准的都市统计区域,包括涉及两个或两个以上州的 72 个受污染影响的州际区域,这就要求明确州际对空气污染的管辖控制权。[②] 州际协议就成了当前时期显而易见的选择。作为一种控制和解决协调州际关系的手

---

[①] Mary E.Davis, "Francine Laden, Economic Activity and Trends in Ambient Air Pollution", *Environmental Health Perspectives*, Vol.118, No.5, 2010, pp. 614-619.

[②] 张欣炘、杨帆:《美国、欧盟大气污染联防联控机制及启示》,《环境保护》2015 年第 13 期。

段,逐渐形成了州际合作的立法模式。这种合作有非正式的,如示范法的出台;也有正式的,如州际协定、行政协定和法律冲突后的司法裁决等。

典型的州际协议有伊利诺伊州—印第安纳州空气污染控制协定、堪萨斯—密苏里州空气质量协定、臭氧传输委员会等。伊利诺伊州和印第安纳州同时为美国的五大湖地区,也是美国最为重要的工业城市底特律、芝加哥、蒙特利尔等工业性城市的主要聚焦地,因此,早期伊利诺伊州因为工业问题环境污染极为严重,特别是作为美国几大发电企业的所在地,其对于高硫煤的大量使用使得二氧化硫在空气中的比例急剧升高,同时随着空气流动污染物二氧化硫也不断扩散到印第安纳州。为此两州达成了共同进行空气污染控制的相关协定,协定包括要求禁止州内排放过量的大气污染物,要求重污染性企业进行工业创新从而降低污染的再发生等。而在这一协议的基础上,伊利诺伊州在大气污染治理技术上进行了长期研究,特别是在煤燃烧方面获得了长足进步。现在,Eclipse、Inc 等工业燃烧器的制造商正是在这一技术改进的基础上出现与发展起来的,同时伊利诺伊州拥有美国在大气污染中至关重要的产业组织、美国气体工业技术研究所,给美国的大气污染治理提供了技术方面的支持。

2. 州际协定

州际协定是最为主要的合作立法模式。美国作为联邦制①国家,不仅联邦政府会出台宪法和各项法律,各州也大多会制定各种法律,因此各类法律中的冲突就成为不可避免的问题。为了解决

---

① 联邦制指国家政权结构,国家和地区之间分别存在独立的立法权,联邦政府与各州政府间职权相对独立,州政府享有较高的自治权。

和平衡这种冲突,美国探索并建设了州际协议的模式,以此来解决不同法律间的冲突问题。州际协定指的是由两个或两个以上的州共同商议达成的,涉及政治边界等因素的协定,需要经由国会同意。州际协定使州与州之间可以依据宪法原则,通过州之间的协议内容来联合起来从而形成自主性的公共管理框架,其优点在于可以有效整合资源的流动和共享。大气污染治理是极为庞大的工作,任意一个大气污染治理技术的研究与试验都需要大量的人力与物力。在美国,一个州际协定的出现往往是由某一个州提出了一个关于大气污染治理或是空气质量控制的相关要约开始,最为典型的如纽约在大都会的发展进程中就因为与新泽西州在空气污染方面发生纠纷,后双方签订了一个关于空气污染的合作性协议。其后,当某两个或两个以上的州以立法的方式对这一协定进行解释时,这一协定就具有了天然约束力,从而形成与州际法律一样的法律效力。最后,当这一协定被送交国会批准并备案后就成为规范州际间大气污染治理工作最为重要的指导性文件。

依据美国原有的知识产权体系和国家管理体系,每个州都必须投入大量的资源用于新技术的开发与运用。但是,当大气污染治理成为州际协定的一个重要内容,同时规定各地区对于新技术的资源共享,则可以做到最为有效地对大气污染的技术开发与推广。空气污染进行州际联合控制的必要性认识在 1968 年及之后的立法中得到了体现。许多没有参与州际协议的州内空气污染控制法规都列举了控制当前空气污染的职责,以及与其他州、州际、州际机构和联邦政府进行协商和合作的内容。这些法规中包括制定污染控制机构作为负责谈判州际协议的机构,这表明对州际合作进行空气污染控制的默许。马萨诸塞州立法机构于 1967 年 12 月通过法案,允许州长参加东北部地区的州际协议;肯塔基州随后于 1967 年 12 月颁布法令允许与邻近州联合控制大气污染；美国 1963 年《联邦清洁空气法》和 1967 年《空气质量控制法》为参与制定和实施该法的各州提供 3/4 的资金支持。早在 1966 年，特拉华州、新泽西州、宾夕法尼亚州通过了一项合作的行政协议以促进数据交换，并在区域层面开发空气污染控制项目。20 世纪 70 年代初，有 16 个州采用了一种或几种形式的合作协议以实现对空气污染的控制，这些协议包括在交通、空气质量控制、污染源控制等方面，这就形成了美国在州际合作立法最为基本的框架和原则制度。①

## 二、从联邦立法到州际协定的区域一体化立法模式

### (一)联邦立法确立大气污染区域立法秩序

在对大气污染治理的不断探索中，美国政府，特别是联邦政府开始了建立大气污染区域协调治理机制的努力。联邦政府进行大气污染的科学研究，对大气污染区域进行划分，视图从联邦角度推进区域协调治理大气污染的实现。联邦政府的支持和推动是美国大气污染区域协调治理机制成功的最重要因素。联邦政府颁布统一大气治理的《清洁空气法》为大气污染区域合作提供了良好的法律基础。《清洁空气法》作为美国治理大气污染的奠基石，为美国在治理大气污染过程提供了强有力的法律支撑和保障，建立了大气污染区域联合治理的基本秩序。其重要性主要表现在四个方面：(1)自 1955 年空气污染控制法出台②，联邦就逐渐成为治理大气污染的主导性力量，不仅从总体上把控了空气污染治理的主要

---

① 刘向阳：《清洁空气的博弈——环境政治史视角下 20 世纪美国空气污染治理》，中国环境出版社 2014 年版，第 167—182 页。
② 李卫东、黄霞：《美国雾霾治理经验及其启示》，《合作经济与科技》2017 年第 2 期。

方向及重点,也严格限定了联邦与州及地区在大气污染治理上应当承担的责任与权限范围,从而形成了美国治理大气法治机制的基本格局。(2)联邦在科学研究上进行大量投入,特别是对于大气污染的各种成分与形成原因的研究,这往往需要投入大量的精力与资本才能完善。在当前因科学研究而发现的大气污染中主要污染成分及其对人体健康影响的临界值等,已经成为美国在制定大气污染治理标准时最主要参考数据。(3)联邦明确要求各州制定污染物的治理计划,并以联邦提供的补助金为手段促使各州达到治理计划应有的效果,这是形成美国大气治理全局化重要的影响因素。事实上,联邦颁布的《清洁空气法》第 1 条第 1 款规定,联邦环境保护署署长应该鼓励州和地方各级政府关于空气污染治理的合作行动;积极鼓励制定改进、可行并且因地制宜的环保法规;对州和当地关于预防和控制空气污染的相关法规进行统一;积极鼓励州与州之间关于防止和控制空气污染达成共识与合作。(4)联邦在促进州际大气污染治理的合作方面起到了极大协调和管理作用。如《清洁空气法》第 1 条第 3 款规定:"国会赞同 2 个或 2 个以上的州有关空气污染治理的谈判、达成共识和签署合同,前提是这些行动和条件不能与联邦的法律或条约规定相违背。"本款同时还规定:"对于此类合同和协定的有效实施具有帮助的情况下,可以建立相应的机构、联合机构或其他组织。"该款对促进大气污染治理州际合作做了铺垫,同时规定,署长为帮助达成州际协作所应做的努力,为美国的大气污染治理可以形成区域协调治理的建立提供了法律支撑。①

---

① 吴雪萍、高明等:《美国大气污染治理的立法、税费与联控实践》,《华北电力大学学报(社会科学版)》2017 年第 3 期。

2003 年至今,联邦政府推行一系列政策及法规以促进州际环境污染治理。"好邻居"条款要求环境保护局和各州处理影响顺风州达到和维持国家环境空气质量标准能力的跨州空气污染运输问题,该法案要求各州在其执行计划中禁止将严重导致国家空气质量标准不达标的排放,或干扰国家空气质量标准的维护。此外还有 2009 年的清洁空气州际规则,2017 年至今仍有效存续的跨州空气污染规定等。美国州际合作建立大气污染治理区域控制过程中,联邦政府一直起到中流砥柱的作用。

(二)州际协定发展大气污染区域立法模式

美国在州际间进行大气污染治理协调工作的主要模式可以分为两类,一种模式是制定一个统一的大气污染管理机构,通过这一机构来处理区域间的协调问题,如州际卫生委员会、臭氧运输委员会等。另一种模式则是州际协定模式,主要是以一种民事合作的性质来对州之间大气污染治理的原则、要求等进行明确,同时也规定了成员之间的权利义务关系。① 在美国这个极为重视契约精神的国家来说,州际协定的法律效力不下于州法律,部分州甚至直接以法律的形式对州际间的协定进行解释或补充规定。

州际协定②的优点在于:第一,因为州际协定的合同性质和美国宪法对于州际协定的认可,其效力优先于州法律,特别是对于已经被国会批准通过的州际协定,在与州之前颁布的法律发生冲突时应当优先遵守州际协定的内容,在州之后颁布的法律中如果出

---

① 梁睿:《美国清洁空气法研究》,中国海洋大学博士学位论文,2010 年。
② 州际协定最早产生于殖民地时期,在美国用于处理州与州之间关于边界争议,后被用来处理州际各类冲突,其也是美国各州实施府际合作的主要方式。

现与州际协定相冲突的内容,也应当优先以州际协定作为判断标准。这种法律上的先行性保证了州际协定一旦签订或加入就会产生极大的强制力,甚至优先于州法律的强制力。第二,州际协定中虽然所有的参加成员都不能单方对协定进行修改或撤销,但是当这一协定需要修改时只要州际协定的成员之间进行磋商或讨论就可以进行,它的灵活性较一般全国性的法律更为便捷,也更能适应大气污染管理的复杂需要。第三,州际协定的签署过程中,各州之间必然需要一个协商与妥协的过程,因此虽然没有明确规定,但大部分州际协定都是在等价原则的基础上签订的。因此,权利义务的相关规定更易为各成员州的公民所接受,其在执行方面也更有号召力。正是因为州际协定的这些优点,使得州际协定成为美国在区域协调方面的最主要模式,也成为美国大气污染治理机制中的一个主要支柱性法律机制。

### 三、从质量控制到排污交易的区域一体化立法政策

#### (一)大气治理管理区制度

大气治理管理区制度①是基于跨区域空气污染而存在的一种法律协调机制。其运行过程中,完善的组织机构和科学的运行模式作为州际或州内行政合作协议执行的具体制度,伴随着大气污染区域治理应运而生,是大气污染区域协调治理的一种协调保障执行机制,是大气污染区域共同治理的制度保障。美国设立大气治理管理区域的目的在于设立一个超越行政区划范围的、独立的、专门的机构来协调跨区域范围内的政府、企业和公众的全面协调。

---

① 陶希东:《美国空气污染跨界治理的特区制度及经验》,《环境保护》2012年第4期。

利用针对该区域特点以制定出有序、系统、全面透彻的统一标准、统一架构,明确相关各方的权利和义务,确保各方在法律授权范围内更好地行使权利、履行义务,从而最终达到跨区域治理环境污染的目的。

1. 主要内容

(1)州际大气治理管理区制度

从多起污染事件(洛杉矶光化学烟雾事件、多诺拉空气烟雾事件等)可以看出,处理空气污染中的核心问题是大气中的有害污染源经由环境与气候的共同作用而形成更为复杂的污染物质,因此,同一地形环境的空气污染问题极为相似。美国环境管理机构在研究的基础上认为空气污染问题应当理解为区域性的问题,联邦环保局将全美划分为若干个大气治理管理区域。目前联邦将全美划分为 247 个州内管理区和 263 个州际管理区,其中州内的大气治理管理区由内州政府进行管理,而州际间的管理区则因为其超越行政边界,区域内的大气污染问题由相关州政府联合组建的州际空气污染管理机关管理。如大都会芝加哥州际空气质量管理区于 1968 年 12 月建立,所辖范围包括伊利诺伊州东北部的 6 个县和印第安纳州西北部的两个县,1972 年 9 月,管理区增加了伊利诺伊州的另外三个县。这一区域内所有的空气污染治理问题都由州际的空气污染治理联合委员会进行牵头管理,其主要工作模式为建立区域内的大气污染管理办公室,由办公室就地区内的大气污染问题与各州进行协调,进行统一的管理。这种制度不仅打破了原有的州之间的隔阂,也较联邦的统一管理方式来说更为灵活有效。①

---

① 吴江:《浅谈美国的清洁空气法》,《大江周刊》2012 年第 1 期。

（2）州内大气治理管理区

美国除了以地形等来划分大气治理管理的相关区域外,在州内也因地制宜地依据不同的地域环境制定不同的大气质量管理区域。加利福尼亚州为了控制大气污染将州内划分为 13 个空气质量管理区域,要求各区域对各自管辖范围内的大气质量进行管理。而对于跨区域的空气质量管理问题,1976 年美国加利福尼亚州政府立法,建立了南海岸大气质量管理区①,该管理区作为美国跨区域治理大气污染合作治理的典范一直沿用至今,在美国跨界治理空气污染过程中发挥了重要作用,不仅在国内作为大气污染区域合作治理的成功案例被效仿,同时被许多国家所借鉴。在南海岸大气质量管理区制度下,通过科学的领导和技术成员的努力,南加州的空气质量得到了前所未有的改变。

加利福尼亚州是大气质量管理区设置的主体,通过国家立法机关和州政府的授权成立,其涉及管理的范围非常广,其中包括洛杉矶、河边县、橙县以及圣伯纳迪诺等四个大区域和几十个城市。是截至目前依然被 EPA 划为空气污染重灾区的地区。管理区下设一个管理委员会,由 12 个委员组成,这些委员由州政府代表 3人、各区域和规模较大城市的 9 名代表组成。管理委员会一般每月召开一次例会,通常在每月的倒数第二个星期日举行,主要内容为通过当前时期的预算案、人事选任、环境方面立法及立法修改等决策。

2. 主要管理目标

固定大气污染源、部分流动大气污染源是大气治理管理区的

---

① 加利福尼亚南海岸大气质量管理控制区是美国迄今为止发展最为成熟的大气质量控制区之一,为大气质量控制区制度的建立和发展起到了至关重要的作用。

主要管理目标,汽车等流动性交通工具的污染源控制一般是由当地州政府进行管理,不在大气治理管理区的管理范围。大气治理管理区的主要职能是加强空气治理的跨区域合作,同进行空气治理的地方政府以及社会团体机构合作共同制定关于跨区域进行空气污染的计划规划,研究相关计划规划的可行性。在区域规划实施过程中,积极同国家政府及相关部门合作,将该规划的研究及实施进展向国家环保局和州政府汇报,以便于国家和政府制定出受益于整个国家的跨区域治理的经验和策略。事实证明,南加州大气质量控制区成立至今,已先后多次向国家环保部门提出关于大气区域治理方面的宝贵建议,其中被国家采纳的不计其数。

3. 主要职能部门

大气治理管理区设置三个主要的职能部门:立法部门、执法部门以及监测部门,对大气治理管理区区域范围内的各种问题进行治理。立法部门负责每三年对大气质量计划进行一次修改或编制,确立对大气污染进行治理的目标和改善措施。同时,根据新制定的大气质量计划①,制定出对各类污染源的具体管理和控制法则,这些法则由立法职能部门提出,经过委员会会议审议通过后即可实施。执法部门主要对环境违法行为进行治理,包括事前治理和事后治理。一般对企业、公司等进行审查并颁发许可证的行为被称为"事前审查"行为②。通常,企业公司事业单位领取许可证时需要按年缴纳一定数额的费用,对污染企业也会额外收取排污费,而这些费用是大气治理管理区日常运转费用的主要来源。

---

① 大气质量计划是大气质量控制区进行环境保护、治理的标准,控制区内的大气质量应要至少满足或高于大气质量计划的空气质量标准。

② 事前审查行为是指,对企业成立前对其环保设施等进行综合测评,只有通过了事前的环境测评,才可以颁发相应许可证的行政审查行为。

"事后治理"通常是指执法部门对各企事业单位的环保计划和措施的执行情况进行监督管理,对违法企事业单位进行处罚。监测部门的主要职责是对区域内空气质量进行监测和分析,对大气质量的变化作积极和科学的分析,为下阶段计划的实施提供依据。

除了以上三种主要职能部门外,空气质量管理区更多是与一些代理机构合作,进行现阶段先进环保技术的推广工作,同时,通过这些管理机构的非管制类手段,例如,针对市场的激励手段、许可证制度、科技技术支持、商业和资金支持等形成管理区跨区域治理空气污染广泛的公众参与基础。①

（二）三级大气质量标准制度

在美国大气质量标准建立过程可以分为三级,联邦政府负责制定全国的空气质量标准,州政府负责制定州范围内的空气质量标准、达标所使用的方法及具体的时间表,而地方政府则负责针对本地区具体情况对大气污染治理进行三级管理。从联邦角度来说,自1971年联邦环保局首次公布《国家环境空气质量标准》以后,至1980年对这一标准进行了再次修订,此后每5年对空气质量标准进行审查,依据审查结果制定下一阶段的空气质量标准。在具体指标上,美国大气污染治理体系主要分为七个指标,即整体空气质量指数、$PM_{2.5}$含量指标、可吸入颗粒物含量指数、二氧化氮含量指数、二氧化硫含量指数、臭氧含量指数、一氧化碳含量指数。在数据方面,空气质量标准可以分为两类,一级标准为保护公众健康标准,包括哮喘病患者、儿童和老人等敏感性群体的保护。二级标准为保护社会财富标准,包括动物、植物甚至建筑物的相关标

① 李文杰:《美国空气污染状况及治理》,《全球科技经济瞭望》2011年第3期。

准。除联邦外美国各州还需要各自制定空气质量指数,主要放在
州政府对大气质量控制的州执行计划中,且明确要求这一标准应
当不低于联邦规定的最低标准。这种两套质量标准的方法既给予
了州政府灵活的管理权,又以严格的限制指标来迫使企业改进生
产技术,创造出更为科学更为环保的工业生产技术,是美国大气污
染治理一个重要的支柱制度。①

(三)州际大气污染物排放总量控制与排放权交易制度

对于二氧化氮、二氧化硫、一氧化碳等具有极大扩散性污染
源,在美国现有的大气污染治理制度中主要由联邦政府出台制定
污染物的全国排放总量,再将这一排放总量依据各个地区的不同
产业特点和地区的环境污染情况来进行分配,这一方式被称为排
污权总量制度。随后环保局在收集这一地区固定排放源的位置和
排放量,再预估当地机动车的排放量。通过超级计算机中设定的
空气污染模型来模拟污染物的排放和在大气运输的过程,计算大
气中可能的污染物浓度,再以此反推这一地区排放的污染物配额。
发展到州一级后,州政府根据某一地区的环境容量确定排污总量,
再将各种污染物的排污总量通过一定的技术方法初始分配到各个
企业,同时内部各个企业之间可以通过购买的方式协调排污量,从
而减少总排污量,最终达到保护环境的目的。

上述制度也被称为排放交易制度。排放权交易是一种减少污
染的方法,有两个关键组成部分:污染的限制(上限)和可交易的
限额,环境目标得以实现,可交易的排放限额为个别排放源提供了
灵活性,使其能够自行设定合规路径,因为免税额可以在补贴市场

①　王占飞等:《美国环境空气质量标准制修订历程》,《环境工程技术学报》
2013 年第 3 期。

上买卖。限制污染排放交易计划首先要设定一个总的环境目标，一个全国或区域性的限制排放的污染物总量。一方面，州和地方政府通过提供灵活的资源，可以决定减少污染的方式，将排放总量控制在或低于排放限额。通常区域的排放交易项目补充了州和解决地方空气质量问题，是州和地方当局可以通过地方方案对排放源实行更严格的限制。另一方面，通过提供经济诱因，即对污染限额和贸易津贴为企业和社会寻求较低成本的办法以减少排放提供了一种经济激励。污染限额意味着有固定数量的津贴，以鼓励和支持减少污染排放的行为。例如，跨州空气污染条例保留了若干津贴为新能源和科技提供了获得津贴的机遇。最后，确保问责、准确及时的报告和方案透明度都促进了排放权交易制度的有效运行。这种通过市场机制来调解企业经济发展与地方环境保护之间矛盾的方法极大减少了美国在大气污染治理中各项政策的推行难度，达到了环境保护和地方经济发展双赢的效果。

### 四、美国大气污染治理区域一体化立法的效果与国际影响

(一)国内环境空气质量得以改善

1.雾霾发生率大大降低

经过近 70 年的治理，美国在大气污染治理上取得了极大成果，区域内的雾霾发生率大大降低。事实上，早在 2011 年世界卫生组织的官方网站报告就显示，在世界范围内以国家来说，美国与加拿大是世界上空气质量最好的国家，而亚洲的伊朗、印度等国则是世界上大气质量最差的地区。① 美国能够从原来的严重污染情

---

① "Air Quality Data Collected at Outdoor Monitors across the US", https://www.epa.gov/outdoor-air-quality-data, 2018-03-04.

况逐渐发展到现在的空气质量最好，可以看出美国在大气污染方面的投入与成果。福布斯发布的 2016 年美国污染城市排行，排名第一的是加利福尼亚州的其 $PM_{2.5}$ 值也仅有 12，而排名前五位的地区分别为加利福尼亚州 12、爱德华州 11.7、宾夕法尼亚州 11.4、印第安纳州 11.3、伊利诺伊州 11.1，可以说其空气中 $PM_{2.5}$ 含量最多的地区较我国的空气污染最为轻度的地区都更为健康。以洛杉矶地区为例，洛杉矶地区经过 70 多年的努力，不断进行车油共管的方针，以更为严格的环保标准倒逼企业，已经取得了极大成果。2016 年洛杉矶地区大气中的一氧化碳（CO）和 $PM_{10}$ 已经达标，虽然臭氧和 $PM_{2.5}$ 依旧超标，但较 1955 年，空气中的臭氧浓度已经降低了 60% 以上，但已经不会危及人们的健康。至 2016 年，雾霾天气已经由全年的 200 多天下降至 3 天。2015 年南加州大学的一项研究显示："洛杉矶居民比 20 年前更健康了，其原因主要归功于空气中二氧化氮和颗粒物的显著下降。"[①]。

2. 一氧化碳（CO）和 $PM_{10}$ 达到标准水平

以空气标准来说，在美国的空气质量标准是在不断严格中一步步发展起来的。当前，美国优质空气的质量一级标准中对 $PM_{2.5}$ 的含量要求控制在 $0—12\mu g/m^3$ 之间，$PM_{10}$ 要求控制在 $0—54\mu g/m^3$，一氧化碳含量要求控制在 $0—4.4ppm$ 之间，二氧化硫含量要求控制在 $0—35ppb$ 之间，二氧化氮含量要求控制在 $0—53ppb$ 之间。仅以二氧化硫为例，其控制标准从 1971 年的 0.14ppm 发展到现在的 35ppb，降低至原有的 25%，标准提高了近 4 倍。这也是美国大气污染治理得到显著成果最明显的表现。加

---

① 张燕：《美国洛杉矶地区 $PM_{2.5}$ 治理对策研究》，《城市管理与科技》2013 年第 2 期。

利福尼亚州在 1955 年全面进行大气污染治理工作以来,虽然产业不断发展壮大,但空气中的硫氧化物总量减少了近 90%以上,而氮氧化物的总量则减少了 85%左右①,可以说取得了极为显著的成果。

在大气中的一氧化碳(CO)和 $PM_{10}$ 含量方面,一氧化碳是因为发动机中空气供给不足导致燃料不充分燃烧而导致的产物,其99%来源于汽车尾气。为此,加州在 1959 年就制定了大气质量标准,要求控制汽车中的一氧化碳和碳氢化合物的排放问题。至1964 年更是要求所有的汽车采用最小排放控制系统,至 1966 年首次制定了一氧化碳和碳氢化合物尾气排放标准。特别是在1967 年被批准自行制定排放标准之后,标准更是一次比一次更严格。2017 年 3 月,加州在尾气排放标准方面甚至遭到特朗普政府的反对,要求其回调标准。正是这种越来越严格的空气质量标准才迎来了美国在大气污染治理上的巨大成就。依据 2003—2010年期间联合国卫生组织的报告,美国在 2011 年境内的绝大部分地区,空气中的一氧化碳(CO)和 $PM_{10}$ 含量就已经基本达标。2011年新墨西哥州首府圣达菲空气中的 $PM_{10}$ 含量就已经达到了每立方米空气中仅有 6 微克,华盛顿也仅为 18 微克,而合格标准一般在 50—150 微克每立方米左右,显然已经达标②。

(二)州内立法获得发展

1. 形成了关于州际协定的法律规范

美国的大气污染区域协调机制中最为重要的组成部分就是州

---

① "Air Quality Data Collected at Outdoor Monitors across the US", https://www.epa.gov/outdoor-air-quality-data,2018-03-04.

② "Status and Trends of Key Air Pollutants", https://www.epa.gov/air-trends, 2018-03-04.

际间协调沟通体制的建立,这也是世界各国进行大气污染治理时必须考虑的。而美国在这一问题上虽然并没有明确要求各州与其他州进行配合或合作,但一方面由联邦政府出面对各不同地域环境进行划分,检测出了临近地区空气污染方面的共同难题和共同的注意点,从而促使各临近州与州之间合作模式的形成。另一方面联邦政府在1990年《空气质量法》中就明确设置了关于"好邻居条款"①具体规定:禁止州境内的任何污染源或其他类型的排放活动排放出一定量的大气污染物,从而显著导致其他州空气质量不达标或对任意其他州维持国家环境空气质量标准造成了干扰,这给各州际协定的形成提供了法律依据。

在具体工作中,联邦政府更是明确规定了州际协定相关的法律规范,主要表现为三个方面:其一,对于州际协定中存在的争议,特别是协定的解释、实施和权利义务的确认等方面,一旦出现分歧,大多是诉至最高法院。通过法院在法律范围内的处理与判决,对州际协定中的具体规范问题进行指导与控制,从而实现对州际协定的实施监督管理。其二,美国州际协定是否需要得到国会的通过是一个极为模糊的概念。一般来说,对于会引起政治权力改变的协定必然需要经过国会的同意,而对于不影响政治权力的州际协定则不一定经国会同意。但在大气污染方面,美国在当前绝大部分关于空气污染方面的州际协定都经过了国会的同意,这也使得联邦在州际协定的参加与内容制定上具有了明确管理权限。其三,当前联邦政府对于大部分州际协定或是以成员的方式参加,或是要求联邦与州之间的合作组织参与,因此实现了联邦政府对

---

①　*Clean Air Act of* 1970/1977,https://www.epa.gov/history/epa-history-clean-air-act-19701977,2018-03-04.

于州际协定的管理与监督。

2. 促进了各地区制定大气质量标准和管理体系

美国各州在大气污染治理上大多有自己的法律与管理体系，因此州内的不同区域在大气的质量控制上往往存在不同。以加利福尼亚州为例，加利福尼亚州是美国最大的经济区域之一，人们一般将其北部的旧金山地区称为北加州，而将洛杉矶等南部地区称为南加州。无论是其北部的旧金山地区还是南部的洛杉矶地区都是美国重要的经济城市，但同时也是美国大气污染最为严重的地区。特别是在洛杉矶附近的南加州地区，从 1943 年的洛杉矶光化学烟雾事件开始，这一现象一直持续了近四十年，直到 1979 年洛杉矶地区都曾发出过"烟雾紧急通告二号"，通告称空气中的臭氧含量已经超过了 0.35ppm，接近了危及人们生命的危险点。因此加利福尼亚经由联邦政府特批是唯一具有主制定排放标准的地区，其对于污染物的排放标准较美国政府或其他地区更为严格。在执行方面，加州空气资源局拥有极为庞大的执法权，不仅可以对境内出售的油品质量进行检测，在公路上叫停车辆进行尾气检测，对于不符合标准的车辆开具高额罚单，甚至可以对汽车的零配件市场进行检测。这种更为严格的标准对当地空气质量起到了极为重要的作用，因此这一标准已经从原来的洛杉矶扩展到其他的南加州地区。

（三）为国际社会提供空气污染治理蓝本

1. 加拿大的空气质量标准制度

作为与美国紧邻的国家，加拿大在大气污染治理方面受到了美国的诸多影响，美国在五大湖地区推行酸雨控制计划时更是通过合作的模式直接影响了加拿大民众对于大气污染治理的态度。因此，加拿大在大气污染治理方面与美国有较多的共同点，特别是在空气质量标准方面。

加拿大的空气质量标准主要建立于 1980 年,主要分为两个部分。第一,标准的等级分布。加拿大的空气标准主要分为三级,一级为可忍受级,即需要立即对空气污染情况进行治理,以免影响到人们的生存与健康。二级为可接受级,即虽然存在空气污染情况但并不会对植物、动物或是人体健康造成影响。三级为理想级,即最为理想的空气污染情况。第二,空气质量的主要指标。加拿大在空气质量的衡量指标方面与美国相同共分为七个部分,即空气总体质量指标、悬浮颗粒物指标、二氧化硫含量指标、二氧化氮含量指标、一氧化碳含量指标、氧化剂含量指标及氟化氢含量指标等。①

在制定程序上,首先,由议会或省众议院出台一个较为理想的大气质量标准的框架,设定理想的环境基准目标。其次,由政府及内阁制定细节性的管理规定。同时,由行政长官发放排放许可证或下达相应的排放许可命令。最后,再由与大气质量标准利益相关各方针对这些标准进行磋商和讨论,对于其中有争议的则诉至法院做出判例。虽然加拿大在空气质量标准的制定方面以强硬的行政命令方式代替了美国协定制度,但其在空气质量标准的数值与组成方面则更多借鉴了美国在这一方面的先进经验。

2. 日本、欧盟的大气污染区域联合治理制度

(1)日本

日本是大气污染治理机制发展较为完善的国家之一,但在 20 世纪 60 年代同样面临了极重的大气污染问题,不仅是东京、大阪

① US EPA, "Criteria Air Pollutants", https://www.epa.gov/criteria-air-pollutants, 2018-03-04.

等城市长期存在因为空气污染而爆发的烟雾问题,更是由于空气污染导致了各种严重公害病的出现。这一时期日本被称为"公害列岛"①,以四日市为例,当时由于严重的空气污染,大量人群出现哮喘,为此,四日市9名居民在1957年向污染企业提起了诉讼,诉讼时间一直持续到1972年。虽然最终获得了赔偿却并没有真正要求企业对大气污染问题进行解决。而对于公害的投诉则长期没有停止,1966年投诉就有2万件,1970年增加至6.3万件,长期的诉讼过程引发了人们对于大气污染的关注和众多市民运动的兴起,同时也推动了日本大气污染治理机制的形成,特别是在立法方面。在具体的区域治理方面,日本还是较多借鉴了美国的先进经验。

　　具体表现为四个方面。第一,实施多重监管制度与措施。日本在大气污染治理上实施了事前申报审查制度和排放申报审查制度,每年申报一到两次,再由政府对申报结果进行核实和汇总,从而达到多重监管的目的。第二,日本在控制方法上采用的同样是总量控制法,即政府依据各地的排污情况制定排污总量,再对各企业和地区的排污数量进行倒推,从而限定企业的排污数量。第三,日本同样通过大力推进对移动污染源的治理来管理大气污染,特别是其对于汽车尾气的控制与管理同美国的诸多标准都极为相似。第四,日本同样通过建立监测网络,实时公布监测信息来满足公众对于大气污染的知情权。因此,日本在大气污染的治理方面更多吸收了美国在大气污染治理方面的成功经验,一方面通过倒逼企业进行技术革新来解决工业发展等对大气污染带来的压力问

---

① 黄锦龙:《日本治理大气污染的主要做法及其启示》,《全球科技经济瞭望》2013年第9期。

题,另一方面不断倡导技术性研究与创新,以技术作为解决污染的最主要手段。同时注意发挥各方面的力量,从而形成一个由政府、地方、企业、公民全方位的大气污染治理的力量系统,发挥全社会的力量参与到大气污染治理工作中。

(2)欧盟

美国大气污染治理最有特色的就是跨区域协调机制的出现,这是美国在联邦制基础上为了达到大气污染治理所做出的变通,但这一变通模式显然极为适合欧盟这种区域范围内行政划分众多、行政权力分散甚至冲突时的大气污染治理问题。因此,欧盟在进行大气污染治理机制的建立时就借鉴了美国跨区域协调机制的模式。

欧盟主要借鉴了两个方面。其一,通过签署国际条约推动成员国之间的协作,如1979年通过的《远程跨界空气污染公约》,就是通过协商交流空气监测手段、制定防治空气污染物的政策和策略、合作研究空气污染物控制技术等来形成跨区域的大气污染治理格局。其二,通过强制性指定推进跨区域的空气质量管理,如《关于空气质量和为了欧洲更清洁空气的 2008/50/EC 指令》等。[①]

欧盟委员会特别成立了"欧盟环境空气质量委员会"推进大气污染治理的协调工作,而对于没有履行大气污染治理职责的国家和地区则通过诉讼至欧洲法院的模式对其进行调查和处罚。这种一方面通过跨区域协定指导大气污染治理的方向目标,一方面以专业性的环境管理机构推进大气污染治理跨区域协调工作的模

---

① 黄锦龙:《日本治理大气污染的主要做法及其启示》,《全球科技经济瞭望》2013 年第 9 期。

式,显然借鉴了美国大气污染治理协调机制的成功之处。

3. 我国和德国的排污权交易制度

美国在大气污染治理方面的一大创新就是其独特的融资模式,它通过政府财政为主导、以金融机构的信贷作为资金的重要来源、以市场的融资资本为主要来源、以排放权交易等作为市场运作的主要模式等。可以说这种以市场为导向的大气污染治理模式是前所未有的,也是解决在大气污染治理中投入大、见效慢、地区资源分配不平衡、污染治理影响经济发展等问题的一个重要手段,这种市场化的运作模式已经影响了全球。

(1)我国

我国在1991年就试图在6个城市进行大气排污权交易的试点,1996年我国政府通过了《"九五"期间全国主要污染物排放总量计划》,在这一计划中不仅明确提出了要进行污染物总量控制的大气治理模式,更是明确了排污许可制度。2000年,我国正式通过了《大气污染防治法》,明确规定了污染物总量控制、污染排放许可证制度等,为我国的排污权交易制度奠定了基础。至中期,我国在2001年与美国签订了《推动中国二氧化硫排放总量控制及排放交易政策实施的研究》①,在这一研究中我国在山东、山西、江苏、河南和上海、天津、柳州等四省三市正式扩大了排污权交易制度的试点范围,在这些试点中充分借用了美国在大气污染治理方面的成功经验与先进技术,为我国的大气污染治理提供了参考。当前,我国虽然提出排污权交易制度,也初步进行了试验,但取得的成果并不明显,根本原因就在于我国并没有能够真正形成区域协调的大气污染治理格局,特别是对于排污总量的检测与制定方

———

① 君南:《二氧化硫排放权交易》,《环境经济》2007年第4期。

面还存在较多问题。即便如此,这种交易机制的出现给我国的大气污染治理工作提供了一个极为有益的参考,促进了我国大气污染治理工作的进一步发展。

(2)德国

在德国,也同样是在 1991 年就在借鉴美国排污权交易制度的基础上开始制定了一系列关于节能减排的相关法律法规。[①] 德国《温室气体交易法》明确规定各企业要对自己的温室气体排放量进行调查备案,对于确定需要超标排放的企业应当设置一定的排污权,并允许其以交易的方式向其他企业购买排污权,显示德国正式建立了排污权交易制度。在具体排污权的具体费用及成本管理方面,德国出台了《排污权交易费用规定》对排污权的资金运转等进行管理。而在法律程序依据方面,德国在 2005 年制定了《项目机制法》并将其作为排污权交易的主要法律依据。

当前德国在排污权交易制度方面,第一,政府通过考察企业历史上的排污量,再结合国家设置的排污总量有机分配排污权。第二,设置一部分排污权,以市场拍卖的方式允许企业进行购买,从而达到排污权合理配制的目的。排污权交易制度的实施,在德国取得了极好反响,使得德国成为欧盟内部在大气污染治理方面较为有力的国家之一。特别是德国企业在排污权交易制度中的履约率极高,为整个欧盟温室气体的排放量下降做出了巨大贡献。

---

① 赵舸、张晓璐:《德国排污权交易制度的法律实践与评价》,《群文天地》2011 年第 12 期。

# 第三章 京津冀大气污染治理区域 一体化立法模式的选择

近些年,针对大气污染治理问题从中央到地方均出台了一系列政策、法律、法规对相关事项进行调整。从环保部门公布的统计数据看,包括京津冀区域在内的大部分省市的空气质量均有所改善,但随着大气污染治理进入攻坚阶段,传统的属地主义治理模式已无法满足实践需要,区域联防联控治理大气污染成为大势所趋。

## 第一节 大气污染治理区域一体化 立法的主要模式

### 一、中央主导型纵向立法模式

中央主导型纵向立法模式,是一种由中央政府或中央其他立法主体,以中央立法、规划或者政策统筹引领地方区域相关立法的区域一体化立法模式。这一模式下,中央是区域一体化立法的推进者,对区域一体化立法发挥主导作用,区域内地方政府通过合作、协商等方式服从、配合中央,形成了央地间领导与被领导、统筹与被统筹的纵向型立法结构关系。

典型的中央主导型纵向立法模式范例,包括以英国为代表的"中央主导+地方空气质量管控"立法模式、以日本为代表的"中央—地方自治"广域联合立法模式、以法国为代表的中央主导下的地方协商合作立法模式、以美国为代表的联邦主导下的跨区域环境协商立法模式和以我国为代表的中央制定区域一体化立法模式。这些中央主导型纵向立法模式范例,是在各个国家立法体制和政治框架下进行的立法模式创新,是京津冀区域一体化立法模式选择的重要参考。

（一）英国"中央主导+地方空气质量管控"立法模式

英国作为第一批搭上工业革命列车而率先走向现代化的国家之一,也曾为大气污染问题所累长达几个世纪。起初,大气污染问题在当时并未引起英国社会的重视,直至1952年伦敦雾霾事件的爆发,整个英国社会开始正视并严肃对待大气污染防治。1956年,英国颁布《清洁空气法》,该法既是英国大气污染治理的基本法,也是世界上第一部全面防治空气污染的法律。20世纪70年代以后,英国环境事务管理进一步整合,中央立法的整体性、规划性也明显增强。1990年《环境保护法》则是英国第一部走"整体式"治理路径的法案,对英格兰和威尔士地方政府施行的地方空气污染控制（LAPC）制度、统一污染控制（IPC）制度进行了规定。其后,在1995年《环境保护法》第 IV 部分 §80 的指导下,地方层面"空气管理系统"（LAQM）形成其基本框架。1997年《空气质量法》出台后,在中央立法的主导与地方 LAQM 系统密切配合下,英国大气污染治理工作成效显著。①

英国的"中央主导+地方空气质量管控"立法模式实践表明,在不调整行政区划和现存部门界域的前提下,能够突破行政权力

---

① 叶林:《空气污染治理国际比较研究》,中央编译出版社2014年版,第43—48页。

的边界束缚、部门束缚,整体地、综合性地寻找大气污染治理的根本对策。① 作为单一制国家,中央政府对于地方事务可以进行强力干预。在英国大气污染治理的立法中,议会和中央政府起到了主导作用。

(二)日本"中央—地方自治"广域联合立法模式

日本属于单一制国家,依据《日本国宪法》规定,日本国会是最高权力机关和唯一享有立法权的机关,但该权力的行使需要尊重地方自治,即非经一地方公共团体半数以上居民投票同意不得制定适用于该地的特别法;地方政府议会则依法享有制定本地区条例的权力。然而,与上述不同的是,日本有关大气污染等"公害"治理的立法却是自下而上开展起来的。1967 年,日本第一部环境基本法《公害对策基本法》颁布,该法在中央政府与地方政府相协调的基础上建立起比较完备的体制机制来进行污染治理。② 1968 年,日本配套《公害对策基本法》颁布实施适用范围广泛的《大气污染防治法》。1970 年,临时国会大刀阔斧对环境治理领域 8 部旧法进行修订,同时又制定 6 部新法,自此,日本中央主导下的"基本法—专项法"的环境治理法律体系初具规模,单一化的环境行政渐渐向系统化的环境法治转型,环境污染有所改善。

然而,随着 20 世纪 80 年代以来城市化进程的加速,日本国内以东京为代表的大都市发展起来,由此引发的新型"城市生活型公害"迅速涌现,其地方分权及地方自治制度也在大气污染等跨区域治理活动中发挥着重要作用。在中央推动下,日本 1994 年的

---

① 蔡岚:《空气污染整体治理:英国实践及借鉴》,《华中师范大学学报(人文社会科学版)》2014 年第 2 期。
② 滨野翔平:《日本政府治理公害研究》,华东师范大学硕士学位论文,2016 年。

《地方自治法》出现了"广域联合"这种地方公共团体组合,可直接接受中央某些权力的下放,制定的计划也被赋予一定的强制性,对解决大都市背景下的诸多社会问题发挥了良好的作用。

关于日本跨区域治理模式的发展历程,一些学者认为此种"渐进式"改革思维对于我国有一定的借鉴意义,跨区域治理初期的制度输出往往需要中央进行主导,但同时也要尊重地方的创造性和自主性,不搞"一刀切"。①

(三)法国中央主导下的地方协商合作立法模式

法国从路易十四时代就已形成的中央集权传统,影响了法国数百年之久。在法国发展的历史进程中,国家治理的方方面面都由中央进行主导,这种主导很大程度表现为制度供给的职能,在环境治理方面也不例外。例如,14 世纪法国国王查理六世就颁布法令,禁止市民在巴黎市区域内排放有害气体。② 然而,第二次世界大战后的法国环境污染加剧,这对于传统的治理模式形成巨大挑战,中央与地方权力重新分配的呼声也愈来愈高。法国地方分权改革始于 1982 年颁行的《大区、省及市镇的权力与自由法》,紧接着从 1983 年的城市规划和农村整治权到 1984 年的交通运输权,再到 1985 年的环境保护和治安权等,③法国逐渐形成了中央主导下的地方分权、市场与公民社会协商共治的模式。为巩固分权改革的治理成果,法国采取修宪的方式,将"分权化"的组织形

①　白智立:《日本广域行政的理论与实践:以东京"首都圈"发展为例》,《日本研究》2017 年第 1 期。

②　叶林:《空气污染治理国际比较研究》,中央编译出版社 2014 年版,第 85 页。

③　上官莉娜:《法国中央与地方分权模式及其路径依赖》,《法国研究》2010 年第 4 期。

式写入宪法第一条。当然,法国单一制国家的性质并未受到上述地方分权改革的影响,中央的法律法令仍在全国范围内有效。

法国在中央自上而下的主导下,以法律确定基本框架,以法令和行政协议推动地方分权的治理模式,使跨区域社会问题得到解决,地方多元治理模式逐渐发展完善,为整个社会的区域治理奠定了良好基础。

(四)美国联邦主导下的跨区域环境协商立法模式

作为联邦制国家,美国在建立统一的联邦政府的同时,各州享有较大的自主权,有独立的宪法、法律和政府机构。依据《美国宪法》的规定,环境保护等事项传统上均属于各州的权力与责任,一州法律关于这些事项的规定不能对其他州产生强制约束力。[①] 基于此,在大气污染防治方面,自 1864 年圣路易斯市率先出台《空气污染治理法》到 20 世纪中叶,"共有 82 项地方立法颁行,烟尘问题得到了一定的控制"。[②] 但由于环境污染的流动性,全美空气质量并没有明显提升。

屈从于现实的压力,联邦政府逐渐开始履行治理环境的职能。1955 年出台的《空气污染控制法》标志着联邦政府开始介入空气污染治理的领域。[③] 20 世纪 70 年代,联邦政府全面主导了大气污染治理工作,在这个过程中形成了诸多区域联合治理污染的立法案例。例如,1990 年《清洁空气法》修正案授权美国东部地区设立

---

① "The Constitution of the United States", https://www.archives.gov/founding-docs/constitution, 2018-01-15.

② Indur Goklany, *Clearing the Air: The Real Story of the War on Air Pollution*, Washington D.C.: Cato Institute, 1999.

③ *Air Pollution Control Act (1955)*, https://www.gpo.gov/fdsys/pkg/STATUTE-69/pdf/STATUTE-69-Pg322.pdf, 查询日期: 2018 年 1 月 15 日。

"臭氧运输委员会"(以下简称 OTC)。该组织包括东部 13 个州的政府环境委员和联邦环保局的相关成员。① OTC 依据《清洁空气法》的授权、成员州间签订的谅解备忘录和联合决议机制协商制定控制空气污染的政策法令,相互合作对东部地区的大气污染进行防治。② 统计数据显示,在联邦立法主导与地方政府积极合作下,美国境内的空气污染控制与经济发展几乎是同步进行的③,六种主要污染物排放量下降了 72%,而国民生产总值则上涨 219%。④

(五)我国中央制定区域一体化立法模式

作为单一制国家,面对大气污染的严峻形势,我国的大气污染治理立法工作被提上日程并有序开展,渐已形成了中央立法统筹地方立法的一体化立法模式。

2014 年 4 月 24 日,新《环境保护法》于十二届全国人大常委会第八次会议上通过,该法于第 20 条第 1 款明确规定:"国家建立跨行政区域的重点区域、流域环境污染和生态破坏联合防治协调机制,实行统一规划、统一标准、统一监测、统一的防治措施。"2015 年 8 月 29 日,新《大气污染防治法》于十二届全国人大常委会第十六次会议上通过,该法特设第五章专门规定由国家统筹协

---

① *Clean Air Act*(1990), https://www. epa. gov/clean – air – act – overview/clean-air-act-text,2018-01-15.

② Brenda J.N.Ordenstam,William Henry Lambright,Michelle E.Berger,Matthew K.Little,"A Framework for Analysis of Transboundary Institutions for Air Pollution Policy in the United States",*Environmental Science & Policy*,1998(1).

③ "Overview of the Clean Air Act and Air Pollution", http://www.epa.gov/air/caa/progress.html,2018-01-15.

④ "Our Nation's Air", https://gispub.epa.gov/air/trendsreport/2017/#home,2018-01-14.

调重点区域内的大气污染防治工作。2014 年、2015 年、2016 年，京津冀三地人民代表大会为落实大气污染防治工作分别颁布各自的《大气污染防治条例》，北京市的条例文本中总括性地规定"防治大气污染应当建立健全政府主导、区域联动、单位施治、全民参与、社会监督的工作机制"；天津市的条例文本设置"区域大气污染防治协作"专章，并规定"天津市与北京市、河北省及周边地区建立大气污染防治协调合作机制，定期协商区域内大气污染防治重大事项"；河北省的条例文本也设置了"重点区域联合防治"一章，并规定"省政府应当与北京市、天津市以及其他相邻省、自治区政府建立大气污染防治协调机制，定期协商大气污染防治重大事项，按照统一规划、统一标准、统一监测、统一防治措施的要求，开展大气污染联合防治，落实大气污染防治目标责任"。

总体来讲，京津冀大气污染治理区域一体化立法采用中央主导型纵向立法模式与我国立法体制相适应。首先，在我国中央制定的法律和行政法规在全国范围内有效，全国人大常委会或国务院有权对京津冀地区大气污染联防联控事宜立法进行规制。所以，选择由全国人大常委会或国务院颁行法律法规模式的优势之一就是不存在宪法和立法法层面上的障碍。其次，在中央制定区域一体化立法模式下产生的法律或行政法规都有较高的法律位阶，其效力仅次于宪法和诸如《环境保护法》和《大气污染防治法》一类的基本法，地方立法也不能与其相抵触，因此这种模式下的立法可以对区域内部同时生效且在施行的过程中阻力较小，具有统一、高效的优势。

**二、地方协调型横向立法模式**

地方协调型横向立法模式是发挥地方立法主体的自主性、能动性和创新性,利用地方立法充分贴合前沿实践的现实特征,由地方立法主体以协调、协议或者其他合作方式具体开展的一种区域一体化立法模式。相比于中央主导型纵向立法模式,该模式以地方立法为引领,以中央政策法规为基础保障,形成了区域内地方之间的横向立法结构关系。

地方协调型横向立法模式的典型范例,主要以我国"珠三角""长三角"地区的实践范例为典型代表,包括"珠三角"省内协调立法模式、"泛珠三角"行政协议模式、"长三角"分散型区域立法协调模式等。这些立法模式深刻结合了我国的现行立法体制,充分发挥了我国单一制立法的制度优势,为京津冀大气污染治理一体化立法模式的"本土化"探索提供了有益参照。

(一)"珠三角"省内协调立法模式

"珠三角"地区的区域环境治理与我国其他重点区域不同。依据国家发改委 2008 年出台的指导性文件——《珠江三角洲地区改革发展规划纲要(2008—2020 年)》(以下简称《珠三角纲要》)①的规定,"珠三角"区域内部各城市均处于广东省行政区划内,不存在跨省治理协调的问题,其在立法协作上面临的障碍较小。长期以来,"珠三角"以国家政策文件为指引,形成了特色化的地方统一立法模式。

为落实《珠三角纲要》的安排,加快推进"珠三角"区域的合作进程,2011 年 7 月 29 日,广东省人大常委会审议通过了《广东省实施珠江三角洲地区改革发展规划纲要保障条例》(以下简称《纲要保障条例》)。该条例对于区域发展中的组织与协调、促进与保

---

① 《珠江三角洲地区改革发展规划纲要(2008—2020 年)》,http://www. scio. gov. cn/xwfbh/xwbfbh/wqfbh/2014/20140610/xgzc31037/Document/1372733/1372733.htm,查询日期:2017 年 12 月 20 日。

障问题进行了具体规定,明确了省政府"牵头建立健全跨部门和
地区的重大事项协商机制"的重要职责以及地级以上市人大、政
府建立"立法和规划时的跨地区会商机制"的法定职责,由此构建
起了"珠三角"地区的省政府牵头的地方统一立法模式的基本
框架。

　　与此同时,广东省政府 2009 年 3 月颁布的《广东省珠江三角
洲大气污染防治办法》第 5 条规定建立区域大气污染防治联防联
控监督协作机制,协调各地、各部门建立区域统一的环境保护政
策。① 2012 年颁布的《广东顺德清远(英德)经济合作区管理服务
规定》明确清远市政府、佛山市顺德区政府组建合作区建设工作
联席会议,对重要事项进行沟通协商,统筹解决,涉及经济管理的
权限可授权或委托给合作区直接行使。2015 年颁布的《广东深汕
特别合作区管理服务规定》明确规定深圳和汕尾两市政府在上级
政府的指导下,以联席会议的模式协调、解决合作区建设和管理中
的重大问题,同时可授权该合作区管理机构行使地级市级别经济
管理权限,编制合作区发展、土地利用等规划。以上地方政府规章
配套《纲要保障条例》,为"珠三角"地方统一立法模式的具体开展
和实施构建了细化的措施机制。

　　(二)"泛珠三角"行政协议模式

　　"泛珠三角"区域又别称"9+2",意指包括粤、桂、闽、赣、湘、
琼、川、贵、云在内的九个省级政府和港、澳两个特别行政区在内的
合作区域。该区域的合作自 2004 年各行政区签订《泛珠三角区域
合作框架协议》开始,以"泛珠三角"合作与发展论坛和经贸合作

---

① 《广东省珠江三角洲大气污染防治办法》,http://www.gdep.gov.cn/
zcfg/dfguizhang/201008/t20100809_82087.html,查询日期:2017 年 12 月
20 日。

洽谈会为合作平台,各方对投资贸易、基础设施、环境保护、科技文化等各类跨区域的重大问题进行协商,并形成一系列规划纲要和框架协议。如具有指导性的《泛珠三角区域合作发展规划纲要(2006—2020年)》《泛珠三角区域深化合作共同宣言(2015—2025年)》,上述两个文件均将环境保护作为深化合作的部分之一,提出建立区域环境保护协作机制、提高区域整体环境质量和可持续发展能力。① 针对环境保护专题,则有《泛珠三角区域环境保护合作专项规划(2005—2010年)》,提出建立跨省级行政区河流跨界污染联防联治机制;2005年签署的《泛珠三角区域环境保护合作协议》提出通过不定期举行联席会议、建立专题工作小组等方式推动环境保护合作目标的落实;2016年发表的《肇庆宣言》则针对西江流域具体情况,提出开展环境保护管理体制创新试点,通过统筹规划、统筹标准、联合监测、联合执法等方式加强区域联防联控。

"泛珠三角"区域合作经过十余年的发展,尤其是在"一带一路"背景下,现已有"粤港澳大湾区"的较新说法,国务院总理李克强在十二届全国人大五次会议上提出发挥港澳独特优势,深化内地与港澳之间的合作,研究拟定"大湾区"城市群的发展规划。该区域在地理上囊括了传统意义上的"珠三角"地区,被"泛珠三角"区域覆盖。2017年7月1日,发改委与广东、香港、澳门共同签署《深化粤港澳合作 推进大湾区建设框架协议》,该协议将"生态优先,绿色发展"作为基本原则,在体制机制安排上将磋商会议常态化,协调解决大湾区发展的合作事项和遇到的重大问题。

---

① 《泛珠三角区域深化合作共同宣言(2015—2025年)》,http://www.pprd.org.cn/fzgk/hzgh/201606/t20160621_53314.htm,查询日期:2017年12月20日。

事实上,区域行政协议模式在十年前就已在我国其他某些区域有所实践,如东北三省为加强区域间法制协调性,于2006年达成《东北三省政府立法协作框架协议》,约定对于一些难点、重点立法项目成立联合工作组;对于共性立法项目由一省牵头,其他两省协助;其余事项则各自立法,成果共享。① 上述合作方式没有明确的程序规范,是所有模式中灵活性最强、操作最便捷的,并且参与协商的地方政府之间完全平等,可有效兼顾地方特色并且缓解权力冲突。

(三)"长三角"分散型区域立法协调模式

"长三角"地区的区域大气污染治理是分散型的立法协调,即以国家层面的政策文件为指引,地方通过立法座谈会等形式对立法工作进行协调,区域内各省市在达成协作立法共识后,各自可依据自身情况保留立法内容。

1.中央层面政策指导

"长三角"区域一体化的纲领是2008年9月16日国务院发布的"国发〔2008〕30号"指导意见——《国务院关于进一步推进长江三角洲地区改革开放和经济社会发展的指导意见》(以下简称《长三角指导意见》),明确规定"长三角"区域合作的主体是江、浙、沪三省市②,并在第八部分明确了推进资源节约型和环境友好型社会建设的具体目标,即"加强区域产业政策和环保政策的衔接、完善节能减排地方性法规,加强区域生态环境的共同建设、共同保护和共同治理,完善区域污染联防机制,推进区域环境保护基

① 王子正:《东北地区立法协调机制研究》,《东北财经大学学报》2008年第1期。
② 后出台的相关文件环发〔2014〕169号通知将"长三角"区域合作的主体扩展至江、浙、沪、皖四省市。

础设施共建、信息共享和污染综合整治"①。

《长三角指导意见》只是总括性地对区域经济社会发展各个方面的目标进行阐述,对于环保,特别是大气污染治理并没有具体的规定。2010 年 6 月,发改委出台了文号为"发改地区〔2010〕1243 号"通知,随通知还印发了《长江三角洲地区区域规划》。规划文本的第八部分详细阐述了资源利用与生态环境保护的发展目标,并明确提出"推进区域大气污染防治,加快区域大气监测网络建设,建立健全区域大气污染联防联控机制"②。

此后,国务院陆续又出台了一些针对大气污染防治的指导性文件,如"环发〔2012〕130 号"《重点区域大气污染防治"十二五"规划》中将"长三角"地区划定为大气污染防治的重点区域③;2013年 9 月 10 日国务院印发的《大气污染防治行动计划》提出建立区域协作机制的目标和一些更为具体的措施④;2014 年 11 月 16 日,环保部印发的《长三角地区重点行业大气污染限期治理方案》则专门针对煤电、水泥等重污染行业提出整改要求⑤。

---

① 《国务院关于进一步推进长江三角洲地区改革开放和经济社会发展的指导意见》,http://www.gov.cn/zwgk/2008-09/16/content_1096217.htm,查询日期:2017 年 12 月 19 日。

② 《国家发展改革委关于印发〈长江三角洲地区区域规划〉的通知》,http://www.gov.cn/zwgk/2010-06/22/content_1633868.htm,查询日期:2017 年 12 月 19 日。

③ 《关于印发〈重点区域大气污染防治"十二五"规划〉的通知》,http://www.gov.cn/zwgk/2012-12/05/content_2283152.htm,查询日期:2017 年 12 月 18 日。

④ 《国务院关于印发〈大气污染防治行动计划〉的通知》,http://www.gov.cn/zwgk/2013-09/12/content_2486773.htm,查询日期:2017 年 12 月 18 日。

⑤ 《关于印发〈长三角地区重点行业大气污染限期治理方案〉的通知》,http://www.mep.gov.cn/gkml/hbb/bwj/201411/t20141124_291839.htm,查询日期:2017 年 12 月 18 日。

通过对上述文件的梳理,不难看出中央对于"长三角"区域大气污染治理和联防联控机制的重视程度逐年提高,对于区域合作主体也一再扩大,内容针对性和可操作性也愈来愈高。

2. 区域内部立法协调

"长三角"地区的立法协调主要是通过"联席会""座谈会"的形式搭建协商平台,各省市人大常委会、政府部门的相关负责人及专家学者到场参会,对区域立法协作事项进行商议、达成共识,再各自推进。

2014年1月7日,"长三角"区域大气污染协作治理的第一次工作会议在上海举办,会议确定"协商统筹、信息共享、责任共担、联防联控"的基本原则,并签署了《大气污染防治目标责任书》。同年5月8日,以解决立法工作问题为核心的长三角区域大气污染防治协作立法论证会在上海召开,江、浙、沪、皖四地人大法制委员会和常委会法工委领导以及部分专家学者到场参与研讨,会议对立法协作的工作方法进行商议,认为"应当求同存特,即形成示范文本,由四地根据各地实际在立法时分别表述,最终得出四个不同的版本"[①],但为保证法律的实施效果,四地法规中对法律责任的规定应当基本一致;此外会议还强调立法工作中的信息沟通,对于关键条款应当适时召开会议进行统一。

在中央政策及区域立法协作联席会议精神的指导下,上海市人大常委会、江苏省人大、安徽省人大、浙江省人大常委会分别在2014年、2015年、2015年、2016年颁布、修订本地《大气污染防治条例》,设专章规定和"长三角"区域内其他省市进行大气污染联

---

① 陈余泓:《长三角四地共话大气污染防治协作立法》,《上海人大》2014年第6期。

合防治的协作机制。此外，"长三角"区域各地方政府为贯彻《长三角指导意见》也分别出台了一些规范性文件，结合本地区特色对区域合作机制进行阐述，如上海市发布的实施意见中规定了由市发改委牵头加强沟通协调和统筹推进，进一步完善区域合作协调机制并加强能源、环保、交通等重点专题的合作，加强泛长三角城市双边和多边合作。

　　总的来说，这种分散型的立法协同模式在我国已被部分地区在联合治理环境污染中所应用，这其中既包括区域内各地方依据示范法形成数个不同版本的地方性法规的较为松散的立法实践，也有形成相同或相似度极高的几个版本的法规的实例。该模式在实践中应用频率很高，是由于其具有较强的灵活性，条例文本在起草、审议、修订的过程中完全基于地方的视角，能充分兼顾区域环境治理中的特殊性。另外，此种模式不存在立法体制上的障碍，京津冀三地人大及常委会均依据《立法法》有权对本行政区域内环境保护事项制定地方性法规，只需保证立法内容不同宪法、法律、行政法规相抵触即可，也不需要全国人大的另行授权，所以在操作上具有极高的灵活性，成本较低。然而，在松散的立法协调模式下，纵使省市地域相连、经济交融、合作时间较长，但在环境立法领域仍然有诸多横向冲突，如各地环境技术标准也不尽统一，行政处罚的力度各有轻重，上述冲突一直以来也多为学者诟病。

### 三、区域联合立法模式

　　区域联合立法模式是在一般的地方协调立法的基础上"更进一步"强调地方立法间合作的紧密性，地方立法主体之间联合规划、联合起草、联合审议并联合公布适用于本区域的法律文本。该模式强调区域内各地方在立法工作中的"步调一致"，避免出现因立法节奏、立法趋向过分强调"地方特点"而忽视区域性一体化的问题。区域联合立法的典型范例,包括以欧盟为代表的国际组织型联合立法模式和以我国酉水地区为代表的松散型联合立法模式。

(一)欧盟国际组织型联合立法模式

欧盟作为一体化程度较高的国际组织,其区域环境治理虽然不是同一主权国家内部的立法协作,但是欧盟案例仍具有很强的可借鉴性,有学者将欧盟与国内区域合作的相似之处概括为:"都是独立或相对独立的主体之间的合作;区域内部在经济及其他方面都深度合作,甚至存在一体化诉求;内部成员都有立法权且存在法制协调的问题。"①

在欧洲一体化过程中,欧盟大气污染治理联合立法模式的实践探索也经历了一个过程。起初,欧洲共同体仅颁布指令,如规范机动车噪声声级和排气系统的 70/157/EEC。直至 1973 年,共同体理事会以"宣言"的形式通过了第一个《环境行动纲领》,作为共同体环境政策与立法的指导。此后十年间,理事会围绕纲领,通过了 70 多项与环境治理有关的条例、指令,如规范空气质量标准和二氧化硫、悬浮颗粒物限值的 80/779/EEC 和规范 CFCs 含量限值的 80/372/EEC 等。随着欧共体步入欧盟时代,环境保护的目标写入欧盟基本法,理事会在基本法授权下出台更具科学性、更为体系化的第五、第六《环境行动纲领》,此时的纲领也彻底摆脱政策色彩,成为欧盟环境立法的基本法并被刊登在《欧盟官方公报》的"OJL 集"中。在纲领的指导下,欧盟理事会颁布大量环境法律法

---

① 王春业:《区域合作背景下地方联合立法研究》,中国经济出版社 2014 年版,第 99—102 页。

规,关注领域也扩展至气候变化、生物多样性、环境与健康、资源和废物的可持续管理,逐渐形成了国际上体系最完善、内容最丰富的环境法律制度。上述法律不仅在欧盟区域内得到了良好执行,也对各国环境立法产生深远影响。

(二)我国酉水河流域松散型联合立法模式

酉水是沅江最大的支流,流程总长 477 公里,流域面积 18530 平方公里,发源自湖北省宣恩县椿木营,依次流经鄂渝湘三省市诸县,最终在沅陵县城西流入沅江。由于流域生态问题的跨行政区域性,湖北恩施和湖南湘西两地开展了民族自治地方人大常委会间联合立法的有益探索,最终形成了《酉水河保护条例》这一成果。

依据《立法法》的相关规定,恩施州与湘西州人大常委会均享有立法权,两地在酉水河治理问题上达成共识后迅速采取联席会议的方式开展联合立法工作。2015 年 9 月 7 日至 10 日,第一次立法工作联席会议在湖北来凤召开,湖南省、湖北省、恩施州、湘西州人大常委会副主任均到场参与,会议讨论了条例草案建议稿,表决通过了"同步协作立法工作方案",明确了立法工作协调领导小组、各州县立法工作专班,通报了参与咨询和文本起草工作的专家名单。[1]2016 年 5 月 18 日至 19 日,第二次立法工作联席会议在湖南永顺召开,会议进一步统一了协作立法的思想认识并讨论修改了条例草案。[2] 会后,恩施和湘西两地分别将各自的《酉水河保护条例》草案文本报送州人大常委会审议和两省人大常委会批准。

---

① 《鄂湘渝协作立法保护酉水河 第一次联席会在来凤召开》,http://hbj.en-shi.gov.cn/2015/0910/150883.shtml,查询日期:2017 年 12 月 18 日。

② 谭艳军:《酉水河流域协作立法第二次联席会议召开》,http://www.esrd.gov.cn/2016/0520/209838.shtml,查询日期:2017 年 12 月 18 日。

恩施州人大常委会和湖北省人大常委会分别于 2016 年 9 月和 12 月通过、批准了该条例;湘西州人大常委会和湖南省人大常委会则分别于 2017 年 1 月和 3 月通过、批准了该条例。随后,恩施和湘西两地分别颁行了《酉水河保护条例》。

纵观上述立法过程,《酉水河保护条例》采取的立法工作联席会议模式倾向于立法主体的联合,各地方立法机关不仅仅局限于区域内部立法信息的交流和沟通,还通过一定方式的联合进行了紧密的立法协作,因此这种立法模式也被学者归入联合立法模式中。① 但由于整个立法过程形成了两个条例文本,并由两个立法主体分别颁布,所以也属于较为松散的联合立法。对于这种模式,有学者认为该种模式虽然灵活,但缺乏相应的实施保障,可能出现因立法合作组织的权威性、合作决议执行机制缺失而影响合作决议效力的问题,区域立法合作机制还应有更具体的探索。②

总体而言,京津冀大气污染治理区域一体化立法采用联合立法模式,优势比较突出和明显,一是联合立法模式能更好地落实现有的中央立法,二是联合立法在充分满足区域环境治理的特色化需求的同时兼顾了效果的统一性。另外,在京津冀大气污染治理的立法中采取联合模式有利于提高效率、节约立法成本。对此,本章将在下一节选择区域联合立法模式的原因部分予以详述。

---

① 王春业:《区域合作背景下地方联合立法研究》,中国经济出版社 2014 年版,第 8 页。
② 戴小明、冉艳辉:《区域立法合作的有益探索与思考——基于〈酉水河保护条例〉的实证研究》,《中共中央党校学报》2017 年第 2 期。

## 第二节　京津冀大气污染治理选择联合
## 立法模式的原因和可行性

### 一、京津冀大气污染治理选择联合立法模式的原因

（一）京津冀采用联合立法模式优势显著

京津冀大气污染治理区域一体化立法选择联合立法模式，是指在法制统一的前提下，全国人大常委会出台决定文件，授权建立"京津冀大气污染治理联合立法委员会"（以下简称"联合立法委员会"）负责联合立法工作的统筹和开展，该机构主要由京津冀三地人大法制部门工作人员组成，同时在制定法规草案的过程中邀请三地政府部门负责人、政协委员代表、环保领域及法学领域的专家学者参与立法协商和论证，在对本区域内大气污染治理相关的基本原则和基本制度达成共识的基础上，拟定统一版本的"京津冀大气污染联合防治条例"（草案）并由三地人大联合署名颁布，最后由联合立法委员会上报全国人大常委会及国务院备案审查。需要注意的是，联合立法委员会虽是常设机构，但并不是创设新的立法主体之意，其主要目的是搭建一个协调机制和立法合作平台。具体来讲，选择联合立法模式的显著优势为：

第一，联合立法模式能更好地落实现有的中央立法。由地方人大联合拟定文本并署名颁布的方式，在我国区域治理合作中是巨大的进步和创新，同时也体现了宪法规定的"在处理地方和中央的立法关系上充分发挥地方的主动性和积极性"的精神；另外，立法上的紧密联合也能起到贯彻落实我国《环境保护法》中"建立跨行政区域的重点区域、流域环境污染和生态破坏联合防治协调

机制"和《大气污染防治法》中重点区域大气污染联合防治相关规定的作用。

第二,联合立法模式在充分满足区域环境治理特色化需求的同时兼顾了效果的统一性。区域特色既是区域法制的出发点,也是落脚点,正如前文所述,环境污染治理是一个复杂的体系,不仅包含单纯的技术因素,还与经济发展、产业结构、交通建设、城市规划甚至社会风俗文化密切相关,由京津冀三地人大主导的立法协商相对于中央立法来讲,可以最大程度从区位条件和区域特色出发,形成有针对性、具体化、可操作性强的法律文本。此外,与松散的协同模式和行政协议模式相比,联合立法是通过协商形成统一的待实施的条例草案,不允许三地事后独自进行修改,从而避免了松散合作下可能出现的"貌合神离"的问题。

第三,在京津冀大气污染治理的立法中采取联合模式有利于提高效率、节约立法成本。区域内各地方作为各自辖区的管理者,在信息储备与收集、数据整理和分析等方面都有较大优势,对于辖区的具体情况也最为了解,因此在联合立法模式中可以最大程度发挥上述优势,提高立法工作效率。而且立法工作都要包括调研论证、拟定草案、征求意见、最终定稿的程序,加之大气污染的治理本来就是一个区域问题,如果不在条例起草的阶段紧密联合,而是由地方分别单独立法或是仅采取松散的协同机制,很容易出现人力、物力投入增加成本的现象,最终甚至可能导致各地立法质量参差不齐、立法内容有所冲突的后果,这都是我们不愿意看到的。

(二)京津冀采用其他类型立法模式的劣势明显

1.中央主导型纵向立法模式缺乏具体性和针对性

我国京津冀大气污染治理采用中央主导型纵向立法模式,是指在中央的领导下,按一定比例抽调京津冀三地人大、政府部门领导及相关负责人员组建"京津冀大气污染立法联合起草委员会"(以下简称"联合起草委员会"),同时将三地政协委员代表、环保领域的专家学者和高校研究人员等吸收进来,以联席会议的形式对于法案的内容进行平等、友好的研讨和磋商,最终对京津冀大气污染治理涉及的核心问题达成共识,并形成法律文本的草案,由联合起草委员会将拟定的草案报送全国人大常委会或国务院法制机构对送审稿进行审查,经向社会公布、征求意见并进行修改后,最后由人大常委会或国务院公布施行。在这种模式下,联合起草委员会的职能仅为起草法律文本,不具备立法主体地位,其性质也只是一个临时性的协商机构。

但是结合京津冀地区的实际情况来看,中央主导型纵向立法模式不可避免地存在一些弊端。

第一,中央立法或行政机关对特定区域的特定事项进行立法成本过高,不具有现实可行性。从现有立法的角度来看,2014年全国人大常委会已经对《环境保护法》进行完善,并规定了综合治理的基本原则和联合防治的协调机制;2015年新《大气污染防治法》也有较大规模调整,设专章规定重点区域大气污染防治问题,上述规定都是可以直接应用到京津冀领域的中央立法。此外,我国经过数十年的发展,由于地缘因素形成了诸如珠三角、长三角和京津冀一类较为成熟的经济区域。倘若有全国人大常委会颁行"京津冀大气污染联合防治法"或国务院出台相关条例的先例,那么东三省、中西部、长三角和珠三角等其他区域的大气污染防治立法亦会纷纷申请立项和审议,中央机关必然一时间难以应付突如其来的巨大工作量。况且,环境污染治理只是社会发展的一方面,区域协同发展过程中仍有许多经济、政治、文化、社会领域的矛盾需要立法进行调整,倘若上述问题均由中央颁行法律法规,那么中央立法及行政机关必然不堪重负。因此,由中央出面针对京津冀颁行区域一体化立法显得不合时宜。

第二,我国幅员辽阔、地域广大,不同省市间经济、政治、生态、社会的基础条件可谓参差不齐,即便是同一经济区内的各单位也各有特色。以京津冀地区为例,根据统计部门公布的数据显示,三地产业结构存在较大差异,北京早已进入后现代化时期,2016年第三产业就已占地区生产总值的 80.3%,金融、信息和科技等行业增势良好,已形成第三产业绝对主导下,第二产业辅助发展的服务型经济结构;天津市人均 GDP 增速极快,产业结构现代化水平较北京低,虽然 2012—2016 年第三产业稳步增长,但二、三产业对于全市 GDP 贡献量差距不大,属于典型的"双轮驱动"模式,2016年三次产业结构为 1.2∶44.8∶54.0;河北省则是区域内较为落后的地方,呈"阶梯化"模式分布,2016 年第二、第三、第一产业的比重分别为 47.3%、41.7%、11.0%。大气污染联合防治涉及的领域不仅包括经济发展、产业结构,还有交通、基础设施建设、城市规划等方面,由中央机关颁行区域一体化立法难免无法全面兼顾地方特色,必然在某些制度的设计上会趋向于原则化、模糊化,上述制度在依托地方性法规、规章进行落实的过程中,难免会出现一些问题,因此该种模式因缺乏具体性和针对性并不是京津冀大气污染治理的最佳选择。

2. 分散型协调立法模式易产生"貌合神离"的弊端

京津冀大气污染治理区域一体化立法采用分散型立法协同模式是指,在中央的领导下,由京津冀三地人大相关负责人员牵头,以召开联席会议的形式,对于《北京市、天津市和河北省大气污染联合防治条例》①的主要内容进行研讨协商,在此过程中邀请三地政府工作人员、政协委员代表、环保领域的专家学者及高校研究人员等参与其中,最终形成一个较为完善的示范法文本。随后,该草案分别由北京、河北、天津三地的人大或人大常委会进行审议并向社会公开征求意见,由三地人大或人大常委会各自颁布实施,进而由上述机关分别报全国人大常委会和国务院备案。在这个过程中,"联合起草委员会"并不是一个常设机构,不具备立法主体地位,仅承担示范法协商和起草的职能,最终形成的三个条例草案也分别由三地冠以本行政区名称后颁布、送审。

然而,此种模式在实践中的"硬伤"在于非常容易产生内容和程序上"貌合神离"的状态。以"长三角"既有实践为例,该区域就是利用联席会议搭建四省市间的立法合作平台,各地人大常委会的负责人员商定示范性的立法文本,但同时各地根据实际情况保留一定的自由裁量。但就法律责任来看,对于不符合排污许可证所载标准和总量控制标准的,江苏省、上海市和浙江省的处罚标准在十万到一百万之间,而安徽省则规定了严于"国标"的二十万到一百万的处罚标准;对于露天焚烧秸秆的问题,江苏省规定了二百元到两千元的处罚标准,上海则规定二百元以下的处罚标准,浙江和安徽均未有规定;对于露天焚烧产生有毒有害、恶臭或强烈异味气体物质的,上海处以两万元以下罚款,江苏和浙江对单位和个人分别设置了不同的处罚标准②,安徽省未有明确规定。诸如上述

---

① 有关《北京市、天津市和河北省大气污染联合防治条例》的制定机构、立法程序,详见本书第四章。

② 江苏省对有此类违法行为的企业事业单位处一万元以上十万元以下罚款,对个人处五百元以上五千元以下罚款;浙江省则是对单位处一万元以上十万元以下的罚款,对个人处五百元以上二千元以下的罚款。

情况在"长三角"环境立法中不胜枚举,长期以来也广为学者诟病。根据我国《环境保护法》和《大气污染防治法》的规定,地方可对国家未予规定的环境标准进行规定,对于已有"国标"的事项可以制定严于"国标"的地方标准,因此在立法协同模式下,各地方在依据联席会议达成的示范法制定各自不同法规版本时,只要保证高于或与"国标"规定持平,即可被视为不与上位法抵触并通过合法性审查,那么这其中的自由裁量权便很容易在客观上造成区域内部的差异,进而导致合作内容上的"貌合神离"。

再者,从合作的程序上看,区域内各方虽然在联席会议上对立法的重大事项达成共识,并形成示范法,但是后续各方在本省内部履行审议、修订、备案等程序时不可能完全同步,即使在合作形式较为紧密的《西水河保护条例》的制定过程中,恩施和湘西两地的法案颁行时间前后也间隔半年之久,因此,这也会产生程序上的"貌合神离"之态。

3. 行政协议法律性质与法律地位模糊

京津冀大气污染治理区域一体化立法采用行政协议模式,是指京津冀三地政府通过签署备忘录、框架协议、合作宣言或合作倡议书等一类的文件,对于区域大气污染治理立法相关事项进行约定,其中包括协商机制的构建、合作平台的搭建、立法信息的交换等内容。这里的行政协议只是对区域立法合作以及各地行政立法事项进行原则性、框架性、指导性的约定,并不直接约定京津冀大气污染联合防治的各项具体制度。

但是此种模式在降低合作成本的同时,不可避免地具有一些缺陷。

第一,采取行政协议模式搭建立法协作平台最大的风险在于行政协议本身法律性质、法律地位模糊,甚至其概念也存在争议。

一般认为行政协议是对等的行政契约,不同于与相对人签订的行政合同,它是两个或以上的行政主体在行使公权力的过程中,为了取得更好的行政效果而达成的双方合意。① 但是,我国《宪法》和《地方组织法》并未如美国宪法一般规定地方政府缔结府际行政协议的权限和效力,有学者认为既然宪法和法律没有对此做出禁止性规定,那么就意味着地方政府被间接赋予此项权力。② 然而,需要注意的是,公权力的行使应当遵循"法无授权即禁止"的原则,所以上述观点似乎不具正当性。由于行政协议的性质和地位于法无据,协议文本便不具有和法律一样的强制执行力,加之很多协议并不会约定违约责任,只能期待协议各方依靠自觉性而善意履行之,在实践中很容易落空。正如一些学者评述的,"从现在的协议文本来看,很多协议不过是一种意向性的共识,并不具备具体实施的可操作性,各方事后采取措施的不多"。③

　　第二,退一步讲,即便在京津冀地区采取这种模式,且协议得到了善意履行,但是合作协议的缔结主体是三地的政府,因此协议内容只能约束政府治理大气污染的行政立法及行政管理行为,无法将三地人大囊括进来,则立法合作范围大打折扣,亦不能发挥人大在重点领域立法中的主导地位;而且后续行政立法产生的地方性规章位阶较低,次于宪法、法律、行政法规和地方性法规,不能很好地适应"重典治霾"的趋势。

① 何渊:《环渤海地区行政协议的法学思考》,《北京交通大学学报(社会科学版)》2008 年第 4 期。
② 何渊:《环渤海地区行政协议的法学思考》,《北京交通大学学报(社会科学版)》2008 年第 4 期。
③ 叶必丰:《长三角经济一体化背景下的法制协调》,《上海交通大学学报(哲学社会科学版)》2004 年第 6 期。

第三,在此种模式下,前期达成的合作协议仅为框架性和原则性规定,很多内容都需要后期各地政府通过行政立法进行落实,在这个过程中也无法保证各地立法均能做到良好协同,因此看似低成本的行政协议模式,实则是以降低效率、提高风险换来的,在实践中并不具备可行性。

综上所述,无论是中央主导型纵向立法模式,还是分散型立法协调模式或是区域行政协议模式,均具有不同程度的缺陷和不足,显现出短期内无法弥补的明显劣势,因此相比之下,当前京津冀采用联合立法模式制定区域一体化立法文件具有较为明显的实践优势与可操作性。

## 二、京津冀大气污染治理选择联合立法模式的可行性

（一）选择联合立法模式具有理论支撑

1. 新区域主义理论

新区域主义是在欧美国家大都市治理的实践中渐渐发展壮大的学派。第二次世界大战后,随着城市化进程的加快,大都市区的数量急速上升,由于生态、经济和社会因素的有机统一,地方政府间诸如环境治理、资源配置和城市规划等公共问题都变得愈加不可分割,大都市区的发展急需合理的区域治理制度作为支撑。

最先出现的学说是"传统区域主义",即认为大都市区碎片化结构严重损害了解决区域性公共问题的能力,主张采取综合性、协调性的规划与权威性的行动①。但事实证明"巨人政府"的手段不

---

① 张紧跟:《新区域主义:美国大都市区治理的新思路》,《中山大学学报（社会科学版）》2010 年第 1 期。

仅没有提高社会治理效率,反而造成政府机构臃肿、人浮于事等弊病。随后兴起的则是"公共选择主义",即主张将大都市区域看作一个公共市场,允许公众在相互竞争的公共服务提供者之间做出选择①。但是在实践中,公共市场并未如预想般有序运转,相反,过于强调效率造成社会资源并不能公平分配,地方府际各自为政带来恶性竞争的后果。上述两种思路一个过于依赖政府,一个过于相信市场,都各有局限,在这种状况下,"新区域主义"应运而生。"新区域主义"修正了"传统区域主义"的权威化管理,通过横向跨部门、跨区域合作形成治理网络;同时也修正了"公共选择主义"的分散低效,通过灵活的政策网络倡导了区域整合和协调发展。因此,"新区域主义"强调"某些关键的区域公共服务由不同政府或政府部门灵活协作来实现资源的优化配置,和由各级政府自愿组成协作管理委员会来统筹区域内各项公共事务"的理念,对于京津冀地区大气污染治理一体化立法路径的选择和联合立法模式的可行性论证是有借鉴意义的。

2. 区域合作的聚集节约效应

"区域经济一体化"是各经济体通过区域分工与协作的方式来实现优化资源配置、共同发展的目标,这种实践最早以欧盟为代表,进而在全球范围内形成一股热潮。我国有学者将区域经济合作的聚集节约效应引入京津冀大气污染治理的研究中,图 3.1 显示了该理论。

假设存在甲、乙两个地区同时生产同类产品,二者效率不同,各自单独生产 $M_1$ 和 $M_2$ 的产量时,分别对应了 $C_1$ 和 $C_2$ 的成本;如

---

① 耿云:《新区域主义视角下的京津冀都市圈治理结构研究》,《城市发展研究》2015 年第 8 期。

将乙的产量与更高效的甲结合起来,总成本则下降为 $C_3$,显然 $C_3 <$ $C_1 + C_2$,倘若存在正外部经济效应的情况下,则成本会进一步降低为 $C_4$。因此,在不同地区生产同类产品时,高效的资源整合安排,不仅可以实现效率的提高,还可以最大程度地节约聚集成本。①

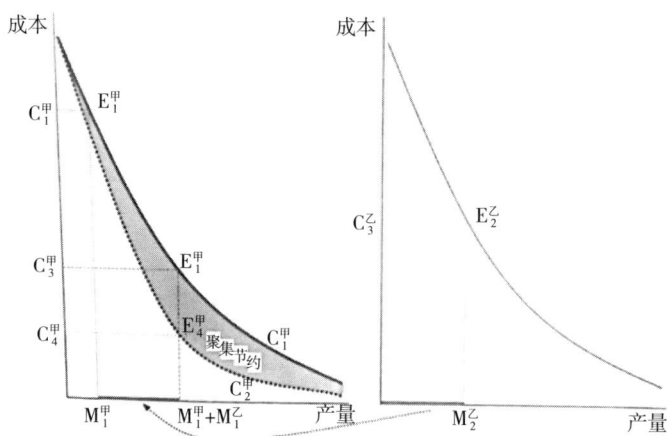

**图 3.1　京津冀大气污染治理聚集节约效应图**

京津冀是较早开展区域一体化实践的地区,三地既有共同的利益追求也有利益分歧,长期以来在发展中的暗中角力使得合作效果有所消减。因此,区域一体化不仅体现在经济合作上,也应当体现在解决经济发展所引发的环境问题上。京津冀地区共处华北平原,天然地被秦岭—淮河、太行山脉、渤海湾划分成一个地理上的共同体,由于大气污染的流动性和区域性,三地中任何一方在环境治理上都无法独善其身。同样,在大气污染的立法工作中,如前期的调研、论证等,亦有许多重合之处,如能打破行政区划的藩篱,

---

① 吴志功:《京津冀雾霾治理一体化研究》,科学出版社 2015 年版,第 124 页。

整合立法资源,势必会起到降低立法成本、提高立法效率、增强立法科学性等积极影响。

3. 自组织理论

自组织理论的创立建立在自然科学领域的一些发现之上,如 1900 年的贝纳德对流花样、1960 年激光器内粒子的有序运动、生物胚胎的发育过程等。依据该理论创始人哈肯的"协同学"学说,自组织是指在演化过程中,如若系统在没有外部因素干扰或影响的情况下,其内部各成员就会出现时间、空间或功能上的联合行动,通过协调运作最终形成有序的、新的、活的结构。① 这一理论一经提出就被迅速应用到物理学、化学、生物学、地质学、军事学等诸多领域,甚至形成了"耗散结构说""协同说""突变说"和"超循环论"等几个著名的子理论,后来一些社会科学研究人员将之引入到经济、城市规划等领域。我国学者王春业将其应用到区域立法协作的论证中,他认为区域发展中的自组织现象有如下表现:该区域是一个相对开放的系统;偏离平衡的状态在该区域出现;该区域同时也具有非线性的特点,进而得出结论:我国加强区域法制建设必须加强协同,应当用自组织的规律指导区域法制的发展。②

从京津冀区域的实际情况来看,首先是符合自组织系统开放性特征,京津冀地理上相互毗邻,文化上同根同源,经济上往来密切,具有组织上的群体性;并且三地共处太行山以东、秦岭—淮河一线以北的华北平原,具有空间上的相对排他性;京津冀作为北方

---

① 王春业:《自组织理论视角下的区域立法协作》,《法商研究》2015 年第 6 期。

② 王春业:《区域合作背景下地方联合立法研究》,中国经济出版社 2014 年版,第 55—64 页。

的经济文化中心,辐射范围极广,具备对外联系的开放性;此外,北京和天津分别以其作为首都的政治中心地位和作为北方对外开放核心区的经济优势,对于整个区域形成了强大的凝聚力和向心力,使得该区域具备内部依赖性,成为一个相对独立、统一且开放的体系。其次,京津冀地区经过多年的发展早已具备非平衡状态,此处的非平衡不仅指结果和现状上的差异,更是指过程意义上的流动和交换,三地在市场、交通、信息、人才、生态环境等诸多方面都有广泛的交流,并呈现密不可分的趋势,亦是符合自组织体系非平衡的特征。最后,京津冀地区包含三个独立的省(直辖市)级行政单位,依据《立法法》拥有立法权的主体也远高于三个,各地方经济交融、产业互补、生态相依,既有巨大的共同利益,也有潜在矛盾,区域发展受诸多因素影响,显然满足自组织体系非线性的特征。因此,自组织理论可以应用到京津冀区域治理中,也可以应用到区域污染治理的立法协作中。

### 4. 立法协商理论

立法协商是近年来在我国才兴起的,2012年"健全社会主义协商民主"首次出现在中共十八大报告中;一年后的十八届三中全会上,立法协商被明确为协商民主的五种形式之一,并且从工作方法上升为制度化发展的高度;2015年全面推进依法治国的指导思想更是明确提出"健全立法机关和社会公众沟通机制,开展立法协商"。此后立法协商理论成为学术界研究的热点,但是国内的研究既滞后于立法实践,也不及国外研究系统化。国外学者哈贝马斯、科恩和罗尔斯等人分别基于"商谈制度形式""参与范围"和"公共理性观念"的角度对如何突破传统议会民主形式、加强意见表达进行了论证,但是他们的讨论并未涉及概念界定。但我国有学者将"协商"分为"consultation""deliberation"和"negotiation"

三个层面进行了研究,①结合中共中央印发的文件及实践中中央、地方立法机关的做法,可以总结出,我国的立法协商是以人民代表大会为主导的立法主体为了提升立法过程和结果的民主性、科学性,在立法活动中与社会各界进行沟通、研究、协商并征求意见的行为。

　　我国立法协商领域,学术研究落后于实践活动,最早的立法协商可追溯到 2000 年,福建省制定了规范性文件对省内立法协商工作进行规定,并得到迅速落实。在环境污染治理领域,《北京市大气污染防治条例》的制定过程中就有此类实践,草案根据与会政协委员的提议,修改了多达 83 处,立法协商的优势得到充分发挥。反观京津冀大气污染防治的一体化立法,其范围涉及一省两市,区域内拥有地方立法权的主体多达 14 个,环境立法事项属于中央高度关注的重点领域,涉及环境保护、生态资源、交通、城市规划等各个专业领域,其间需要进行协调的府际利益之复杂亦是空前的。因此,立法协商的理念对于京津冀大气污染治理的一体化立法既有理论指导意义,也具有实践借鉴意义。

　　(二)选择联合立法模式具有现实基础

　　1.国家现行立法体制为联合立法留有改革空间

　　根据我国《宪法》、2015 年 3 月修订的《立法法》和 2015 年 9 月修订的《地方组织法》的规定,我国国家立法权由最高国家权力机关全国人大及其常设机构行使,其制定的法律位阶仅次于《宪法》;国务院作为中央政府被授予制定行政法规的权力,其下属部门被授予制定部门规章的权力,但文本内容均不得与《宪法》和法

---

① 朱志昊:《论立法协商的概念、理论与类型》,《法制与社会发展》2015 年第 4 期。

律相抵触;上述中央机关的立法效力范围及于全国。同时,地方人民代表大会及其常委会和地方政府也享有一部分立法权,省级(包括自治区、直辖市)人民代表大会及其常委会根据本行政区内的实际情况可以制定地方性法规、规章,以实现对环境保护、城乡建设与管理、历史文化保护等事项进行规范的目的;但上述立法需满足与宪法、法律、行政法规等上位法相符合的前提条件。可见,地方立法权的行使范围是泾渭分明的,与联合立法有关的规定仅出现在新《立法法》第81条,即"涉及两个以上国务院部门职权范围的事项,应当提请国务院制定行政法规或者由国务院有关部门联合制定规章",地方立法机关并未被授予类似权力。

然而,依据《宪法》的有关规定,在处理地方和中央的立法关系上,要充分发挥地方的主动性和积极性。有观点主张既然《宪法》未禁止地方权力机关之间的联合立法,上述原则性规定即可成为联合立法的依据。笔者认为此观点并不可行,公权力是载入"正面清单"的,其行使应当遵循"法不授权即禁止"的原则,因此上述规定并不可以直接成为地方联合立法的直接依据。但是联合立法在现行体制下并不是完全不可行的,由于《宪法》第67条明确授权全国人大常委会负责解释宪法并监督宪法的实施,所以若要在维护法制统一的前提下使上述规定成为联合立法的依据,选择由全国人大常委会根据具体情况行使宪法解释权的方式较为妥当。此外,地方之间联合立法在我国历史上也是存在过的,民国时期的宪法第109条明确规定了"属于省级立法并执行的事项如有涉及两省及以上的,可由相关省联合为之"。因此,无论是从现实还是历史角度出发,无论是站在理论还是实践的立场,联合立法在我国是有其生存空间的。

### 2.京津冀协同发展为联合立法提供战略契机

京津冀区域合作可以说历史久远,学术界的研究最早可溯源至30余年前,京津冀三地就水资源问题在石家庄联合召开学术研讨会①,紧接着"大渤海地区"和"环渤海经济圈"的概念在1985年及1986年相继被提出。与此同时,时任天津市市长的李瑞环建议成立环渤海地区市长联席会。随着经济、社会的发展,2001年,学者吴良镛在其主持研究课题的基础上提出了"京津冀一体化"的构想。2004年,在发改委牵头的京津冀区域经济发展战略研讨会上,九省市达成《廊坊共识》,确定一体化的发展思路。此后十年间,三地政府签署不少备忘录、合作协议等,拟加强区域内经济发展、基础设施建设、生态环境保护等领域的合作②,但是由于种种原因,此时的合作收效并不显著,甚至连国家主导编制的《京津冀都市圈区域规划》也未能公布。

然而,近年来我国享受了"压缩时空"式发展带来的成果,与此同时,诸如环境污染失控、生态资源失衡等弊病也接踵而至,环境因素成为加快京津冀协同发展的一剂强有力的催化剂。自2013年以来,京津冀协同发展得到中央高度重视,2014年更是被上升为国家重大战略,中央制定的《京津冀协同发展规划纲要》(以下简称《京津冀纲要》)也同步推出。随即,三地为贯彻该文件,也分别制定了本地区的实施计划,至此,京津冀协同发展的顶层设计已经近乎完善。上述文件阐述了京津冀协同发展既包括

---

① 徐文德:《京津冀水资源问题学术讨论会在石家庄召开》,《水利学报》1983年第3期。

② 2008年河北省与天津市签订《关于加快经济与社会发展合作备忘录》,与北京市签订《关于进一步深化经济社会发展合作的会谈纪要》;2010年签署了《北京市—河北省合作框架协议》。

"硬件"一体化,也包括"软件"一体化,涉及交通、环保及产业升级等多领域、多层面的协同发展问题。但是,协同发展光靠行政力量的推进不现实,虽然《京津冀纲要》既有蓝图设计,又有发展目标和路径规划,但是行政力量协调的是经济社会发展的大方向,协同发展战略的稳步推进还应当重视市场的资源配置作用和法制的调节保障作用。规划虽然可以为协同发展创造良好的制度环境,但是协同发展实践中产生的问题和矛盾却需要具有强制执行力的刚性规范来解决,而法律正是协调府际利益、促进区域和谐发展的安全阀,只有地方立法实践与中央政策指导紧密配合,构建上下联动的合理机制,才能为京津冀协同发展提供有效的保障。因此,《京津冀纲要》的推行客观上既需要地方立法的保障,同时也为发挥地方立法的主观能动性、"法治建设先导区域"的实践探索创造了良好条件。

3. 全面深化改革、全面依法治国为联合立法提供政治基础

依法治国,即在党的领导下依据法律治理国家、行使权力、管理社会公共事务,是我国的基本方略,1999 年被写入《宪法》并成为基本原则。随着法治建设的不断深入,依法治国理念也不断发展,习近平总书记在党的十八届四中全会报告中提出,全面推进依法治国应当重视发挥立法的先导作用,坚持立法先行,使社会重大改革于法有据。报告还明确指出应当完善立法体制,加强党的领导,坚持科学立法、民主立法,加强重点领域立法。

京津冀区域大气污染治理不仅是国家环境污染治理的重点区域,更关乎经济发展转型、行政壁垒破除、生态资源保护等多个方面,为了使协同发展目标顺利实现,保障改革平稳渡过深水区,必须在全面依法治国思想的指导下,率先打开立法的突破口,通过设计科学合理的机制突破行政区划的限制,有效协调府际利益,推动

大气污染治理目标的顺利完成。在这个过程中,三地联合立法不仅有利于发挥有立法权的人民代表大会在地方立法工作中的主导地位,更能在体制机制和工作程序上避免部门利益和地方保护主义。此外,生态文明建设是改革与发展的重点领域,加快建立健全环境治理、生态保护法律制度,完善大气、水、土污染治理和生态补偿的法律法规,亦符合全面依法治国战略部署。因此,京津冀地区大气污染治理的联合立法已具备良好的政治基础。

4. 京津冀地区发展水平为联合立法提供经济保障

随着市场经济在我国的不断发展,传统经济发展格局逐步瓦解,在一些地缘相近、贸易互动频繁的地区,行政区划的壁垒日渐消融,尤其是在中央政策的引导下,区域经济一体化程度不断加深,京津冀地区亦是其中典型。但是与发展更为均衡的长三角和珠三角相比,京津冀区域起步较晚、内部落差较大,以 2014 年为例,在人均财政收入这一项上,河北仅为北京的 1/6、天津的 1/5;河北省城镇人均可支配收入仅为北京的 55%、天津的 77%;农村人均纯收入则仅为北京的半数和天津的六成。为缩小区域内部社会发展差异、推动京津冀协同发展更进一步,中央出台了《京津冀纲要》,提出在思维上突破"一亩三分地"的局限,围绕三地不同的功能定位,在交通、环境、产业和民生等重点领域率先进行协同。2016 年,北京市分别对津、冀企业转移投资总额高达 2039 亿元,较两年前增长 3.4 倍,三年来累计投资超 4000 亿[1];产业升级和区域性交易市场的调整也同步进行,工信部会同三地政府于 2015年出台《产业转移指南》。此外,交通一体化建设成果斐然,已成

---

[1]　鲍聪颖、高星:《北京对津冀投资三年超四千亿》,http://bj.people.com.cn/n2/2017/0218/c82837-29733710.html,查询日期:2017 年 12 月 28 日。

为协同发展的优势领域,其城际铁路网规划亦得到了发改委的批复,"一小时经济圈"初具规模。在环保领域,随着联合防治项目的逐步推进,空气质量有所好转,PM$_{2.5}$指标稳步下降。

上述京津冀地区一体化的最新进展,是中央政策规划指导和地方体制机制不断创新共同作用的结果。经济基础决定上层建筑,而上层建筑又反过来作用于经济发展,社会的发展进步也是在这样的循环中不断实现螺旋式上升。可以说,京津冀目前协同发展水平为制度创新创造了良好的经济软环境,这既是联合立法的出发点,也是其落脚点。

## 第三节　京津冀大气污染治理联合立法模式的核心目标

### 一、设立京津冀大气污染治理联合立法试验区

通过创新型的联合立法试验区构建,推动独具特色的京津冀大气污染治理区域联合立法模式形成,是本书重点探讨的问题之一。所谓联合立法试验区其实是一种创新提法,其并非像自由贸易试验区、经济开发区、综合保税区等经贸园区一样要形成一个实体的区域和机构,而是在区域一体化立法领域做出开拓性创新、具有引领制度作用的法治试验性区域,本质上是我国地方立法体系的一部分。遵循中央立法的权威、与上位法保持高度一致,在现有立法权限范围内,灵活应用地方人大立法权限,实现高水平区域立法协同,即走向联合立法的实验区域。当然,这一创新制度举措并非凭空臆造,其设立基础来源于我国多年立法实践经验积累,特别是党的十八大以来获得的立法实践成果。同时,世界范围内形成的区域一体化立法的现实经验,也成为联合立法试验区制度创新

的重要经验借鉴和理论渊源。

（一）区域治理理论的引入和贯彻需要联合立法试验区建制

区域治理理论作为新的治理模式得到了世界范围内的广泛探讨，其在环境法领域也产生了重要影响，其主要原因之一就在于提出了区域整体理念和合作理念，推崇区域性的工作安排和制度建设。区域治理（Regional Governance）的核心观点是为实现最大化区域公共利益，由政府、社会组织、公众及其他利益相关者通过协商、谈判及合作等方式对区域公共事务进行集体决策和共同行动。① 大气污染防治本质上属于社会公共事务治理，无疑可以运用区域治理理论进行指导，那么在区域治理理论指导下，设立京津冀大气污染治理联合立法试验区则属其题中之义。首先，区域治理理论要求参与主体的多元性，尤其是公众有效参与程度已成为衡量主体多元性的重要指标，现阶段通过大气污染治理联合立法试验区来拓展公众在立法方面的参与范围和程度，无疑有利于保护公众环境知情权、参与权、决策权等权益，同时也有助于政府角色定位从垄断公共事务的管理者向服务者、参与者过渡，公共机构、私人主体也可以更好地发挥积极作用，参与到公共事务管理当中。另外，区域治理理论对内部结构网络性也有要求，明确区域治理主体应有横向纵向权利义务关系和事权划分，以更有效发挥地方政府区域治理的积极性②，但鉴于目前京津冀地方政府合作的基本动力来源主要为中央政府推动，而地方政府主动进行区域合作的积极性较弱，导致京津冀区域治理仍未脱离自上而下的垂直

---

① 陈耀：《"十三五"时期我国区域发展政策的几点思考》，《区域经济评论》2015 年第 1 期。

② 崔晶、孙伟：《区域大气污染协同治理视角下的府际事权划分问题研究》，《中国行政管理》2014 年第 9 期。

领导模式和博弈规则,因此若从治理主体结构的安排上来讲,区域治理理论也需要一个全新建制的联合立法试验区予以试验和推动。

(二)开展大气污染区域化联合治理是国际社会共通经验

大气污染防治需要制度上的顶层设计与制度保障,并注重中央立法与地方立法相结合的立法策略。英国、美国等发达国家无不注重通过制定法规来构建大气污染防治一体化法律体系,且美国通过划定大气污染控制区的方式在大气污染治理方面成效卓著。此外,欧盟、东盟等区域性国际组织采取国际法与国内法相结合的制度设计来治理大气污染的成功经验也值得借鉴。京津冀地区大气污染从形成机制、后续影响来看,都存在着相互耦合、彼此影响的特征,基于这一认识,我国环境保护部于 2013 年 9 月发布的《大气污染防治行动计划》中多处提到长三角地区、珠三角地区和京津冀地区,且在细颗粒物浓度测算、污染治理设施建设与改造、建立区域协作机制、建立监测预警体系,以及重污染天气应急响应体系等方面都是以区域为主体的。基于此,京津冀、长三角、珠三角等区域要建立健全区域、省市联动的重污染天气应急响应体系,只有通过立法上的区域一体化策略,才能为这些地区的大气污染防治提供强有力的制度保障。

(三)我国自贸区创新型立法经验激励创建联合立法试验区

在我国对外开放和发展过程中,自由贸易试验区的设立是"国家综合配套改革试验区"的重要组成部分,自由贸易园区、边境互市、保税物流区、高新技术园区、经济技术区等共同成为新时期、新的历史条件下国家深化改革开放的法制突破口。当前,中国的自贸区制度已成为集成多项功能的"立法试验田",其立法创新成果和经验丰硕、显著,值得我们关注和学习。

首先,自贸区出现了全国人大常委会授权国务院"暂时调整法律规定"的立法模式。2013年8月30日,全国人大常委会做出《关于授权国务院在中国(上海)自由贸易试验区暂时调整有关法律规定的行政审批的决定》,授权国务院在上海自贸区范围内,就国家规定实施准入特别管理措施之外的外商投资,暂时调整"三资企业法"所规定的行政审批事项,将审批改为备案制。① 自此,全国人大常委会授权国务院"暂时调整法律规定"的方法随后分别纵向和横向发展,渗透到多个改革领域。其次,自2017年以来,建立自由贸易试验区的各个省份(直辖市)向自由贸易试验区下放省级管理权限,成为一种新的法律现象。早在2017年8月28日,河南省人民政府发布《关于中国(河南)自由贸易试验区实施第一批省级经济社会管理权限的决定》,向中国(河南)自由贸易试验区下放108项省级行政许可事项、204项省级行政处罚事项、57项省级行政检查事项、行政确认事项和其他职权事项下放自由贸易试验区各片区管委会或有关部门实施,86项省级行政检查事项、行政确认事项和其他职权事项委托自由贸易试验区各片区管委会实施。② 2018年8月28日,广东省人民政府公布《深化中国(广东)自由贸易试验区制度创新实施意见》,在用电、报关、医疗准入、粤、港、澳三地制度对接、法律等二十个领域向广东自贸区下放省级经济管理权限;2019年2月22日,广东省人民政府再次印

① 详见全国人大常委会:《全国人民代表大会常务委员会〈关于授权国务院在中国(上海)自由贸易试验区暂时调整有关法律规定的行政审批的决定〉》,《司法业务文选》2013年第31期。
② 河南省人民政府:《河南省人民政府〈关于中国(河南)自由贸易试验区实施第一批省级经济社会管理权限的决定〉》,https://www.henan.gov.cn/2017/09-12/239786.html,查询日期:2019年7月21日。

发《支持自由贸易试验区深化改革创新若干措施分工方案的通知》,下放更多省级、国家级权限,以支持广东自贸试验区在关键领域的先行先试改革。① 2019 年 7 月 3 日,国务院常务会议明确要求相关省市加大向自贸试验区下放以投资审批、市场准入为代表的省级管理权限力度。②

2015 年 3 月 15 日修正的《立法法》第 13 条规定:"全国人民代表大会及其常务委员会可以根据改革发展的需要,决定就行政管理等领域的特定事项授权在一定期限内在部分地方暂时调整或者暂时停止适用法律的部分规定。"该规定是《立法法》从基本法的层面对自由贸易试验区试验性立法的合法性证成和最有利立法支持。因此可以说,由中国自由贸易试验区所引领的自贸区立法创新推广模式,已经将中国地方立法带入新的历史发展阶段。

## 二、制定京津冀大气污染治理联合立法

制定京津冀大气污染治理联合立法是联合立法试验区的主要工作内容和功能目标。由于传统的地方立法体制难以解决跨省性沟通事项,因此京津冀通过此次联合立法试验区的设立来推动三地大气污染防治综合性地方法规的制定势在必行。尽管京津冀三地已经颁布了各自的大气污染防治条例,但是,这些立法一方面由于过多复制《大气污染防治法》、缺乏特色

---

① 参见张莹:《自贸区获省级经济管理权限》,《深圳商报》2018 年 8 月 29 日第 A02 版;张莹:《粤自贸区将享更多省级国家级权限》,《深圳商报》2019 年 2 月 23 日第 A05 版。
② 国务院:《赋予自贸区更大改革自主权 新增一批跨境电商试点》,《21 世纪经济报道》2019 年 7 月 4 日第 1 版。

而备受诟病;另一方面,即使出现趋同化也难以改变各自为政的局面,这些条例标准不一,很难达到步调一致、共同防治的效果。

尽管本次《立法法》的修订较为保守,并未赋予地方联合立法的权力,但由于当前最高立法机关全国人大工作部门已经开始允许一些地方先行先试联合立法,因此可由地方立法机关共同调研、协商、论证、起草和发布地方性法规,将该法规的效力范围适用于京津冀全境。该联合立法较中央最高立法机关出台区域一体化大气污染防治法更为可行,其优势在于:第一,防止立法资源的浪费,避免全国人大常委会在《大气污染防治法》之外再出台区域性大气污染防治法的"重复立法"问题。第二,地方立法机关更加熟悉和了解本地区的实际,能制定出更具针对性和可操作性的防治措施,出台比国家标准更加严格的标准。第三,联合立法只是通过地方平级立法机关的协商和配合进行制度创新,通过妥协形成地方共识,切实强化防治能力,进而有效推进区域一体化的法制进程。

总体来讲,京津冀大气污染治理联合立法的核心内容主要包含四个方面:

其一,设立"京津冀地区大气质量管控区"及其执行机构。第十二届全国人大常委会第十六次会议于2015年8月29日修订通过、2016年1月1日起施行的《大气污染防治法》对重点区域大气污染联合防治做出具体规定,明确国务院环境保护部门有权划定国家大气污染防治重点区域并报国务院批准,而且明确重点区域内有关省、自治区、直辖市人民政府应牵头地方人民政府定期召开联席会议,开展大气污染联合防治工作,同时有权划定本行政区域内的大气污染防治重点区域。然而,该法的不足之处体现在其尚未突破区域一体化立法治理的瓶颈。作为大气污染防治领域的区域综合法,应就区域一体化大气污染治理做出规定,笔者建议新《大气污染防治法》增加在京津冀、珠三角、长三角等区域设立地区大气质量管控区,这是发达工业化国家的普遍经验。该管控区作为公法人,应具有较大的环保标准制定、大气污染监测、信息分享、执法协调、联合调度等权力,可以在区域范围内配置资源,进行大气污染的联防联控。区域一体化综合法应授权成立"京津冀区域大气污染防控委员会"作为执行机构,同时作为三地行政机关的议事协调机构,立法应明确该机构的权责。在委员会、企业及公众三元治理机制中,委员会承担本区域顶层设计、法制建设和环境监管的责任;企业应承担执行环保法规、绿色生产和经营等责任;公众则响应区域协调机构倡导的低碳生活,对区域协调机构、政府及企业依法进行监督。

其二,建立以市场为基础的区域一体化大气污染治理体系。我国当前大气污染的相关法律制度大多数采用行政手段防治大气污染,实际效果并不理想。在京津冀大气污染防治区域一体化综合法的制定上必须利用市场激励机制来实现,这是防治大气污染的一个重要法律突破。目前北京环境交易所碳交易中心、天津排放权交易所两个碳排放权交易市场均于 2014 年开始试点,京津冀晋蒙鲁六省区市同时签订了跨区域碳排放权交易合作研究协议。在 2014 年 12 月 18 日,北京市与河北承德市就正式启动全国首个跨区域碳排放权交易试点,实行总量控制下的配额交易机制,产品包括碳排放配额与经审定的碳减排量(包括核证自愿减排量、节能项目与林业碳汇项目产生的碳减排量),承德市与北京市采取了相同的配额计算方法,构建了两地的配额分配协调机制,并且在实施配额拍卖与回购过程中综合考虑两地经济发展水平之差异,以共同协商的方式推进。① 但由于"顶层设计"的不足,该市场存在配额分配不够明晰、因经济发展不平衡导致河北省的企业购买积极性不足等问题。② 因此,未来京津冀三地统一碳市场应在一体化制度构架下顺利推进,即一方面要对接北京、天津两个碳市场,进行跨区域交易;另一方面也要进一步扩大现有的北京、河北承德跨区域碳排放交易试点的规模和范围,早日实现在京津冀区域一体化碳市场的形成。

其三,建立大数据时代公众参与的大气污染防治模式。大数据时代为环境监测与执法提供了更加科学有效的数据支撑。大数据分析分为储存层面的分析、商业情报层面的分析和重大规模层面的分析三类。③ 大数据的各类分析在未来的大气污染环境检测治理中将发挥非常重要的作用,它能够使得三地将空气监测和政府信息公开、智慧城市建设等机制相结合,及时、透明地发布空气质量指数,科学、合理地获取、统筹和分配数据,然后采取协调一体的治理策略。

其四,构建大气污染的司法救济与惩处协调机制。京津冀大气污染治理区域一体化综合法应与当前现有的法律救济体系接轨和配合,使之形成科学合理的有机体。具体来说,应做到:首先,应明确环境权为公民的基本权利,并将其内容具体化,保障区域内公

① 参见李巍:《京冀试点跨区域碳排放权交易——承德千松坝林场和6家水泥企业"尝鲜"》,《河北日报》2014年12月19日第02版。可参见《承德作为试点与北京市启动跨区碳排放权交易》,《燕赵都市报》2014年12月20日第05版。
② 陈阳:《京冀跨区域碳交易为何踌躇不前》,《中国经济导报》2015年2月7日第C01版。
③ Min Chen, Shiwen Mao, Yin Zhang, Victor C. M. Leung, *Big Data*: *Related Technologies*, *Challenges and Future Prospects*, Springer, 2014, pp.55-56.

众对防治大气污染的预案参与、过程参与及行为参与。其次,转变以行政手段为主的治霾方式,建立以经济、市场手段为主的治霾新机制。最后,在司法中完善环境陪审员和环境案件听证会制度,积极发展京津冀区域冲突法,构建区域环境公益诉讼、集团诉讼支持体系。

# 第四章 设立京津冀大气污染治理联合立法试验区的构想

在区域一体化发展战略下,京津冀在大气污染治理问题上采取联合立法模式的主要原因之一,就是通过集中、统一、迅捷的联合工作机制来解决现有区域法制实践中的各自为政问题,但从我国目前的立法实况来看,这种一体化立法模式还很年轻,实践经验尚显不足,因此以京津冀为区域试点、设立一个专门的大气污染治理联合立法试验区来推动京津冀,甚至整个中国区域大气污染治理联合立法模式的发展和创新实有必要。

## 第一节 京津冀大气污染治理联合立法试验区的功能与构建意义

实际上,在中国的社会治理实践中通过试验区来推行新政策、新规范的管理模式已很常见,但本研究所提出的京津冀大气污染治理联合立法试验区又与以往不同,它不是一个检验立法的试验区,而是一个关于立法的试验区,其主要目标在于通过试验区内的新组织、新举措来推动区域联合立法工作的进行。换句话讲,就是通过试验区内的立法工作协调、立法活动过程及立法结果反馈来满足京津冀在大气污染治理领域的立法需求,使试验区形成的联合立法成果能够真正发挥大气污染治理效用,惠及京津冀人民。

## 一、京津冀大气污染治理联合立法试验区的主要功能

(一)完善机构设置,加快制定京津冀大气污染治理联合立法

京津冀大气污染治理联合立法试验区的第一大功能目标就是完善三地现行立法组织体系,通过完备、专业的组织机构来协调推进联合立法文件的制定及相关立法工作的开展。如果说联合立法工作是一项复杂的立法工程,那么专业的组织机构就是这项工程的建造者,没有建造者的工程,再伟大的设计也只能是停留在图纸上的蓝色构想。当前在区域大气污染问题的解决上,京津冀还并未形成统一、专门的组织机构体系来专项处理该类问题,三地基于不同的发展需要和利益诉求形成了"各家自扫门前雪"的管理模式,各地方立法间的差异、冲突问题较为突出和棘手,如若在缺乏统一、权威的组织机构体系来进行工作推进的情况下,很难制定出相互协同、契合的一致性立法。基于此,京津冀大气污染治理联合立法试验区的设立便为三地提供了这样一个组织机构完善设置的契机,在试验区内,将由专门的组织机构形成一套统一的组织体系,集中处理和解决大气污染治理联合立法工作中的阻碍与冲突。这套组织体系包括信息整合机构、工作协调机构、权力决策机构、法案执行机构、立法监督机构等,各机构分工协作、各司其职,协调、高效地推动联合立法工作的进行,为京津冀地区开展联合立法实践工作提供有效的组织保障。

(二)明确权责划分,有效协调京津冀联合立法工作安排

为推进联合立法文件的制定和实施,更高水平的责任权限划分工作也迫在眉睫。当前我国在大气污染治理方面,因缺乏区域协同治理的上位法规定,所以各地方政府包括京津冀三地政府在

内都本着只对各自行政区域内空气质量负责的原则,只注重辖区内的立法防治工作,并不真正关注区域性大气立法协调问题,导致"联防联控"的口号总是提得多、落实得少,扩散性、流动性的大气污染总是"屡治屡重"。因此,京津冀大气污染治理联合立法试验区将在现行"政府主导、行业参与"工作机制的基础上,以"责任承担"为导向重新分配相关部门及人员的工作任务和职权,不断完善试验区内的责任划分和责任追究制度,明确各地方、各部门、各单位及人员的职责权限,使其权利与义务相统一,减少工作过程中的相互推诿或不作为、不承担现象;同时改变过去仅靠政府单一评估的地方立法纠错机制,吸纳立法机构、行政机关、非政府组织、社会公众、专业机构等多元主体参与到联合立法过程中,对立法活动进行监督考核,形成立法、执法、司法及社会资源相协同的新型工作机制,通过明确的权责分配制度有效推动联合立法工作的高效运行,进而实现区域大气污染防治工作的协同化、制度化和长效化,最终达到提高整个京津冀地区空气质量的目标。

(三)整合资源配置,尽早形成京津冀立法、执法、司法一体化格局

京津冀大气污染联合立法试验区设立的另一大主要功能即在于通过科学、合理、紧密的资源整合安排,实现联防联控,加速推进三地法制建设的协同发展,进而保障联合立法成果的顺利实施。虽然自《京津冀协同发展规划纲要》出台后,京津冀地区在很多环境污染治理项目中已打破各自为政的模式,但就大气污染治理问题的协同上,现有松散的政府联席会议工作机制仍然不能满足实际需要。近年来,三地曾先后多次召开以大气污染防治为主题的多部门联席会议,就联合执法、监督处罚等问题展开专项讨论,但遗憾的是,会议大多以达成一般性的目标共识而告终,很少在实操

层面真正对法律实施和大气污染治理起到积极效用,仅凭行政力量的协调并无法有效地规范行为和调整关系,治污效果依然难以保障。但反观也是国家重点区域的长三角地区,其采取的多领域区域协同机制如各市级领导组织的政企会商机制、省级主管领导主持的治污项目定期会谈机制、行业合作机制等,则在实践中发挥了重要的资源整合效用,近年来的长三角地区治污工作已卓有成效。①　相比之下,目前京津冀地区在立法、执法、司法以及社会资源的协同上还远不及长三角地区,三地的资源整合和联防联控力度亟须加强,因此,加紧设立京津冀大气污染治理联合立法试验区并在试验区内尽快完成三地法制资源的整合安排以及协同工作机制建设,是当前形势下对京津冀大气污染治理工作推进更为适宜和必要的举措。

（四）实施立法监督,全面检验京津冀大气污染治理联合立法效果

联合立法之后,随着社会经济、政治等情况的变迁,已经颁布的立法也应被适时审查和评估,并及时加以解释、修改或废除。对立法情况进行全面了解、加强立法监督,是区域性联合立法活动非常关键的一环,也是发现法律冲突、法律滞后、维护国家法制协调统一的重要手段。因此,京津冀大气污染联合立法试验区拟通过立法后的备案审查与评估制度来有效检验和监督联合立法公布后的实践效果,坚持从实际出发对大气污染区域联合立法的合法性、必要性、可行性及规范性进行评价,及时剔除"不适当"的法律规范,减少京津冀在大气污染领域的法律冲突或抵触现象,真正实现

---

① 　王娟、何昱:《京津冀区域环境协同治理立法机制探析》,《河北法学》2017年第7期。

三地法制的协调统一。概括来讲,试验区内的立法备案审查制度主要是指按照《立法法》第98条的规定将京津冀大气污染联合立法成果向上级主管部门备案,使中央政府和全国人大及其常委会实现对京津冀区域联合立法的监督,以避免该联合立法与国家上位法相冲突或抵触,确保联合立法符合国家整体立法规划,保障立法成果的合法性与有效性。同时,立法评估制度将与备案审查制度相配合,着重在事后对联合立法进行评价、监督,但监督主体不仅包括人大、政府部门等内部监督主体,还扩大至社会上的专业评估机构、社会团体、专家学者甚至包括普通公众在内的外部监督主体,各主体均有权通过恰当的评估方式有效反馈联合立法的真实效果,使联合立法在最大程度上实现科学、民主、公开、公正的立法目标。

## 二、京津冀大气污染治理联合立法试验区的构建意义

立法是一个复杂的问题,既要在形式上保证科学、民主、合法,也要在实质上保障公平、正义以及人的基本权利等,因此,立法工作的开展不仅要具备规范性,也要具备创新性,必须从客观实际出发,因时制宜、因地制宜地制定出符合客观实际情况和人民需求的法律。京津冀大气污染治理联合立法就是基于京津冀区域大气质量实况基础制定的针对性立法,也是在区域协同发展中的创新性立法,因此需要从人员、组织、制度、资源等多方面予以支持和保障,在这个意义上讲,京津冀大气污染治理联合立法试验区的设立是推动京津冀大气污染治理联合立法工作顺利进行的必备基础保障,对于京津冀三地法治协同发展,甚至对整个中国区域法治协调都具有重大的理论和现实意义。

## （一）为推动京津冀一体化协同发展提供优质法治环境

京津冀协同一体化发展需要重要的环境基础,不仅包括地理环境、资源环境、基础设施环境等硬环境,也包括文化环境、法治环境等软环境基础,且随着社会生活的复杂化和多样化,以法治环境为核心的社会软环境需求变得更为必要和迫切。但优质的法治环境通常以完备科学、公平正义、运行有效的法律法规体系为前提,且与社会文明进步和经济发展步调相一致,是为公民提供自由进行政治、经济、文化活动的平等竞争的社会空间。① 然而,审视京津冀协同发展目前所面临的法律制度供给现状,却与"优质"的法治环境程度相去甚远,尤其在大气污染立法防治方面。以三地对煤炭燃烧的规定为例,其中北京市明确规定了"禁止销售不符合标准的散煤及制品",居民住宅生活用煤应当为"符合标准的低硫优质煤",并且民用煤没有散煤这一项;但天津、河北则没有规定禁止居民使用散煤,而是分别对民用散煤的质量指标做出规范。② 这些立法上的冲突和差异直接反映了三地法制建设的不协调,无法为区域大气污染治理提供良好的法治环境基础,不利于区域环境问题的协同解决。因此,当前若京津冀大气污染治理联合立法试验区能够顺利设立、运行,将对京津冀地区法治环境提升起到重要推动作用,试验区内三地立法、司法、行政及社会资源的共同协作,以及立法信息共享和交流、立法程序规范安排、立法后备案评估等工作机制的建设、实施,不仅可以为制定出公正、统一、协调的联合立法规范奠定基础,还可以同时减少京津冀三地在立法合作

---

① 王云龙、王鸿举:《西部大开发重庆法治环境研究》,重庆出版社 2001 年版,第 54 页。

② 孟庆瑜:《论京津冀协同发展的立法保障》,《学习与探索》2017 年第 10 期。

过程中出现的利益纠纷和矛盾,真正在实践上促进京津冀区域一体化的快速发展,为三地建设优质、健康的区域法治环境提供可靠保障。

(二)为推动大气污染联防联控工作提供引领示范

从生态环境保护的角度讲,京津冀大气污染治理联合立法试验区的设立不仅对京津冀地区内的大气环境保护有重要意义,对于全国其他地区的大气污染治理联防联控工作也具有突出的引领示范作用。实际上,联防联控治理区域大气污染的方法早在十年前就受到全国各地区的重视:2008 年北京奥运会期间,京津冀地区便共同对区域内大气环境质量变化进行了监测和预报,且工作效果显著;而后,长三角、珠三角、东北三省等区域相继在世博会、亚运会、冬奥会等重大历史事件期间建立了大气污染联合防控机制,其措施与尝试都曾在特定时期对区域大气环境质量的改善起到过重要作用。[①] 但存在的问题是,这种"非立法"型的行政式协作并不具备长效治理效果,特定时期过后,治理监管放松、污染问题又滋生出来。因此,实践表明,只有并入法治化轨道的联防联控措施才能真正承担起改善区域空气质量的重任,也只有区域一体化立法才能真正推进联防联控工作机制的开展和运行。然而,截至当前我国尚未形成一部真正意义上的区域一体化立法,各地也仍在不断探求区域一体化立法的恰当模式。在这样的现实背景下,京津冀率先设立大气污染治理联合立法试验区和出台京津冀大气污染治理联合立法可谓意义重大,首先从理论上讲,联合立法模式的提出为全国区域性大气污染治理提供了创新性的协同立法

---

① 余俊:《大气污染治理中区域协同立法的问题》,《环境保护》2018 年第 19 期。

理念,使区域一体化立法模式的外延得到了拓展和丰富;更为重要的是,在功能层面上联合立法试验区内的组织机构设置、资源整合配置、立法程序安排等工作机制也为其他地区的大气污染联防联控工作提供了宝贵的实践经验,联合立法试验区不仅可以作为新型区域大气污染防治立法的"孵化地",也可以用作立法效果的"检验器",是在缺少理论和实践经验的背景下进行区域大气污染防治立法工作推进和立法成果检验的必要平台,具备较强的先进性、创新性和示范效用。

（三）为推动区域一体化立法模式创新提供经验借鉴

尽管当前区域协同立法已成为实施依法治国基本方略、推进法治中国建设的有机组成部分,但其方法和模式仍然处于摸索试验阶段,在这样的法治建设背景下,京津冀大气污染治理联合立法试验区的设立因其所处的特殊地理位置和政治经济水平,相较于长三角、珠三角以及东北三省等国内其他区域的发展,被赋予了更为特殊的时代意义和战略地位,可以这样总结:联合立法试验区是推动京津冀区域经济快速增长、产业结构优化升级的主力"发动机",是促进三地区域法治改革,尤其是立法改革与创新的重要"试验基地",也是我国实现区域经济、法治、环境、文化协同发展和可持续发展的重要"示范者"。同时,京津冀大气污染治理联合立法试验区相较于欧洲、美洲国家间的或者州际间的区域协作治理措施,还具有自己鲜明的机制特色和功能特点,首先通过在大气污染治理领域的联合立法,引领和推动该地区其他领域的法治工作改革,明确区域内各地方之间的权利义务关系,从区域经济、社会和环境发展的实际需要出发建立必要的组织机构与工作平台,确立合理、明确的区域分工与责任承担机制,然后再把这些科学的区域治理理念、模式和工作机制固化下来,使之规范化、制度化、常态化、长效化，从而在深层上推动区域协同一体化的发展，使区域内部在经济、政治、文化等各领域实现协调与统一。尽管联合立法试验区目前仅在京津冀地区规划设立，但试验区内的每一项工作进展都是对我国区域协调立法模式与内容的丰富和发展，也必将是对我国区域法治实践和理论探索的重大创新。

（四）为推动区域治理理论实践提供案例支撑

区域治理理念是在 20 世纪 80 年代全球化国际环境变革影响下兴起的治理理论，后经多次理论变革被归入新区域主义范畴，是指政府、社会组织、企业、公民及其他利益相关者为实现最大化区域公共利益，通过协商、谈判、合作等方式对区域公共事务进行集体行动的过程。① 换言之，区域治理理论提倡由国家与公民、市场与公共领域共同行动、共同承担责任的公共事务处理方式，而大气污染防治本质上属于社会公共事务治理，那么理论上也可以运用区域治理理论进行指导，但实践上是否可行，仍需进一步的数据支撑。显然，当前京津冀大气污染治理联合立法试验区的设立便是这一理论成果的最佳案例证明。作为"试验基地"，联合立法试验区通过建立不限于政府行政部门的多元主体参与的社会合作网络，通过多元治理手段、以合作性集体行动来应对环境污染等可持续发展区域公共问题，②在多方位、多角度的工作安排上体现了区域治理理论的思路和主张，使大气污染治理工作真正从"管理"向"治理"，从"单个""统一"治理向"区域一体化"治理方向转变。另外，联合立法试验区也十分注重地方政府与地方人大的关系协

---

① 陈耀：《"十三五"时期我国区域发展政策的几点思考》，《区域经济评论》2015 年第 1 期。

② 马海龙：《京津冀区域治理协调机制与模式》，东南大学出版社 2014 年版，第 23 页。

调,虽然试验区内的人大部门仍是联合立法的主体和决策机构,但本次联合立法也未忽视人大与政府部门的协同工作进行,实际上行政部门一直处于大气污染治理工作的第一线,对于实践中的问题了解和把握得更为透彻,更明白什么样的制度安排有利于问题解决,因此行政部门的意见对于试验区的联合立法工作开展也影响颇深,这种协调性的工作安排便是按照区域治理理论的要求而开展的,以期通过科学的区域治理理念指导真正促进京津冀协同一体化发展向更深层次推进,确保京津冀协同发展规划的有效落实。

## 第二节　设立京津冀大气污染治理联合立法试验区的组织保障

区域联合立法模式的选定为京津冀大气污染区域一体化治理提供了方向性的指引,但其具体贯彻落实尚需可靠的组织机构予以保障,科学、合理的组织机构安排是联合立法试验区构建和立法文件制定的基础保障。

### 一、构建京津冀大气污染治理立法信息交流平台

区域联合立法工作能否在立法试验区内有效开展,其实与相关立法信息可否在三地内实现准确、无碍、迅捷的传播与共享密切相关,在大数据时代"信息"已成为法律政策制定的前提和基础。尽管在 2015 年《京津冀协同发展规划纲要》出台后,京津冀已在政务信息互通互享方面有所建树,但针对立法信息的交流还是不够充分,关于大气污染治理方面的立法更是各行其是,三地法规之间差异冲突明显,立法协同性明显不足。当前解决这些问题的一

个有效措施就是搭建一个专门的大气污染治理立法信息交流平台,就三地联合立法事宜进行交流和沟通,通过平台高效、便捷的信息获取和传递机制来加强联合立法工作中的交流协作,消除立法实务中的信息不对称、误解和冲突,真正实现立法工作的相互联通,确保最终立法的权威性、科学性和一致认可度。具体而言,可由三地政府的环保行政部门工作人员共同成立联合立法信息协调小组,并由该小组负责构建、运行和维护京津冀大气污染立法信息交流网络平台,以形成试验区内的立法信息汇集和交流中心。在信息内容上,平台汇集和发布的信息范围包括:试验区立法协调机关及三地人大、政府等部门已公布且现行有效的大气污染治理立法政策文件,制定的未来五年内立法规划及进度情况,相近或相关立法项目的制定进展情况及文本一致性情况,或已启动的联合立法项目动态情况,以及与大气污染治理立法相关的国内外立法经验、立法政策或动态等信息。立法信息协调小组负责搜集、整理、汇总和更新、修正平台信息,并定期向试验区立法机关报告和提示所收集的立法信息,并将立法机关和相关主体的意见、建议和决策及时公布和分享至平台,同时在平台上设立公众参与和投诉栏目,方便公众的咨询、查询和反馈,增强试验区联合立法工作的透明度。

## 二、组建京津冀人大联合立法委员会

结合《宪法》和《立法法》相关内容,有学者将我国立法体制的特点归纳为"统一、分层、多类结合"。首先,立法权的来源和行使依据是绝对统一的,无论是中央还是地方立法权在行使过程中都必须维护法制统一,不能违背宪法的规定,在中央统一领导的前提下,可切实发挥地方的积极性和主动性。其次,在立法权具体行使的过程中,有中央和地方两个层面之分,中央立法效力范围及于全国,即便是民族自治地方立法的变通规定也不得违反宪法、法律的基本原则和制度;但地方立法仅在本行政区域内有效,不得调整跨区域事项,二者位阶差异明显。然而,面对大气污染等区域性问题,中央立法与地方立法的传统法律规范供给模式在实践中暴露出各自的固有缺陷,区域立法合作是大势所趋。在诸多协作方式中,联合立法模式虽然具有保证立法高效统一且兼顾区域特色的优势,但是此种模式在实践中面临的最大挑战就是现行立法体制的限制,如何在维护法制统一的前提下实现地方立法合作的创新成为问题的关键。笔者认为,结合我国既有的立法实践,授权立法或可成为解决京津冀区域问题的突破口。

授权立法是指立法机关为了使法律更好地制定或执行,针对某些具体事项授予特定国家机关进行立法的权力。授权主体并不是广义上的立法机关,而是我国宪法规定的享有最高立法权的立法机关;此时受权机关作为"义务主体",原本依法并不享有该项特定的立法权限,因而在行使权力之时应当严格遵循授权范围和授权内容,对授权主体负责并接受其监督。我国《宪法》对授权立法并未有明确规定,其法律依据主要散见于《立法法》相关章节中,如第13条规定全国人大及其常委会可依据改革发展的具体需要,针对行政管理中特定事项以决定的形式授权部分地方在一定期限内暂时调整或停止适用法律的部分规定。因此,为解决京津冀大气污染联合立法目前的困局,笔者建议由全国人大及其常委会通过授权决定成立组建京津冀联合立法委员会。关于联合立法委员会的性质,主要可以从三个方面理解:

首先,从法律性质上看,组建联合立法委员会并无创设立法主体之意,只是一种在区域立法合作领域的紧密型协调机制,同时也是一个常设机构,其设立初衷是为京津冀三地立法机关搭建一个稳定的立法合作平台,使三地能够在平等友好协商的基础上共同制定出可于整个京津冀区域内统一施行的法律规范,充分调动地方参与的积极性和主动性,以达到克服在环境治理领域中央制定一体化立法模式趋于保守、笼统的缺陷,同时避免松散的协调立法模式下京津冀三地可能出现的"貌合神离"的弊端。

其次,从基本职能上看,联合立法委员会的首要职责就是全面统筹京津冀三地联合制定以"京津冀大气污染联合防治条例"为代表的基础性区域地方法规。具体来说,包括条例草案的拟定、联合立法过程中立法协商制度的安排、立法听证会的组织安排、立法过程中专家顾问的选聘、针对重点难点问题开展的专家论证会工作以及依据向社会征集的意见修订条例草案。需要注意的是,条例的审议和表决仍由三地人大共同推进,最终的颁布则由三地人大联合署名为之。因此,联合立法委员会最主要的职能是起草法规和统筹协调,与立法主体的职能有明显区别。

最后,从组成结构的角度来看,联合立法委员会的成员由北京、天津、河北三地人大法工委及政府法制办的相关人员组成。上述人员在委员会中的地位完全平等,在联合立法工作中享有同等权利,并不因相关人员行政级别的高低或三地政治地位不同而产生差异。但制定条例草案中参与立法协商的京津冀政府部门负责人、政协委员、专家学者等不包括在联合立法委员会组成人员内。联合立法委员会成立后,将提出联合立法的立项论证,起草完成法律文本,并经多次广泛征询社会意见、举办立法听证会。然后交由北京市人民代表大会、天津市人民代表大会和河北省人民代表大会分别审议、通过,然后统一生效、在京津冀全区域发生法律效力、统一修订。

### 三、成立京津冀大气污染防控委员会

由于京津冀三地在行政区划级别上的平等性,在进行大气污染联防联控的工作中,很有可能出现管理权限冲突、貌合神离、各自为政等现象。因此,为了保证京津冀大气污染联防联控工作的顺利进行,避免三地政府行政上的冲突,明确大气污染联防联控工作的实施主体是"京津冀大气污染联合防治条例"的首要任务。"京津冀大气污染联合防治条例"中应有专门的条文规定,京津冀三地依照本条例共同组建京津冀大气污染防控委员会,作为三省市进行区域大气污染联防联控的总协同平台和执行机构。

（一）京津冀大气污染防控委员会的性质

建立京津冀大气污染联防联控机制,是一项长期而艰巨的任务,涉及不同的社会领域与政府部门,必须冲破部门利益、地区利益和既得利益的藩篱。根据京津冀大气污染治理工作的特殊要求,为了充分整合公共管理资源,将京津冀区域大气污染防控委员会定位为"京津冀大气污染联合防治条例"的常设执行机构是合理和必要的机构性质定位。

（二）京津冀大气污染防控委员会的人员构成与职能

本书认为,京津冀大气污染防控委员会作为区域大气污染联防联控的总协同平台和执行机构,其效力来源于京津冀三地人民代表大会的立法授权,以及中央部委、京津冀三地行政机关的协议。建议在雄安新区设立办公机构,工作会议应根据工作需要,在京津冀三地轮流召开。京津冀大气污染防控委员会应当由如下人员组成:①国务院环境保护主管部门代表;②京津冀协同发展领导小组派出的环境保护专员;③京津冀三地行政机关主要负责人和工作人员;④京津冀三地环境保护职能机构负责人和工作人员;⑤大气环境保护领域专家学者;⑥环境保护组织代表;⑦京津冀三地

人民群众代表。

成立以后的京津冀大气污染防控委员会将拥有以下职能：

其一,京津冀区域大气污染防控委员会是北京、天津、河北三地人民政府、环境保护行政主管部门及其他相关部门进行大气污染联防联控的总协同平台和执行机构。

其二,京津冀大气污染防控委员会负责召集京津冀三地人民政府环境保护主管部门,共同协商制定京津冀区域大气污染防治总体规划、京津冀区域大气环境质量限期达标规划,明确共同但有区别的大气污染防治目标责任,划定京津冀区域内大气污染防治的重点区域,逐步控制和削减大气污染物的排放量,推动区域大气环境质量达到规定标准并得到有效改善。

其三,为了更好地实施"京津冀大气污染联合防治条例",京津冀大气污染防控委员会协同京津冀三地人民政府及其环境保护行政主管部门开展联席会议,针对"京津冀大气污染联合防治条例"中没有规定而大气污染联防联控工作中需要的具体制度、技术标准或执行性法规等内容,制定地方政府规章和行政规范性文件。

其四,京津冀区大气污染防控委员会负责筹备设立京津冀大气污染防治专项基金,资金来源包括中央财政划拨的大气污染防治专项资金和由京津冀三地人民政府根据协商,按照经济状况、区分责任的原则,共同提供的大气污染防治专项资金。京津冀大气污染防控委员会负责资金的统一管理、调配和使用,保证专项资金在京津冀区域内专款专用,不得截留、挪用。

其五,京津冀大气污染防控委员会协同京津冀三地人民政府及其环境保护行政主管部门开展联席会议,形成针对京津冀区域内可能造成大气环境严重污染的区域规划和建设项目的环境影响评价会商机制。京津冀三地人民政府及其环境保护行政主管部门对可能产生重大大气环境质量影响的规划、政策、项目等,及时向京津冀区域大气污染防控委员会报告,并互相通报有关信息。

其六,京津冀大气污染防控委员会负责建立区域内统一的大气环境质量目标责任制和考核评价制度,对河北省各设区的市、县(市、区)以及北京市、天津市各县(区)的大气环境质量改善目标完成情况和大气污染防治重点项目完成情况实施一体化考核,并进行综合排名。考核、排名结果应当向社会公开。

其七,设立京津冀地区大气质量管控区,建立京津冀大气环境标准运行效果评估机制。该管控区应由京津冀大气污染防控委员会统一进行管理,并根据污染情况划定重点控制区与一般控制区(将北京、天津、邯郸、保定、石家庄、唐山、邢台、衡水、廊坊、沧州划为重点控制区,将张家口、秦皇岛、承德划为一般控制区)。对京津冀区域内跨行政区划的重大大气污染纠纷,可以由京津冀大气污染防控委员会协调解决。

其八,为了有效实施京津冀地区大气污染联防联控,涉及京津冀区域内大气污染防治相关事项的具体行政行为,例如行政许可、行政处罚、行政审批等,应在京津冀区域大气污染防控委员会的协调、指导、监督下,由京津冀三地相关部门依据相应的法律和职权做出。

## 四、推进京津冀政府及其环保部门联合执法

京津冀三地人民政府应当将大气污染联防联控工作纳入国民经济和社会发展规划,加大改善大气环境质量和防治大气污染的财政投入,保障大气污染防治工作所需的各项经费,统筹协调区域

内各种资源,综合治理,改善大气环境质量,对京津冀区域内的大气环境质量负总责。其区域一体化协同履职工作包括:

第一,制定大气污染防治规划和大气环境质量限期达标规划。三地应依据"京津冀大气污染联合防治条例"、京津冀区域大气污染防治总体规划、京津冀区域大气环境质量限期达标规划、京津冀统一大气环境质量标准、京津冀统一大气污染物排放标准等具体法律法规、政策文件,结合各自行政区划的具体情况,编制本行政区划的大气污染防治规划、大气环境质量限期达标规划,报京津冀大气污染防控委员会审批备案。

第二,考核大气环境质量改善目标和大气污染防治重点任务完成情况。京津冀三地人民政府及其环境保护行政主管部门负责将各自行政区划的大气环境质量改善目标分解落实到各自行政区划内的各区、县、地级市的人民政府和企业,并定期对各自行政区划内的大气质量改善情况、大气污染防治重点项目完成情况进行监督考核,考核排名结果应向社会公开,并报送京津冀区域大气污染防控委员会备案。

第三,开展"京津冀大气污染联合防治条例"的日常执法工作。京津冀三地人民政府及其环境保护行政主管部门依据"京津冀大气污染联合防治条例"和相应法律法规、部门职权,在京津冀大气污染防控委员会的协调、指导、监督下,以及其他有关部门的配合下,在本行政区划内开展大气污染防治的日常执法工作。主要包括:依法对排放污染的企业事业单位和其他生产经营者进行现场检查,依法对新生产、销售机动车和非道路移动机械大气污染物排放状况进行监督检查,依法对机动车的大气污染物排放状况进行监督抽测,依法对机动车排放检验机构的排放检验情况进行监督检查,依法查封、扣押有关设施、设备、物品,受理群众举报,对违反本法的行为进行查处等。①

除了环保部门的大气污染治理协同履职之外,其他相关部门的协同履职也不可或缺。2013 年国务院发布的《大气污染行动计划》中规定,各有关部门要协调力量、密切配合、统一行动,形成治理大气污染的强大合力。据此,其他有关部门及其承担的职责主要包括:京津冀三地县级以上质量监督部门应当会同环境保护部门,对锅炉生产、进口、销售和使用环节执行京津冀三地统一的环境保护标准或者要求的情况进行监督检查,不符合标准或者要求的,不得生产、进口、销售或者使用;②京津冀三地县级以上认证认可监督管理部门和环境保护部门应当对机动车排放检验机构的排放检验情况进行监督检查;③京津冀三地县级以上住房城乡建设、市容环境卫生、交通运输、国土资源等有关部门应当根据本级人民政府确定的职责,做好扬尘污染防治工作等。④ 此外,京津冀三地县级以上出入境检验检疫部门、能源主管部门、工业部门、工商行政管理部门、海关、交通运输主管部门、渔业主管部门、机动车生产主管部门、住房城乡建设部门、农业行政、水行政、公安部门等,应当依据"京津冀大气污染联合防治条例"的有关规定,对环境保护部门的执法工作予以配合。⑤

---

① 信春鹰主编:《中华人民共和国大气污染防治法释义》,法律出版社 2015 年版,第 16 页。

② 信春鹰主编:《中华人民共和国大气污染防治法释义》,法律出版社 2015 年版,第 17 页。

③ 信春鹰主编:《中华人民共和国大气污染防治法释义》,法律出版社 2015 年版,第 17 页。

④ 信春鹰主编:《中华人民共和国大气污染防治法释义》,法律出版社 2015 年版,第 17 页。

⑤ 信春鹰主编:《中华人民共和国大气污染防治法释义》,法律出版社 2015 年版,第 17 页。

## 第三节 京津冀大气污染治理联合
立法试验区的立法程序

由于京津冀三地分属不同的平级行政区域,在当前的立法体制下要实现区域法制的一体化,联合立法不失为一种适当选择。本研究有关大气污染治理区域一体化立法中,对一些重点领域采取联合立法的模式,其立法平台从本质上来说是一种在既有立法权力框架下的协商立法,并非创设了一个全新的地方立法机关,而是在三地就大气污染治理关键领域充分协商、达成一致的情况下,形成统一的法律文案,该文案既有符合三地各自地方特色的立法条文,也有区域一体化协同的内容安排,然后通过同步起草、分别通过、同步公布和实施,再辅以地方执法机关以行政协议为基础的区域一体化执行,达到实质意义上的文本高度协同、效力跨区域实现的立法模式。在此种立法模式下,京津冀大气污染治理联合立法试验区内形成的立法文件名称宜确定为《京津冀大气污染联合防治条例》,这样的名称拟定不仅可以与"京津冀区域大气污染联合治理"的主题相契合,另一方面"条例"一词的使用也能有效表明该法律文件的效力位阶,一般来讲在国家没有直接上位法的情况下,由地方立法机关制定的、用于调整特定社会关系或某一方面领域的地方性法规适宜命名为"条例"。[①] 由此,本节以《京津冀大气污染联合防治条例》拟定文件,具体探讨京津冀大气污染治理联合立法试验区的立法程序。

---

① 赵立新:《地方性法规名称初探》,《人大研究》2014 年第 8 期。

## 一、制定《京津冀大气污染联合防治条例》草案

立法中的公众参与制度是现代社会中一种新兴的民主形式，是指公众在立法活动中依据法定的权利和程序表达意见、影响公权力机关立法决策的政治参与行为。该制度起源于美国 1946 年《联邦行政程序法》(以下简称"FAPA1946")，其中第 4 条规定"联邦行政机关制定的行政规则在实施前应当至少公示 30 天，并应当给予利益相关人表达意见和寻求救济的机会"①。20 世纪中期，该制度广泛应用于欧美国家，后逐渐引入我国。1999 年，深圳市法制局就建筑材料核准的问题召开听证会，在行政立法中首次进行公众参与的探索。随着《广州市规章制定公众参与办法》等规定的颁布实施，公众参与逐渐迈向制度化、规范化的轨道。我国立法实践中的公众参与是立法主体作为整体直接对立法内容向社会公众征求意见的过程，有别于人民代表大会制度的直接民主形式，对于立法机关更新立法理念、提高立法质量、健全立法制度、发展社会主义民主具有重要意义。《立法法》总则明确规定"坚持立法公开，保障人民通过多种途径参与立法活动"，党的十八大报告中亦明确强调"完善中国特色社会主义法律体系，加强重点领域立法，拓展人民有序参与立法途径"，全面推进依法治国的决定中进一步对人大立法提出"拓宽公民有序参与立法的途径，健全法律法规规章草案公开征求意见和公众意见采纳情况反馈机制"的要求。因此，加强立法程序中的公众参与、"开门立法"是立法程序合法性的具体体现，也是科学立法、民主立法的客观要求。《京津冀大气污染联合防治条例》草案制定的过程中主要可以通过以下

---

① *The Administrative Procedure Act*，https://www.epa.gov/laws-regulations/summary-administrative-procedure-act，2018-01-15.

三种方式推进公众参与:

第一,草案公布。通过多种渠道向社会公布法律法规及规章的草案,使公众全面了解法律规范的立法目的、立法内容,鼓励公众参与讨论、发表意见,既是我国立法实践中公众参与的重要形式,同时也是客观前提。我国《立法法》仅对中央立法过程中的草案公布有详细规定,要求列入常委会会议议程的法律案应向社会公布,时间一般不少于 30 日,而对于地方立法中的草案公布环节则无具体规定。结合北京、天津、河北三地地方性法规制定条例的有关规定,《京津冀大气污染联合防治条例》草案被列入会议议程之后应当向社会公布。草案公布的内容包括但不限于本条例草案的全文、立法目的、修改说明等信息。草案公布的方式一般是通过北京、天津、河北三地人大官方网站予以公开,时间不少于 30 日,公众可以据此了解情况、提出修改意见。考虑到联合立法的创新性和特殊性以及大气污染治理作为重点领域立法,关系三地人民群众切身利益,具有较高的舆论关注度,本条例草案还应当在《北京日报》《天津日报》《河北日报》等传统主流媒体上公示,时间一般不少于 10 日。此外,鉴于近年来网络社交媒体在生活中的应用度和影响力,经有权机关同意,本条例草案的公布还可以通过微博、微信公众号等新媒体进行宣传,以扩大参与公众的广泛性。

第二,立法听证。作为一项立法活动,立法听证主要是指立法机关对于法律法规草案的全部或部分内容,以召开会议的形式,组织行政机关负责人、专家学者、立法所涉及的利害关系人共同发表意见、陈述观点的活动过程。听证制度最早应用于行政处罚领域,在 2000 年《立法法》中被引入立法程序,但是时至今日,现行法对于立法听证的定位仍是"可选项",即认为立法机关可以采取听证会的形式听取各方面意见,只有当法律案存在重大意见分歧或者涉及重大法益调整时才必须召开听证会。然而上述规定也仅为原则性的概述,对于"应当听证"事项的判断标准、听证程序的启动、听证的规则以及相关人员的权利义务都无明确规范可循。京津冀地方性法规制定规则中对于立法听证的规定在内容上与《立法法》几近相同,结合《京津冀大气污染联合防治条例》联合立法的具体情况,笔者认为三个拥有地方立法权的主体进行联合立法的形式本身就极具创新性,其立法内容涉及京津冀三地大气污染的联合防治,属于重点领域的地方立法实践,对经济与社会发展具有较大影响,该草案可以被界定为"涉及利益关系重大调整"的范畴,因此应当进行立法听证。听证主体原则上应当包括本条例草案的起草者,即联合立法委员会。关于条例听证程序,《天津市制定地方性法规听证办法》有可供参考的规定,听证主体应当提前在报纸、网站发布公告,介绍听证会基本信息,接受陈述人和旁听人报名,在合理的时限内确定上述人员名单并通知其具体时间、地点,听证人在认真听取口头及书面意见后,应于法定期限内形成听证报告并向社会公开。同时,在听证会举行方式上可有所创新,例如河北省人大法制委员会及人大常委会法工委对本省大气污染防治条例草案曾采取网上听证,反响热烈,收到意见建议多达289条,有450余名网友通过官方微博参与互动①,本条例草案在听证过程中亦可借鉴上述实践经验。

第三,专家咨询。随着经济发展进步,社会分工的专业化集中反映在立法领域则表现为立法内容的精细化、科学化,但目前我国立法机关人员组成结构的专业化水平还远远落后于现实需求。因

---

① 赵耀光:《〈河北省大气污染防治条例(草案)〉举行网上立法听证》,http://hebei.hebnews.cn/2015-10/26/content_5124478.htm,查询日期:2018年1月10日。

此,大力发展专家咨询制度,将各个领域专家学者纳入立法智囊团,通过委托起草、专家论证、专家咨询等形式,充分发挥其专业知识和中立立场的优势,是提高立法水平、促进立法科学化的有效途径。我国《立法法》以及京津两地地方性法规制定准则中对专家咨询制度的主要规定为,一方面对于法规案中专业性较强的部分进行可行性评价时应当召开论证会听取有关专家的意见,同时对专业性较强的法规草案也可直接委托专家或科研机构、社会组织进行起草。在实践中,天津市人大也曾在2005年委托本市律师协会起草地方立法听证办法的草案,在立法过程中也经常邀请律师参与讨论,京津冀三地人大在各自立法活动中也都有聘任专家顾问的实践。基于此,考虑到《京津冀大气污染联合防治条例》是生态环境保护的重点领域立法,其调整内容涉及区域污染物排放总量控制、不同种类大气污染物专项治理、区域协同预警与应急制度等十分专业的技术模块,因此在草案制定的过程中,有必要邀请相应领域的专家学者参与立法工作,或者将某些章节的起草工作单独委托给一些专业的科研机构、社会组织来完成,以此提高条例草案的科学性和权威性。

## 二、审议《京津冀大气污染联合防治条例》草案

在立法程序中,法案的审议是指立法机关依据法定程序对列入会议议程的提案进行审查议论的环节,是立法的核心与关键。在各地立法实践中,法规的审议主体是有关地方的人大或人大常委会,多数实行三审制,也有一部分采取二审制,特殊情况下可例外使用一审制。[1] 一般情况下,审议的重点围绕立法的必要性、可

---

① 曾粤兴主编:《立法学》,清华大学出版社2014年版,第119—123页。

行性及草案内容合法性等方面展开。结合京津冀三地《制定地方性法规条例》中的规定,《京津冀大气污染联合防治条例》应当由北京市、天津市、河北省人大进行审议,联合立法委员会应当选派代表前往审议现场介绍情况、回答询问并听取意见;在审议的过程中可采取座谈会、听证会等形式听取社会意见,对本条例中专业性较强的章节进行可行性评价的,可采取专家论证的形式进行讨论;结合各方意见后,由联合立法委员会对条例草案进行修改,最终形成法案表决稿。

法案通过审议后便进入表决环节,即立法机关依据法定程序对法案发表赞同或反对的态度的行为,当然实践中也存在少数暂不交付表决、搁置审议、终止审议等例外情形。我国法律法规的表决都采取"多数决"的原则,根据现行《立法法》的规定,《京津冀大气污染联合防治条例》草案应当分别由三地人大全体会议进行表决,赞同人数超过大会全体组成人员的半数则通过,表决结果当场宣布。

### 三、颁布实施《京津冀大气污染联合防治条例》

法律的颁布,指在立法活动中有权主体依法定方式和程序,将已经表决通过的法律向社会大众公布的行为。由于立法程序具有法定性,权力行使的各个环节都必须合法、规范。在法律颁布方面,现行立法对颁布时间没有明确规定,中央和各地在实践中也都是待法律法规通过后,依具体情况择日发布,对于颁布的主体和方式则有严格限制。根据《宪法》和《立法法》的相关规定,宪法及其修正案由全国人大发布公告进行公布;法律由国家主席签署主席令进行公布;行政法规则以国务院令的形式公布;省级人大或常委会制定的地方性法规分别由地方人大主席团或常委会通过发布公告的形式向社会公布;须事先审查的地方性法规经批准后也是由相应的设区的市、自治地方的人大常委会发布公告公布法规。由上述规定可见,我国法律公布主体多数是遵循"立法者颁布"的原则。由于《京津冀大气污染联合防治条例》的制定主体是京津冀三地,因此由北京、天津及河北人大主席团联合署名发布公告将本条例向社会公布是符合实践惯例的。在本条例公布后,条例文本还应当在京津冀三地人大常委会公报、人大官方网站和《北京日报》《天津日报》《河北日报》上刊登,以三地常委会公报上刊登的条例文本为标准文本。

### 四、备案评估《京津冀大气污染联合防治条例》

三地人大在正式公布已通过的立法文件后,还需要完成一个关键的立法步骤,即立法监督。立法监督其实是一个复杂的概念,但目前理论界对其内涵和外延已有十分丰富的研究,形成了比较统一的观点,即享有立法监督权的机关在其权限范围内,依特定程序,对立法活动的全过程进行监督。法律是治国之重器,良法是善治之前提,立法监督在立法权行使的过程中占有非常重要的地位,承担着促进法律实施、维护法制统一、保障公民权益的重大责任,也是全面推进依法治国、建设社会主义法治国家的必然要求,应当受到高度重视。

立法活动从始至终都应当受到监督,那么其监督对象自然包括立法权限、立法程序、立法内容等方面,从立法的开端直至法律法规的颁布,既要进行合法性审查,也要进行合理性审查。此处仅指法律文件颁行后的监督,即《京津冀大气污染联合防治条例》的备案审查和立法后效果评估。

（一）备案审查

在实践中，备案审查是指法案颁布、生效后的一段时间内，有权机关依照《宪法》《立法法》《地方组织法》的有关规定针对各立法主体上报的立法文件进行备案和审查，相较于其他监督方式，它属于事后监督。

依据现行法律的规定，备案审查制度适用于法规、规章、自治条例及单行条例，以上文件在公布后的 30 日内应当由各立法主体依法定程序报送相应机关进行备案。《京津冀大气污染联合防治条例》虽有联合立法的特征，但从位阶上看仍属于地方性法规，因此依据《立法法》第 98 条的规定，京津冀三地人大联合署名颁布本条例后，联合立法委员会应当及时将条例相关的立法文件报送全国人大常委会和国务院备案；如全国人大常委会认为本条例有同宪法、法律和行政法规相抵触的地方，则有权将其撤销。此外，为了加强备案审查工作，2004 年 5 月全国人大常委会成立专门的法规备案审查室，次年 12 月修订了《行政法规、地方性法规、自治条例和单行条例、经济特区法规备案审查工作程序》①，其中明确规定了法规报送和接收、审查工作的具体安排，这些规范也都是联合立法委员会履行备案程序时需要注意和遵循的。

（二）立法后评估

"后评估"是一个专业概念，同时也是一种监督机制，原本广泛应用于建设工程和科技领域，后来才渐渐被引入法学中。对于立法进行后评估，就是评估主体依照一定的标准对法律实施效果

---

① 苗连营：《立法法重心的位移：从权限划分到立法监督》，《学术交流》2015年第 4 期。

进行考察,对于改进立法工作、提升立法质量具有重要意义。这一制度在国际上有大量实践经验的积累,20 世纪 70 年代德国便开始对立法进行跟踪评估,英国于 1996 年成立专门负责此项工作的"立法效果评估组"。我国开展立法后评估则相对较晚,最早有迹可循的实践是在 2000 年,安徽省政府法制办对其制定的地方规章进行实施效果的评估;同年,山东省人大常委会提出"立法回头看"的工作任务,人大法制委员会则据此对《山东省私营企业和个体工商户权益保护条例》开展立法后评估工作。总体而言,立法后评估的发展是一个自下而上、由点到面的过程,评估主体已有上百个,评估范围也覆盖到除宪法外的各种法律法规,各地也纷纷出台《立法后评估办法》,可见该项工作已日渐常态化、规范化、制度化。对于《京津冀大气污染联合防治条例》的立法后评估,笔者主要从以下三个方面阐述:

第一,评估主体问题。对于立法后评估,2004 年国务院出台的《全面推进依法行政实施纲要》虽然规定了行政立法中由制定机关和实施机关定期开展评估工作,但该文件不涉及人大立法后评估问题;2008 年全国人大常委会工作报告中明确提出这一概念,但目前并没有全国性的统一立法对其进行规定。实践中,域外一些国家选择在政府成立专门的评估机构;我国一些地方则通过出台文件规范此项工作,如 2012 年 9 月 25 日广州市人大常委会通过了相应的《立法后评估办法》中规定由市人大法制委员会承担此项职责。① 理论界也普遍认为立法后评估是立法职能派生出来的一项重要的立法工作,因此最好由具有一定职能的国家机关

---

① 刘冬:《广州市人大常委会立法后评估办法获表决通过》,http://www.npc.gov.cn/npc/xinwen/dfrd/guangdong/2012 - 09/27/content _ 1738730.htm,查询日期:2018 年 1 月 6 日。

来行使。① 由于《京津冀大气污染联合防治条例》草案是联合立法委员会牵头起草的,且联合立法委员会是具有区域立法组织协调职能的新型机构,因此由委员会负责组织开展本条例的立法后评估工作是比较合理的。

　　第二,评估标准问题。立法后评估制度近年来在实践中取得长足发展和显著成果,尤其是西方国家历经 30 多年的探索,已形成日臻完善的评估体系。关于评估标准,各国一般是制定法规或在"工作指南"等文件中明确规定。如美国《改善监管法》草案详细规定了成本收益分析、风险评估、司法审查等内容,虽然该法未在国会获准通过,但还是一定程度上反映了实践的动向。欧盟 2009 年出台的《影响评估指南》则更为详细地将评估逻辑分析步骤一一拆解列举。我国地方人大、政府部门也采取类似做法,如广州市人大常委会将"合法性、合理性、操作性、时效性、协调性、规范性"这六项标准及其计算权重写入评估办法;河北省政府对于地方规章的立法后评估则是依据"合法性、合理性、可行性、规范性"这四方面进行判断。本书认为,《京津冀大气污染联合防治条例》作为重点领域的联合立法,且属于位阶相对高的地方性法规,其涉及法益十分重大,应当有较为细致的评价标准,广州市人大常委会出台的评估办法的借鉴和参考价值较高。

　　第三,评估方式问题。保证数据采集的客观性和样本构成的科学性,对于描绘一个还原度较高的立法实施现状是十分重要的,为此应当设置一个科学合理的指标获取体系。在这一方面,理论界进行了丰富的研究,既往的实践中有不少经验可循,以《上海历

① 刘作翔、冉井富主编:《立法后评估的理论与实践》,社会科学文献出版社 2013 年版,第 5 页。

史文化风貌区和优秀建筑保护条例》的后评估为例,人大法制委员会主要采取了座谈会、实地考察、问卷调查、社会访谈、与国内其他城市对比研究等方式;《天津市建设工程质量管理条例》的后评估则是由天津市人大委托相应的高校研究机构对立法质量和实施效果进行专门立项评估。结合已有的资料,本书认为《京津冀大气污染联合防治条例》在颁布施行后可采取内部评估与外部评估相结合的方式,内部评估由条例的立法部门与执法部门联合开展,由于联合立法委员会承担立法的大部分协调工作,对于立法目的和前期工作比较熟悉,而三地政府部门又进而负责具体执法,对于实践中产生的问题更为了解,因此由这两方联合开展后评估工作有利于降低评估成本、保证数据采集的客观性和可信度。外部评估则可以同时从社会公众听证会和专家学者论证会这两个方向出发,尤其注重发挥互联网社交平台高效、便捷的优势,最大程度在评估中集中民智、反映民意,促进科学立法、民主立法。同时也要重视发挥科研机构和专家学者在专业领域的优势,尤其是在环境治理、生态保护一类专业性、技术性较强的领域,采取委托评估和专家咨询的方式有利于提升后评估工作的科学性、客观性,进而推动本条例更为顺利的实施。

# 第五章 《京津冀大气污染联合防治条例》的初步立法设计

大气污染是由污染物排向大气层引起的,而大气污染又具有较为明显的地域性特征。由于大气环境功能区——"空区"(air basin)广泛存在于自然生态系统,使得大气污染的分布突破传统的行政边界,进而造成跨行政区划的区域一体化影响。[①] 要从制度层面真正完成京津冀大气污染区域协同治理的顶层设计,势必要创新和探索区域一体化的立法。这意味着单纯依赖中央立法或者地方立法都难以解决大气污染的区域治理问题,而采取中央立法、府际合作立法相结合的方法才是未来京津冀大气污染治理的最高要求。其中,本研究极力推崇且认为可行的立法范例即是由三地人大共同制定《京津冀大气污染联合防治条例》。

## 第一节 《京津冀大气污染联合防治条例》的法律属性

### 一、《京津冀大气污染联合防治条例》的立法目的

为了将京津冀地区大气污染联防联控工作做得更好,迫切需

---

① Martin Wachs, Jennifer Dill, "Regionalism in Transportation and Air Quality: History, Interpretation, and Insights for Regional Governance", http://eschol-arship.org/uc/item/0zz0d260, 2018-02-05.

要通过立法的方式进行一定的法律规制。《京津冀大气污染联合防治条例》的制定就是在这一背景下提出的,并具有如下立法目的:

(一)改善大气环境质量,保障人民群众健康

空气作为人类最重要的生存要素之一,与人类健康息息相关,严重的空气污染不仅会带来疾病,甚至会威胁我们的生命。目前我国的大气污染形势严峻,以 $PM_{2.5}$ 和 $PM_{10}$ 为特征污染物的雾霾天气增多,严重危害公众的身体健康。纵观我国的大气污染治理历程,从 20 世纪 70 年代的工业点源治理为主到 80 年代的综合防治,再到 90 年代进入了从浓度控制向总量控制的转变。[1] 2000 年以来,我国大气污染的特征已经由过去的点源局部性污染转向了区域综合性污染。[2] 通过总结现有的国内外大气污染防治实践经验可以发现,单纯以减少主要污染物的排放量作为大气污染防治的目标不能适应当前大气污染防治和环境空气质量改善的客观需求,[3]许多地区出现了污染物排放达标而区域大气环境质量下降的现象。[4] 针对这种现象,2012 年我国出台了《重点区域大气污染防治"十二五"规划》,这是我国第一部综合性的大气污染防治规划,标志着我国大气污染防治工作的目标逐步由污染物总量控

---

[1] 柴发合、支国瑞等:《空气污染与气候变化:同源与协同》,中国环境出版社 2015 年版,第 166 页。

[2] 常纪文:《域外借鉴与本土创新的统一:〈关于推进大气污染联防联控工作 改善区域空气质量的指导意见〉之解读(上)》,《环境保护》2010 年第 10 期。

[3] 信春鹰主编:《中华人民共和国大气污染防治法释义》,法律出版社 2015 年版,第 4 页。

[4] 高桂林、陈云俊、于钧弘:《大气污染联防联控法制研究》,中国政法大学出版社 2016 年版,第 15 页。

制向环境质量改善的方向转变。[①] 在此基础上,2013 年国务院通过了《大气污染防治行动计划》,明确将切实改善空气质量作为制定该行动计划的根本目的。2015 年新修订的《大气污染防治法》新增条文第二条第一款进一步规定,防止大气污染的目标,是改善大气环境质量,逐步减少、消除重污染天气,使空气质量明显好转,天更蓝、空气更清新,更好地保障人民群众的身体健康,促进生态文明建设。[②] 从单纯注重污染物达标排放到注重人民主观感受,改善大气环境质量的理念在我国大气污染治理体系中的地位不断提高。

在我国当前大气污染治理困境日益严峻的背景下,将改善京津冀地区大气环境质量,保障人民群众健康作为《京津冀大气污染联合防治条例》的立法目的,既体现了我国对先进的大气环境治理理念的紧迫需求,也体现了以人为本的发展观;以结果为导向,更好地解决京津冀区域性复合型大气环境污染问题,防治结合,更好地保障公民的人身健康,推进京津冀地区生态文明建设,促进京津冀地区经济社会可持续发展。

(二)建立大气污染联防联控机制,推动三地协同发展

空气污染又称为大气污染,受到大气环流、地形地势等自然因素的影响,天然地具有复杂性、混合性、区域性、流动性等特征。相邻的自然地理区域内,大气污染呈现出相互影响的特点,不可能受现有行政区划的制约,其治理不是一个县、一个市乃至一个省能单

①　《我国首部综合性大气污染防治规划出台》,http://www.xinhuanet.com/politics/2012-12/05/c_124051002.htm,查询日期:2018 年 4 月 10 日。

②　信春鹰主编:《中华人民共和国大气污染防治法释义》,法律出版社 2015 年版,第 3 页。

独解决的问题。① 京津冀区域性大气污染的出现,除了地理条件与气候因素的影响外,与京津冀地区的发展方式、产业结构、能源结构、交通结构等也有着密切关系。区域内不同的城市在规划、法规、监测、标准、执法等方面的不统一,容易导致区域内的大气污染排放源从治理严格的地区转移到治理宽松的地区,从而区域内的大气污染排放总量却没有减少。②各地方政府"各自为战",没有形成区域间治理合力,这也是区域性大气污染形成的重要原因之一。③

为了推行区域大气污染联合防治,建立京津冀大气污染联防联控机制,统筹协调京津冀区域内大气污染防治工作,解决京津冀地区大气污染的突出问题,现制定《京津冀大气污染联合防治条例》。该条例弥补了京津冀地区大气污染联防联控领域的法律空白,将联防联控的具体工作内容落实到法律层面的权利义务上,为实施联防联控管理工作提供了法律依据。同时,建立京津冀大气污染联防联控机制,将有助于促进京津冀地区各省、市从区域整体出发,共同规划、统筹安排、协同实施大气污染防治方案,相互协调、相互监督,最终实现解决区域综合性大气污染、共享大气环境治理成果与重塑区域整体优势的目标。④

---

① 高桂林、陈云俊、于钧弘:《大气污染联防联控法制研究》,中国政法大学出版社 2016 年版,第 6 页。
② 高桂林、陈云俊、于钧弘:《大气污染联防联控法制研究》,中国政法大学出版社 2016 年版,第 8 页。
③ 《推进大气污染联防联控工作 改善人民群众生活环境质量——环境保护部副部长张力军谈〈关于推进大气污染联防联控工作 改善区域空气质量的指导意见〉》,《化工安全与环境》2010 年第 25 期。
④ 柴发合、云雅如、王淑兰:《关于我国落实区域大气联防联控机制的深度思考》,《环境与可持续发展》2013 年第 4 期。

（三）疏解非首都功能，打造新型京津冀法治格局

2014 年 2 月 26 日，习近平总书记在北京提出了"京津冀协同发展"的重大国家战略，①这一重大战略对于疏解非首都功能、打造京津冀新型法治格局、推进三地法制统一具有十分重要的意义。其中立法的协同作为法制统一的起点对京津冀三地的协同发展起到了保障、规范、引领、推动的作用。② 2015 年出台的《京津冀协同发展规划纲要》中明确指出，将生态环境保护作为重点领域率先取得突破。其中，治理大气污染、改善空气质量、建立跨区域的联防联控机制是京津冀三地开展生态环境保护工作的重中之重。近年来，京津冀地区一系列有关大气污染防治的政策文件相继出台，区域大气污染联防联控工作稳步推进。但是这些文件都只具有短期性、政策性且不具有法律的性质，大气污染联防联控立法不足的问题始终存在。

《京津冀大气污染联合防治条例》的出台，既是京津冀一体化中生态环境保护领域的创新突破，也是京津冀一体化立法领域的创新突破。不仅弥补了京津冀地区大气污染联防联控治理领域的法律空白，而且是实现京津冀协同发展法治先行的重要创新和探索，为未来其他领域的一体化建设提供了宝贵的区域性联合立法经验。同时，由于大气污染治理涉及经济转型、产业升级、城市布局、能源结构等多个领域的特殊性，以《京津冀大气污染联合防治条例》的制定实施为契机，充分发挥京津冀社会治理的潜在能量，促进京津冀三地经济、生态和社会的全面协调可持续发展。

---

① 《2015〈政府工作报告〉缩略词注释》，http://www.gov.cn/xinwen/2015 - 03/11/content_2832629.htm，查询日期：2018 年 4 月 12 日。

② 杨晖、贾海丽：《京津冀协同立法存在的问题及对策思考——以环境立法为视角》，《河北法学》2017 年第 7 期。

（四）践行绿色发展理念，促进经济社会可持续发展

2015 年党的十八届五中全会立足中国发展的新要求，确定了创新、协调、绿色、开放、共享的五大发展理念，其中绿色发展是实现永续发展的必要条件和人民对美好生活追求的重要体现。[①] 所谓绿色发展，就是要正确处理好经济发展同生态环境保护的关系，在促进物质生产和财富积累的同时，实现资源节约和环境保护的目标。习近平总书记多次强调，绿水青山就是金山银山，决不能以牺牲环境为代价去换取一时的经济增长。但环境保护和大气污染治理从来都不是一个简单的过程，这其中涉及了经济、政治、文化、环境等诸多方面。只有从根本上，以制度的力量推进环境保护方式和经济发展方式的转变，才有可能收获常态化的良好效果。

《京津冀大气污染联合防治条例》作为京津冀大气污染治理的基础性法律，是在区域内转变环境保护方式与经济发展方式的探索与创新，是实现京津冀地区经济建设与环境保护协调发展的制度保障。用法律的力量"倒逼"京津冀地区产业结构转型升级、能源结构调整优化，促进京津冀地区改变原来粗放的发展方式，创造新的经济增长点，重塑区域整体优势，实现经济建设和环境保护的协调发展。其成功经验将在全国范围内，起到积极的引导与示范作用。

## 二、《京津冀大气污染联合防治条例》的效力范围

法律规范的效力即约束力、强制执行力，是指法律法规要求其调整的对象做出为或不为特定行为的能力。对于《京津冀

---

[①] 潘家华：《牢固树立创新、协调、绿色、开放、共享的发展理念——坚持绿色发展》，《求是》2015 年第 23 期。

大气污染联合防治条例》的效力范围,可以从以下四个方面考量:

第一,空间效力,即条例在哪些地区具有法律效力。在我国,在不考虑港澳台地区特殊情况外,中央立法在我国主权范围所至的全部领域内有效,地方立法则适用于该行政区域内。由于本条例由北京、天津与河北三地的人大共同制定并统一颁布,条例当然于上述三地行政区划所及的地域内有效。

第二,时间效力,即条例从哪一时间点开始具有约束力以及是否具有溯及力。通常情况下,法律法规的生效时间都会在文本附则中明确规定;《立法法》亦规定法律法规一般不溯及既往。需要注意的是,京津冀三地针对大气污染治理联合制定的条例颁布后,三地旧法中与新法规定不一致的,应遵循新法的规定。

第三,对人效力,即法律法规对什么人具有约束力。中央立法适用于我国所有公民,地方立法则只对一部分人具有约束力。由于本条例是由京津冀三地人大联合制定、统一颁布,条例的空间效力及于北京、天津及河北三个行政区,因此一切在该范围内活动以及隶属于该区域内的自然人、法人、机关团体、企事业单位和其他组织都应当遵守本条例的规定。

第四,对事效力,即法律法规对什么类型的事项有效,是区分不同部门法调整范围的一项标准。由于本条例是针对京津冀区域内大气污染综合治理的相关事项出台的专门性法规,因此在京津冀地区一切与大气污染联合防控有关的生产活动或日常行为都应当受到条例的调整。

### 三、《京津冀大气污染联合防治条例》的法律位阶

在同一法域内,由于立法主体的等级高低、法律规制内容的不

同,整个法律体系总是复杂多元、纵横交错的。在单一制国家背景下,为了维护中央到地方的法制统一,必须为不同渊源的法律规范人为地划定纵向上的等级差别,因此也就产生了法律位阶的概念。在我国,法律位阶由《宪法》和《立法法》规定,主要分为宪法、法律、行政法规、地方性法规和行政规章几个等级,下位法必须服从上位法规定,不能与其发生冲突。但是对于地方联合立法的位阶,现行法律未有明确规定。

《京津冀大气污染联合防治条例》是由北京、天津、河北三地的权力机关联合起草、共同署名、统一颁行的,与普通的地方性法规相比有其特殊性。它的起草主体——联合立法委员会是由三个享有立法权的地方人大和政府的法制工作部门共同组成,不同于普通地方性法规起草主体单一性的特征;它调整的事项——大气污染防治是京津冀三地范围内的共同事项,这不同于普通地方立法调整对象的特有性;它的适用方式——统一适用的模式也不同于传统地方性法规各自独立实施的特点。因此,有观点认为区域共同立法的地位介于中央立法与地方立法之间。但区域联合立法本质上仍属于地方立法,相对于法律和行政法规,区域联合立法是地方立法权行使的结果,其调整的对象仍然属于一定范围内的地方事宜;区域联合立法体现了各地方权力机关之间的共识及合意,其效力范围所及也没有突破至参与法规制定的几个行政区之外。

综上所述,《京津冀大气污染联合防治条例》首先性质上属于地方性法规,是地方权力机关根据区域内部的区位条件、发展需要,积极地解决落实中央立法以及大气污染共同治理衍生问题的联合立法,因此也是自主性的地方法规。其次,条例是由北京、天津、河北三地人大联合起草、颁布的,在命名时亦冠以"京津冀"三个字,因此属于联合立法。最后,由于该条例是由三地人大联合署名颁布,采取统一版本施行,在内容上也规定了区域内大气污染治理领域的基本原则、基本制度,三地政府机关、企事业单位、社会公众都应当自觉遵守条例的规定,三地关于大气污染治理单独的行政立法也不能与条例相冲突,因此同时还具有京津冀区域大气污染治理方面基础性法律的属性。

## 第二节　《京津冀大气污染联合防治条例》的基本原则

近年来,我国部分地区大气污染问题频发,大气污染治理备受关注。京津冀地区作为我国经济实力领先的地区,其大气污染问题已经非常严峻,是我国大气污染治理的重点、难点。由于京津冀地区特殊的地理环境和气候条件与地方经济粗放发展、产业结构不合理、能源结构不合理、交通结构不合理等因素综合作用,京津冀地区大气污染的严峻性、复杂性、区域复合性的污染特征突出。自2010年以来,随着从中央到地方一系列政策与法律法规的出台与大气污染区域联防联控治理理念的提出,京津冀地区的大气污染治理工作也已初见成效。但是这些仅具有指导性、参考性,不具有强制执行力度的政策和规定过于宽泛,难以满足京津冀地区大气污染防治工作的具体需要。《京津冀大气污染联合防治条例》作为全国首创的区域联合立法条例,在立法原则上将体现新的价值功能。

### 一、联防联控与协同治理

大气环境流动性的本质特征,使得大气污染呈现出外溢性和无界化。因此,大气污染治理应当具有整体性、区域性的思维。传统的属地治理机制是京津冀区域大气污染的制度性根源。属地管理模式强调行政管理的地域性,即地方政府只对本辖区内的大气环境质量负责,因而立法、行政、司法手段的辐射范围也仅限于本辖区之内。即便大气污染的跨区域性使得区域之间必须采取某些合作,但由于不同地方利益的羁绊,合作往往较难推进、收效甚微。在区域发展失衡的背景下,各区域发展模式上的差异化,治理机制上强调各自为政,合作治理模式为府际主导的松散合作均有其固有的缺陷。因此,制定《京津冀大气污染联合防治条例》应当以联防联控、协同治理为首要原则。

关于联防联控、协同治理,国内很多学者都做出了界定。其核心含义均是强调特定区域内个各地方之间的联合和协同,基于区域内大气污染现状,通过对地方利益做出一定让步来实现一定的整体利益,具体表现为协同立法、行政和司法等。例如学者柴发合等认为,大气污染的协同治理是指,区域内地方政府基于区域整体环境利益所达成的共识,以大气环境功能划分区域,组织运用区域内各种资源以打破固有的行政区域界限,让区域内各省、市从区域整体利益出发,共同规划、统筹安排、协同实施大气污染防治方案,相互协调、相互监督,最终实现解决区域综合大气污染、共享大气环境治理成果与重塑区域整体优势的目标。[1] 学者陶品竹认为,京津冀大气污染合作治理模式是指,将三地作为一个整体,统筹规划,一方面要明确共同的大气污染治理目标,另一方面要采取相似的大气污染治理措施,是一种通过合作应对整个区域内大气污染

---

[1] 柴发合等:《关于我国落实区域大气联防联控机制的深度思考》,《环境与可持续发展》2013 年第 4 期。

的治理策略。① 因此,联防联控、协同治理,最直接的立法体现自然是京津冀三地立法机关以共同的名义出台区域性立法。

此外,从制定《京津冀大气污染联合防治条例》本身来考虑,联防联控、协同治理既是立法的最终目标,又是立法的核心和主要内容。这也就是说,一方面,制定《京津冀大气污染联合防治条例》最终是为了京津冀区域能够实现大气污染的一体化防治;另一方面,《京津冀大气污染联合防治条例》的制定过程中,要在各个方面注重合作和协同。区域大气污染防治,包含区域内整体大气污染状况的改善和区域内某一地区大气污染状况的改善。前者考虑的是区域内共性的污染问题,从污染源和污染程度上都具有普遍的相似性,后者考虑的是区域内某一行政地区的大气污染问题,具有特殊性和严重性。无论是哪一种污染治理,都需要基于大气流动性的物理性质出发,考察整个区域内造成污染问题的源头,针对不同的问题采取差别化的应对措施,进而实现区域内大气环境的整体和局部改善。

因此,制定《京津冀大气污染联合防治条例》,要把握住联防联控的核心理念,借鉴既有立法实践的经验,结合京津冀区域的特殊之处,形成京津冀的立法特色,从而有效化解京津冀区域大气污染问题。

在具体法律规则安排方面,《京津冀大气污染联合防治条例》可以明确京津冀地区联合防治大气污染,应当以改善大气环境质量为目标,坚持联防联控、保护优先、防治结合、综合治理、公众参

---

① 陶品竹:《京津冀大气污染合作治理的法治化——基于软硬并重的混合法模式》,《国家治理的现代化与软法国际研讨会会议论文集》(北京大学法学院),2014年7月9日。

与、损害担责的原则。同时,京津冀地区大气污染联防联控,应当通过充分立法协商、行政协同,坚持统一规划、统一标准、统一监测、统一污染防治措施,建立政府监管、公众参与、共同治理、联防联控的防治机制。

与此同时,京津冀地区可以探索建立大气污染防治协调合作机制,与周边各省、自治区、直辖市人民政府共同划定京津冀地区大气环境质量管控区,定期协商区域内大气污染防治的立法支持、政策制定和行政协作等重大事项。在协调机制中,京津冀地区可以探索共同组建京津冀大气污染防控委员会,负责三省、市区域大气污染协同治理。具体来讲,京津冀大气污染防控委员会由京津冀及周边地区大气污染防治领导小组派出的环境保护专员,三省、市立法机关主要负责人,行政机关主要负责人,环境保护职能机构负责人,环境保护组织代表,群众代表等共同组成,按照科学、规范的表决方式和决策程序,指导和协调京津冀三地在大气污染防治有关事务上的各项立法、政策制定和行政工作。

在与协调机制相配套的联席会议机制方面,北京市、天津市和河北省人民代表大会及其常务委员会以及河北省设区的市的人民代表大会及其常务委员会,与同级人民代表大会的工作机构可以探索建立联席会议。联席会议中,由跨行政区域的同级人民代表大会共同协商开展在大气污染治理领域的联合立法工作。另外,北京市、天津市和河北省人民政府应建立行政立法联席会议,协商开展有关大气污染防治重大事项的联合立法工作。

在联合防治的资金经费方面,北京市、天津市和河北省人民政府应当加大对京津冀地区大气污染防治的财政投入,联合加强大气污染防治资金的监督管理,提高资金使用效益。京津冀地区鼓励和支持社会资本参与大气污染防治,引导金融机构增加对大气污染防治项目的信贷支持。具体而言,北京市、天津市和河北省人民政府根据协商,按照经济状况、区分责任的原则,可以共同设立大气防治项目专项资金,由京津冀大气污染防控委员会统一管理、调配和使用。专项资金应当在区域范围内专款专用,不得截留、挪用。同时,京津冀地区鼓励和支持大气污染防治科学技术研究,推广、应用先进的大气污染防治技术;鼓励和支持开发、利用太阳能、风能、地热能、浅层地温能等清洁能源;鼓励和支持煤炭清洁利用技术的开发和推广。北京市、天津市和河北省环境保护行政主管部门应当联合加强京津冀地区大气环境容量、污染成因、治理技术和防治政策等研究,适时提出有针对性的区域对策措施。具体来讲,京津冀大气污染防控委员会应加强全区域的大气污染防治科研工作,设立研究专项经费,组建京津冀大气污染协同发展智库,组织开展区域大气污染成因、溯源和防治政策、标准、措施等重大问题的科研活动,着重研究区域协同的机制和措施,提高区域大气污染防治水平。

在环境保护的税费征收方面,北京市、天津市和河北省发展改革行政主管部门应会同环境保护行政主管部门、财政保护行政主管部门,通过行政协同机制,以治理成本为依据,细化京津冀地区统一的环境保护税征收事项和征收标准,按照谁污染、谁治理、谁付费的原则,对向大气排放污染物的企事业单位和其他生产经营者征收有关税费。向大气排放污染物的单位,应当按照国家和京津冀地区有关规定,进行排污申报登记并缴纳有关税费。

## 二、规划先行与源头治理

无论是在传统的属地模式下,还是在区域一体化治理模式中,规划先行、源头治理始终是大气污染防治的基本原则。最早在属地模式下,国家和地方的大气污染防治法律法规,如《大气污染防治法》第 2 条、《北京市大气污染防治条例》第 2 条、《河北省大气污染防治条例》第 3 条、《天津市大气污染防治条例》等均明确将规划先行、源头治理作为立法原则。

当前,京津冀联合立法依旧坚持规划先行、源头治理的原因与大气污染的本质特征有密切关系。大气环境问题经由长期的工业、生活有害气体排放形成。地球自身虽具有一定的净化和缓冲功能,但由于工业活动使得大量有毒有害气体在一段时间内持续排入空中,大量砍伐林木也在迅速降低地球自身的净化能力,最终使得污染气体在空中累积,大气环境日益严峻。此外,大气污染具有区域性和复合性特征,某一地区的大气污染源既来源于本地区的多种污染活动,又来源于周边地区的污染活动。因此,大气污染治理是一个漫长而艰苦的过程,需要明确每一时期的具体任务,落实每一污染源的治理措施,抓住大气污染的根源所在,从而彻底解决污染问题。大气污染治理不是一蹴而就的事情,并且,如果不从根本上升级产业结构,发展先进技术,终究也是治标不治本。

京津冀大气污染区域一体化治理,是以区域整体为单位,统筹规划,一要明确区域共同的大气污染一体化治理目标,二要采取相似甚至相同的大气污染一体化治理措施,并且要坚持从源头治理,制定京津冀大气环境标准体系,有效控制污染源头,最终实现区域内大气环境的整体改善。因此,制定《京津冀大气污染联合防治条例》,应当继续坚持规划先行、源头治理,从立法层面对京津冀区域大气污染一体化治理起到实质性的指导作用。

在具体的法律规则安排方面,《京津冀大气污染联合防治条例》可以明确北京市、天津市和河北省环境保护行政主管部门应当对京津冀地区大气污染防治实施统一联合监督管理,其他有关部门根据各自职责对京津冀地区大气污染防治实施联合监督管理。具体来讲,北京市、天津市和河北省的环境保护行政主管部门应当在京津冀大气污染防控委员会的指导下,按照国家大气污染防治的要求和区域实际情况,协同编制京津冀大气污染防治规划,纳入各省、市环境保护规划,报北京市、天津市和河北省人民政府批准后公布实施。北京市、天津市和河北省的各市、区(县)应根据本区域大气环境状况和京津冀大气污染防治要求,制定大气环境治理措施和阶段性达标方案。

与此同时,北京市、天津市和河北省人民政府环境保护行政主管部门在京津冀大气污染防控委员会的组织协调下,根据《中华人民共和国标准化法》向国务院标准化行政主管部门提出有关大气污染治理的强制性国家标准的立项建议。对国家大气环境质量标准和污染物排放标准中未作规定的项目,北京市、天津市和河北省人民政府,可联合听取各省、市质量技术主管部门、工商行政管理部门、住房和城县建设、农业等部门意见,共同制定严于国家标准的、统一的京津冀区域大气环境质量标准和大气污染物排放标准,并统一组织实施。京津冀大气污染防控委员会应当组织省、市发展改革、工业和信息化等主管部门,严格执行国家有关产业结构调整的规定和准入标准,定期制定、修订京津冀地区禁止新建、扩建的高污染工业项目名录、高污染工业行业调整名录和高污染设备名录,并向社会公布。

在新建项目的规划安排方面,新建排放重点大气污染物的工业项目,应当按照《京津冀协同发展规划纲要》等国家战略规划的安排,由京津冀大气污染防控委员会指导各省、市按照有利于节能减排、资源循环利用和京津冀协同发展的原则,在京津冀地区总体规划的工业园区或产业示范区集中建设。

### 三、总量控制与综合治理

污染物总量控制是我国环境和自然资源管理和保护工作的重要制度。我国《环境保护法》第 44 条规定，"国家实行重点污染物排放总量控制制度"。该项制度也在各专门的污染防治法中得到落实，如《中华人民共和国海洋环境保护法》第 3 条、《中华人民共和国土壤污染防治法》第 3 条、《中华人民共和国水污染防治法》第 3 条、《中华人民共和国循环经济促进法》第 13 条、《中华人民共和国海岛保护法》第 24 条等。

我国现行的污染物总量控制制度采取的是将目标层层分解的方式，国家设定全国的污染物排放总量控制指标，将该指标分配给各省，各省的指标会进一步按照行政单位逐级分配下去，直到落实到各企业。目前针对的是主要的污染物，设定五年的减排控制目标，每年实施考核，是一种指令型的控制模式。① 排污许可证和排放权交易制度是污染物总量控制制度的重要内容。该制度实施以来，对于实现重点污染物的有效减排，推进产业结构转型升级，改善环境质量和促进环境基础设施建设和提高基础设施建设能力起到了非常重要的作用。②

关于大气污染防治，我国《大气污染防治法》第 21 条同样确立了对重点大气污染物排放实行总量控制的制度。京津冀区域内，各地的大气污染防治立法也均将重点污染物总量控制制度作为大气污染防治的重要内容。如《天津市大气污染防治条例》第 12 条规定，"本市实行大气污染物排放浓度控制和重点大气污染

---

① 王金南、蒋春来等：《关于"十三五"污染物排放总量控制制度改革的思考》，《环境保护》2015 年第 21 期。

② 屈健：《我国污染物总量控制制度改革的思考》，《环境监控与预警》2018 年第 3 期。

物排放总量控制相结合的管理制度。向大气排放污染物的,其污
染物排放浓度不得超过国家和本市规定的排放标准;排放重点大
气污染物的,不得超过总量控制指标。"《河北省大气污染防治条
例》第 15 条规定,"本省实行重点大气污染物排放总量控制制度,
逐步削减重点大气污染物排放总量","排污单位不得超过总量控
制指标排放大气污染物"。《北京市大气污染防治条例》第 41 条
也规定了相同的内容。除此之外,天津和北京在条例中均设置专
章规定重点污染物排放总量控制,足可见该项制度的重要地位。

　　除总量控制之外,区域大气污染一体化治理还应当遵循综合
治理的思路和原则,这同样是由于大气污染的复合性特征。针对
区域复合型环境污染的治理,国际社会目前已经形成一套动态的
环境污染综合治理体系。这主要是强调应当综合运用多种管理手
段治理区域性复合型环境污染,并且各项环境标准的制定应当随
着环境状况和社会发展而不断变化。以美国为例,技术手段和经
济手段起到了举足轻重的作用。美国的《清洁空气法》确立了环
境标准遵循技术强制的原则。以污染物类型、新源和现源、生产工
艺以及污染控制技术的差异,设定宽严不同的大气污染物排放标
准。① 排污权交易制度是经济手段的主要体现,在酸雨的治理项
目中,《清洁空气法》将二氧化硫作为排污权交易标的,并具体规
定了交易的方式和方法。京津冀大气污染一体化治理也应当采用
综合治理的手段,根据区域发展和环境等各方面现状,综合运用经
济、技术和行政等多种手段改善区域内大气环境质量。尤其是结
合我国的国情,不能忽视行政手段可能起到的重要作用。

---

① 汪小勇、万玉秋等:《美国跨界大气环境监管经验对中国的借鉴》,《中国
人口·环境与资源》2012 年第 3 期。

　　在具体的法律规则安排方面,《京津冀大气污染联合防治条例》可以规定京津冀地区在坚持平等合作、区域一体和共同责任原则的前提下,探索建立系统性的区域重点污染物排放协同总量控制制度,逐步减少污染物排放总量。京津冀大气污染防控委员会根据国家要求,结合地区环境容量、经济发展水平以及产业结构等因素,拟订京津冀地区重点污染物排放协同总量控制的目标以及区域、重点行业和重点企业的排放总量计划,报北京市、天津市和河北省人民政府组成的政府会议批准后,在京津冀大气污染防控委员会指导下,由北京市、天津市和河北省设区的市级以上环境保护行政主管部门组织实施,并定期向社会公布实施情况。北京市、天津市和河北省各区、县环境保护行政主管部门依据京津冀地区重点大气污染物排放总量控制计划核定的指标,按照共同但有区别的责任原则,拟订本行政区域重点大气污染物排放总量控制实施方案,经各区、县人民政府批准后组织实施,并报上级环境保护行政主管部门备案,将区域总量逐级分解为排污者总量,落实排污单位削减污染的责任。

　　在排污许可方面,北京市、天津市和河北省人民政府对区域范围内的重点污染物排放实行协同总量控制,应在全区域范围建立统一的排污许可证制度。京津冀大气污染防控委员会应当组织北京市、天津市和河北省的环境保护行政主管部门协商会议,共同核定排污许可证的发放范围及具体管理办法,定期向社会公告并报国家环境保护行政主管部门备案。北京市、天津市和河北省的环境保护行政主管部门,在京津冀大气污染防控委员会指导下,以统一规划、统一标准为原则,负责各行政区域内排污许可证核发与管理的组织实施,并指导下级环境保护行政主管部门开展行业排污许可证核发,开展大气污染联合防治。同时,纳入排污许可证管理的排污单位,应当按照规定向所在行政区域内环境保护行政主管部门申请核发排污许可证,遵守排污许可证载明的污染物种类、排放总量指标等要求排放污染物,逐步减少污染物排放总量。北京市、天津市和河北省的环境保护行政主管部门,在京津冀大气污染防控委员会指导下,将污染物总量控制指标分解到基层,严格遵守总量控制上限。

### 四、利益共享与责任共担

从属地治理到一体化协同治理,应当坚持利益共享、责任共担的原则。法治途径是协调区域利益、推动协同治理的重要和关键途径,从我国区域法治化发展的趋势来看,区域法治的核心内容是对地方利益主体之间法律关系的协调和重构。制定《京津冀大气污染联合防治条例》,更应当将该原则作为重要原则。

地方利益关系具有三种基本类型:竞争性利益关系、互补性利益关系和非竞争性利益关系等。三种地方利益关系的主要特征如下所示。

| | | |
|---|---|---|
| 竞争性利益关系 | 本质 | 零和博弈 |
| | 具体内容 | 区域内一方利益的增加,将导致区域内另一方甚至其他各方利益的减少。 |
| | 问题 | 利益冲突 |
| | 协调机制 | 第三方嵌入 |
| | 具体措施 | 区域内各方认同的权威机构介入,进行协调。 |
| 互补性利益关系 | 本质 | 利益交换 |
| | 具体内容 | 通过各方的利益交换,实现优势互补、互利共赢。 |
| | 问题 | 利益整合 |
| | 协调机制 | 网络治理、利益补偿 |
| | 具体措施 | 促进区域内各地区利益主体的充分协商和参与,由受益方对受损方提供合理的补偿。 |

续表

| | | |
|---|---|---|
| 非竞争性<br>利益关系 | 本质 | 利益共生 |
| | 具体内容 | 通过区域内各方共同努力,实现区域共同利益。 |
| | 问题 | "搭便车" |
| | 协调机制 | 自主协商 |
| | 具体措施 | 通过建立协商机构,加强区域内各方的日常联系和信息沟通。 |

京津冀区域内,利益关系的复杂性尤为明显和特殊。其一,三地的经济、政治、文化等各方面发展严重不平衡,因此竞争性利益关系显著。其二,近年来三地的产业转移也使得互补性利益关系日益明显。其三,京津冀区域协调发展和大气污染一体化治理,将逐步增强三地的非竞争性利益关系。《京津冀大气污染联合防治条例》的制定过程和具体内容,都应当注重对地方利益关系的协调和重构。

因此,在京津冀大气污染区域一体化治理过程中,一方面要做到共担责任,另一方面要做到共享利益。各地是区域大气污染的共同责任人,应当根据污染源的贡献度、结合污染治理的实际能力,合理分配各方责任,促进各方合作。最终,区域大气污染一体化治理的利益和效果将由各方共享。《京津冀大气污染联合防治条例》要将各方责任具体化和明确化,并确保能够切实做到利益共享。

也就是说,落实到制度层面,就是要确立共同但有区别的责任制度,以及利益共享和利益补偿制度。为此,要进行一系列的制度创新。在共同但有区别责任方面,一是要强调区域大气污染一体化治理的共同责任,是各地区、各行业、各排污企业和公众的共同责任;二是在共同责任基础上对具体责任划分有所区别,要考虑到不同地区、不同行业对区域大气污染的贡献率,并且要特别关注到某一特定区域污染形势严峻的情况。在利益共享和利益补偿方面,首先,要针对产业利益协调,进行产业结构调整的利益共享和补偿。其次,要推动区域各方实现经济和社会的共同发展。最后,要落实利益争端协调、利益分配机制,实现利益共享和补偿。①

在具体的法律规则安排方面,《京津冀大气污染联合防治条例》可以明确北京市、天津市和河北省人民政府对京津冀地区大气环境质量协同负责。其中,北京市、天津市和河北省人民政府应当将大气污染防治工作纳入国民经济和社会发展规划,合理规划城镇布局和工业发展布局,优化产业结构和能源结构,加强生态建设,改善大气环境质量。同时需要强调,北京市、天津市和河北省大气污染防治工作规划应当统筹规划、科学配套、相互协调、公平互利。

## 第三节　《京津冀大气污染联合防治条例》的核心制度

### 一、京津冀大气环境保护目标责任与考核评价制度

我国环境保护法明确规定,国家实行环境保护目标责任制和评价考核制度。《大气污染防治行动计划》也做出明确要求,国务院与各省(区、市)人民政府签订大气污染防治目标责任书,将目标任务分解落实到地方人民政府和企业。将重点区域的细颗粒物指标、非重点地区的可吸入颗粒物指标作为经济社会发展的约束

---

① 汪伟全:《区域合作中地方利益冲突的治理模式:比较与启示》,《政治学研究》2012 年第 2 期。

性指标,构建以环境质量改善为核心的目标责任考核体系。因此,《京津冀大气污染联合防治条例》也要结合京津冀区域内的实际情况,构建区域性大气环境保护目标责任制度和考核评价制度,并做出相应的规定。

(一)考核主体和考核对象

1. 京津冀大气污染防控委员会

由京津冀大气污染防控委员会会同国务院环境保护主管部门和国务院有关部门组成考核组,结合京津冀区域内大气污染防治实际情况,制定统一考核办法,对北京市、天津市以及河北省人民政府及相关职能部门进行考核。

2. 省级人民政府

在京津冀大气污染防控委员会协调指导下,由北京市、天津市以及河北省人民政府及其环境保护行政主管部门结合各自行政区划内大气污染防治实际情况,制定具体考核办法,对各自行政区划内的各县(区)、设区的市进行考核,考核结果定期上报京津冀大气污染防控委员会审查备案。

(二)考核的内容

1. 大气环境质量改善目标完成情况

大气环境质量改善目标是指依据大气环境质量状况、大气环境扩散条件、经济社会发展水平而设定的目标值,既包括了达标,也包括了在达标基础上的改善。[①] 具体考核指标应包括:区域内颗粒物(PM)、二氧化硫($SO_2$)、氮氧化物($NO_X$)、挥发性有机物、氨等主要大气污染物的年度浓度及其下降比例和年度区域内空气

---

① 信春鹰主编:《中华人民共和国大气污染防治法释义》,法律出版社 2015 年版,第 12 页。

优良天数比例等数据。

2. 大气污染防治重点任务完成情况

大气污染防治重点任务完成情况应包括产业结构调整优化、清洁生产、煤炭管理与油品供应、燃煤小锅炉整治、工业大气污染治理、城市扬尘污染控制、机动车污染防治、建筑节能与供热计量、大气污染防治资金投入、大气环境管理等 10 项指标。

(三)考核办法和考核结果

考核分为年度考核和终期考核。年度考核采用评分法,大气环境质量改善目标完成情况和大气污染防治重点任务完成情况满分均为 100 分,综合考核结果分为优秀(90—100 分)、良好(80—90 分)、合格(60—80 分)、不合格(60 分以下)四个等级。终期考核仅考核空气质量改善目标完成情况。

考核结果经京津冀大气污染防控委员会上报国务院审定后,向社会公开,并交由干部主管部门按照《关于建立促进科学发展的党政领导班子和领导干部考核评价机制的意见》《地方党政领导班子和领导干部综合考核评价办法(试行)》《关于改进地方党政领导班子和领导干部政绩考核工作的通知》《关于开展政府绩效管理试点工作的意见》等规定,作为对各地区领导班子和领导干部综合考核评价的重要依据。同时,京津冀大气污染防控委员会将考核结果作为安排大气污染防治专项资金的重要依据,对考核结果优秀的地区加大支持力度,不合格的地区予以适当扣减。对未通过年度考核的省市,由京津冀大气污染防控委员会会同相关部门约谈省、市人民政府及其相关部门有关负责人,提出整改意见,予以督促,并暂停该地区有关责任城市新增大气污染物排放建设项目(民生项目与节能减排项目除外)的环境影响评价文件审批,取消国家授予的环境保护荣誉称号。对未通过终期考核的地区,除暂停该地区所有新增大气污染物排放建设项目(民生项目与节能减排项目除外)的环境影响评价文件审批外,要加大问责力度,必要时由国务院领导同志约谈省(区、市)人民政府主要负责人。在考核中发现篡改、伪造监测数据的,其考核结果确定为不合格,并按照有关规定由监察机关依法依纪严肃追究有关单位和人员的责任。

由北京市、天津市、河北省人民政府及其环境保护行政主管部门,在京津冀大气污染防控委员会协调指导下,参考京津冀地区省市一级考核办法,结合各自行政区划内大气污染防治实际情况,制定各区县统一、具体的考核办法,对各自行政区划内的各县(区)、设区的市进行考核,考核结果定期上报京津冀大气污染防控委员会审查备案,并统一排名,定期向社会公布。考核结果同时作为对各地区领导班子和领导干部综合考核评价的重要依据。京津冀大气污染防控委员会将考核结果作为安排大气污染防治专项资金的重要依据,对考核结果优秀的地区加大支持力度,不合格的地区予以适当扣减。

### 二、京津冀区域一体化强制性大气环境标准制度

在区域大气污染联防联控治理中,无论是从大气污染流动性的特征还是区域内各地方污染治理责任的分配来看,统一区域大气污染相关标准都是十分有必要的举措。如果区域内各地方的大气环境质量标准、污染物排放标准、清洁能源技术标准等污染治理相关标准不一致,各地方对大气污染的控制力度不一致,其治理的结果只可能是污染源的流动转移,高污染性的行业和企业为了减轻负担、降低环境保护成本,由标准严格、治理力度大的地区转移到标准宽松、治理力度小的地区,区域内整体的污染源总量并不会发生

实际性的变化,大气环境质量无法得到真正改善。现阶段,京津冀区域内的大气污染物排放标准主要分为三个层次,即国家一般控制要求、国家特别排放限值和北京市、天津市、河北省各自制定的排放标准。① 目前,我国已发布了42项固定源大气污染物排放标准,涉及能源生产与消费(火电、锅炉等)、工业生产过程(钢铁、建材、化工等)、居民服务业(餐饮业、殡葬业等)以及行业通用排放源(即没有行业排放标准的,执行大气综合标准)和13项涉及机动车船、非道路移动机械的相关环境标准,基本满足了环境管理需求。② 在此基础上,结合京津冀地区大气污染的实际情况,制定三地统一的大气环境标准,是《京津冀大气污染联合防治条例》应有的重要内容。

(一)移动源大气污染物排放标准

1.有关机动车、非道路移动机械标准

我国纳入污染物达标排放管理的机动车范围包括:轻型汽车(轻型汽油车、轻型柴油车、轻型单一气体燃料车、轻型两用气体燃料车等)、重型汽车(重型汽油车、重型柴油车、重型气体燃料车等)、车用发动机(重型汽油发动机、重型柴油发动机、重型气体燃料发动机等)、摩托车(普通摩托车、轻便摩托车)、低速汽车(三轮车和低速货车)。③ 2016年4月1日起,京津冀三地所有进口、销售和注册登记的轻型汽油车(含发动机)、轻型柴油客车(含发动机)、重型柴油车(含发动机,仅公交、环卫、邮政用途),须符合机

---

① 邹兰等:《京津冀大气污染联防联控中有关统一标准问题的研究》,《环境保护》2016年第2期。
② 邹兰等:《京津冀大气污染联防联控中有关统一标准问题的研究》,《环境保护》2016年第2期。
③ 信春鹰主编:《中华人民共和国大气污染防治法释义》,法律出版社2015年版,第122页。

动车排放"国Ⅴ"标准。① 有关非道路移动机械排放标准,目前京
津冀地区统一实施《非道路移动机械用柴油机排气污染物排放限
值及测量方法(中国第三、四阶段)》(GB20891—2014)相关标准。
由此可见,在机动车、非道路移动机械大气污染物排放标准方面,
京津冀三地已经初步统一,在《京津冀大气污染联合防治条例》的
制定过程中应继续加强统一程度,做出标准更加详细、严格的
规定。

2. 有关船舶标准

针对船舶的大气污染控制,环境保护部已经出台了相关标准,
即《船舶发动机排气污染物排放限值及测量方法(中国第一、二阶
段)》,已于2018年7月1日起实施。该标准对细颗粒物(PM)、
氮氧化物($NO_x$)、碳氢化合物(HC)和一氧化碳(CO)等污染物的
排放限值均有规定。《京津冀大气污染联合防治条例》的制定过
程,应参考该国家标准,结合区域实际情况,制定相应标准。

3. 有关燃油标准

《京津冀及周边地区2017—2018年秋冬季大气污染综合治理
攻坚行动方案》中规定了京津冀地区应加强车用油品的监督管
理。其中,北京市于2017年1月1日起实施第六阶段车用燃油标
准。第六阶段《车用汽油》《车用柴油》两项地方标准分别规定了
北京车用汽油和车用柴油的产品分类,为强制性标准。② 该技术

---

① 《2016年4月1日起京津冀三地统一机动车排放"国Ⅴ"标准》,
http://bj.bendibao.com/news/2016331/221528.shtm,查询日期:2018年4
月15日。

② 《"京六"汽柴油地方标准2017年1月1日起实施》,http://news.cri.
cn/20161031/efbd25c1-454b-fd10-c542-7fb6c273fa9d.html,查询日期:
2018年4月15日。

指标参照了目前国际上最严格的车用燃油标准。目前,在机动车、非道路移动机械大气污染物排放标准方面,京津冀三地已经实现初步统一。下一阶段,应通过《京津冀大气污染联合防治条例》的制定,统一京津冀地区的机动车燃油标准,将北京市的成功经验复制到区域内其他地方,在交通领域率先实现京津冀大气污染物排放标准的统一。

4.其他有关移动污染源控制规定

(1)北京市、天津市和河北省人民政府应根据城市规划合理控制本地区内燃油机动车保有量。每年年初北京市、天津市和河北省人民政府环境保护行政主管部门在京津冀大气污染防控委员会的组织协调下协商确定北京市、天津市和河北省各市、县(区)每年燃油机动车保有增长量限制值,并向社会公布。每年年末,北京市、天津市和河北省人民政府及其环境保护行政主管部门向京津冀大气污染防控委员会报告该年度燃油机动车保有量和实际增长量。

(2)北京市、天津市和河北省人民政府采取措施推广使用新能源或者清洁能源机动车。每年年初北京市、天津市和河北省人民政府环境保护行政主管部门在京津冀大气污染防控委员会的组织协调下协商确定北京市、天津市和河北省各市、县(区)每年新增新能源或者清洁能源机动车的应达比例,并向社会公布。每年年末,北京市、天津市和河北省人民政府环境保护行政主管部门向京津冀大气污染防控委员会报告该年新增新能源或者清洁能源机动车的实际达到比例,并向社会公布。

(3)京津冀地区禁止制造、销售、进口排气超过京津冀地区统一大气污染物排放标准的机动车船;在用的排气超过京津冀地区统一大气污染物排放标准的机动车船,应当安装排气净化装置;经治理仍不能达标的,北京市、天津市和河北省交通运输部门应责令停止使用或强制淘汰。

（二）固定源大气污染物排放标准

目前,我国已发布了 42 项固定源大气污染物排放标准,涉及能源生产与消费(火电、锅炉等)、工业生产过程(钢铁、建材、化工等)、居民服务业(餐饮业、殡葬业等)以及行业通用排放源(即没有行业排放标准的,执行大气综合标准),基本满足了环境管理需求。[①] 由于经济实力与环境状况的差异,京津冀区域内各地方大气污染物排放标准在实施中存在限值差异大、治理力度不统一的问题。在京津冀大气污染联防联控的机制下,考虑到三地的实际情况,在标准制定的过程中,需要坚持合理规划、有序推进、加强协调的原则,最终实现三地固定源大气污染物排放标准的逐步统一。

### 三、京津冀区域一体化大气环境监测制度

京津冀地区要想建立大气污染联防联控机制,实施统一的防治措施,大气污染源监测网络以及共享监测信息是十分必要的。我国《大气污染防治法》第 91 条规定,国务院环境保护主管部门应当组织建立国家大气污染防治重点区域的大气环境质量监测、大气污染源监测等相关信息共享机制,利用监测、模拟以及卫星、航测、遥感等新技术分析重点区域内大气污染来源及变化趋势,并向社会公开。对此,《京津冀大气污染联合防治条例》的法律规则可以明确,京津冀地区应当建立统一的大气环境监测制度。北京市、天津市和河北省人民政府应当联合制定京津冀地区大气环境

---

① 邹兰等:《京津冀大气污染联防联控中有关统一标准问题的研究》,《环境保护》2016 年第 2 期。

质量监测、大气污染源监测以及重污染天气预警监测的具体办法。在实施中,北京市、天津市和河北省的环境保护行政主管部门应当以区域协同的方式,实施大气环境质量和大气污染源的区域统一监测,建立和完善区域性大气环境质量监测网络,同步发布大气环境质量预报、日报,实时同步发布大气环境质量数据,定期同步发布大气环境质量状况公报。

(一)京津冀大气环境统一监测网络

现阶段,京津冀区域内各区、县应加快建成包含二氧化硫($SO_2$)、二氧化氮($NO_2$)、可吸入颗粒物($PM_{10}$)、细颗粒物($PM_{2.5}$)、一氧化碳($CO$)、臭氧($O_3$)六项参数在内的空气质量自动检测站点。其中县、市级行政区划内保证至少建成 2 个站点,区级行政区划内建成至少 1 个站点,形成京津冀区域内完善的大气环境统一监测网络,实时监控区域内大气环境质量与污染源排放情况。除国控站以外的监测站点,全部划归京津冀三地的环境监测部门管理,同时向京津冀三地环境保护行政主管部门和京津冀大气污染防控委员会负责。所有站点的原始监测数据应实时上传中国环境检测总站以及北京、天津、河北三地的环境保护行政主管部门,并定期向京津冀大气污染防控委员会报告。

(二)排污者自行监测

自行监测,是指企事业单位和其他生产经营者按照大气环境保护法律法规的要求,为掌握自身的大气污染物排放状况及其对周边大气环境质量的影响等情况,组织开展的大气环境监测活动。[①] 各企事业单位应当按照国家与京津冀大气污染物排放标

---

① 信春鹰主编:《中华人民共和国大气污染防治法释义》,法律出版社 2015年版,第 55 页。

准、企业自身的环境影响评价报告及相关监测技术规范要求,自行制定监测方案,并上报当地县级环境保护行政主管部门以及京津冀大气污染防控委员会备案。自行监测的企事业单位和其他生产经营者应当保存原始监测记录,保证监测数据的真实性与准确性,不得删改伪造监测数据,并于每年 1 月底前编制上年度自行检测报告,上报当地县级环境保护行政主管部门以及京津冀大气污染防控委员会备案。企事业单位和其他生产经营者在生产经营中,监测发现自身大气污染物排放超过标准的,应及时采取措施,分析问题原因,并及时向当地县级环境保护行政主管部门以及京津冀大气污染防控委员会报告。

对此,《京津冀大气污染联合防治条例》的法律规则可以明确,向大气排放污染物的单位应当按照规定自行监测大气污染物排放情况,记录监测数据,并按照规定在网站或者其他对外公开场所向社会公开。监测数据的保存时间不得低于 5 年。同时,向大气排放污染物的单位,应当按照有关规定设置监测点位和采样监测平台并保持正常使用,接受环境保护行政主管部门或者其他监督管理部门的监督性监测。对于列入京津冀地区自动监控计划的向大气排放污染物的单位,应当配备大气污染物排放自动监控设备,并纳入环境保护行政主管部门的统一监控系统。京津冀地区各级环境保护行政主管部门和其他负有环境保护监督管理职责的部门,应当将依法查处排污单位的违法行为及处罚结果及时向社会公布,并记入市场主体信用信息公示系统。

(三)京津冀大气环境质量信息的统一发布

大气环境信息在区域内进行共享与互通,对于三地增强应对环境突发事件、总揽全局的能力以及业务部门之间的协同互动关系提升至关重要,直接影响大气污染防治工作的科学化与信息化水平,是区域环境保护统一规划与考核的信息基础。因此,京津冀大气环境质量信息由京津冀大气污染防控委员会统一发布,同时组织协调京津冀三地环境保护行政主管部门及时沟通、共享大气污染相关监测信息。

对此,《京津冀大气污染联合防治条例》可以明确,京津冀地区县级以上人民政府应当每年向本级人民代表大会报告本行政区域的大气环境质量目标和大气污染防治规划的完成情况,并向社会公布。京津冀各省、市人民政府分别对管辖的有关部门和区、县人民政府及其负责人的综合考核评价,应当包含大气环境质量目标完成情况和措施落实情况。

同时,北京市、天津市和河北省的环境保护行政主管部门应当统一向社会发布本行政区域大气环境质量信息、重点大气污染源监测信息以及其他重大大气环境信息。大气环境质量信息应当实时发布。北京市、天津市和河北省环境保护行政主管部门和其他负有大气环境保护监督管理职责的部门应当通过网站或者其他便于公众知晓的方式向社会公开大气环境信息。同时,北京市、天津市和河北省的环境保护行政主管部门应当对排污单位排放大气污染物情况进行监测和监察,将监测和监察结果作为环保信用管理、排污总量指标核定、建设项目环境保护审批等环境管理的重要依据,并向社会公开。重大行政决策可能对大气环境质量造成严重影响的,作出决策的人民政府或者有关部门应当通过论证会、听证会等方式,事先听取社会公众的意见。

另外,在大气环境保护的社会宣传方面,京津冀地区各级人民政府应当加强大气环境保护宣传,普及大气环境保护法律法规以及科学知识,提高公众的大气环境保护意识。新闻媒体、居民委员会、村民委员会、学校及社会组织配合政府开展宣传普及,促进形成保护大气环境的社会风气。

（四）京津冀大气环境的社会监督机制

需要强调的是,应当建立京津冀地区的社会监督机制,强调公民、法人和其他组织依法享有获取大气环境信息、参与和监督大气环境保护的权利。特别是,公民、法人和其他组织发现任何单位和个人有污染大气环境行为的,可以向北京市、天津市和河北省环境保护行政主管部门或者其他负有大气环境保护监督管理职责的部门举报、投诉。北京市、天津市和河北省环境保护行政主管部门和其他负有大气环境保护监督管理职责的部门应当公布举报和投诉电话、网站等信息。北京市、天津市和河北省环境保护行政主管部门或者其他负有大气环境保护监督管理职责的部门接到举报、投诉后,对属于本部门职责范围内的事项,应当依法处理,并将处理结果告知举报、投诉人;对不属于本部门职责范围内的事项,应当立即移交有权处理的部门,有权处理的部门应当依法处理,并将处理结果告知举报、投诉人。接受举报的部门应当为举报人保密,举报内容经查证属实的,应当给予举报人奖励。另外,公民、法人和其他组织发现三省、市的县、区以上各级人民政府及其环境保护行政主管部门或者其他有关部门不依法履行大气环境监督管理职责的,可以向其上级人民政府或者监察委员会举报。

## 四、京津冀重污染天气协同预警与应急响应制度

当前,京津冀地区大气污染形势严峻,大范围、大面积、长时间的雾霾天气,严重损害了京津冀地区人民群众的生命健康安全,影响着京津冀全面协调可持续发展。对于京津冀地区频繁出现的重污染天气,必须要做好风险防范工作,编制区域应急预案,建立起京津冀地区统一的监测预警与应急联动处置机制,提高预警与应

对能力,做到早发现、早报告、早预警、早应对。例如,《京津冀大气污染联合防治条例》可以明确,北京市、天津市和河北省人民政府应当建立重污染天气应急联动机制和重大污染事项通报制度。一方面,北京市、天津市和河北省人民政府环境保护行政主管部门应当统一重污染天气预警分级标准,加强区域预警联动和监测信息共享,及时对突发环境事件产生的大气污染物进行监测,相互通报检测结果和应急响应措施的实施进展,并及时向社会公布相关信息。京津冀地区各企业事业单位和其他生产经营者、公民应当配合政府及其有关部门采取的重污染天气应急响应措施。

另一方面,对相邻省、市大气环境产生影响的重大污染项目,以及可能造成跨界大气影响的重大污染事故,应立即向京津冀大气污染防控委员会报告,并相互通报有关信息,及时采取相应应对措施。在大气环境受到严重污染,发生或者可能发生危害人体健康和安全的紧急情况时,各省、市人民政府应当及时启动应急方案,按照规定程序,通过媒体向社会发布空气重污染的预警信息,并按照预警级别实施责令有关企业停产或者限产、限制部分机动车行驶、禁止燃放烟花爆竹、停止工地土石方作业和建筑拆除施工、停止幼儿园和学校户外体育课等应对措施。

（一）重污染天气协同预警制度

1.统一划分预警等级

北京市、天津市和河北省人民政府环境保护行政主管部门应当按照中央立法制定并施行统一的重污染天气预警分级标准,加强区域预警联动和监测信息共享,及时对突发环境事件产生的大气污染区进行检测,相互通报检测结果。预警等级的划分与采取的应急响应措施是相对应的,不合理、不统一的预警分级,会导致京津冀各地应急响应措施的偏差,导致采取措施的超前或滞后,达不到缓解大气污染程度、缩短大气污染时间的要求。

2. 联合制定统一的应急预案

京津冀地区各县级以上人民政府及其环境保护行政主管部门应当建立重污染天气统一监测预警和联动应急处置机制,编制统一的重污染天气应急预案,向上一级人民政府环境保护行政主管部门和京津冀大气污染防控委员会备案,并向社会公布。

京津冀地区各县级以上人民政府及其环境保护行政主管部门应当编制突发大气污染事件应急预案。在突发可能影响公众健康和环境安全大气污染事件时,及时采取应急措施,必要时可以通过区域协同平台即京津冀大气污染联合防治委员会向其他省、市人民政府寻求援助。

在具体的法律规则安排方面,《京津冀大气污染联合防治条例》可以明确京津冀地区各县级以上人民政府应当建立重污染天气统一监测预警和联动应急处置机制,编制重污染天气应急预案,向上一级人民政府环境保护行政主管部门和京津冀地区其他省级人民政府环境保护行政主管部门备案,并向社会公布。另外,京津冀地区县级以上人民政府应当编制突发大气污染事件应急预案;在突发可能影响公众健康和环境安全大气污染事件时,应当采取应急措施,必要时可通过区域协同平台向其他省、市人民政府寻求援助。同时,京津冀地区各企业事业单位应当按照国家和当地政府有关规定制定大气污染突发环境事件应急预案,报所在地人民政府环境保护行政主管部门和有关部门备案。在发生或者可能发生大气污染突发环境事件时,企业事业单位应当立即采取措施控制污染扩大,及时向可能受到危害的单位和居民通报,并向所在地人民政府环境保护行政主管部门和有关部门报告。

3. 统一发布预警信息

北京市、天津市人民政府环境保护行政主管部门、河北省设区的市人民政府环境保护行政主管部门应当会同气象等有关部门在京津冀大气污染防控委员会的协调指导下,建立区域统一的重污染天气预警和应急联动机制,提高大气环境质量预报和监测水平。对可能发生重污染天气情况,应当及时向所在地和区域内其他省市、直辖市和设区的市级人民政府通报。

预警信息由北京市、天津市人民政府和河北省设区的市人民政府通过区域协同平台即京津冀大气污染联合防治委员会,统一向社会发布,其他任何单位和个人未经授权不得擅自发布。

预警信息发布后,北京市、天津市人民政府和河北省设区的市人民政府及其有关部门应当根据重污染天气应急响应级别,通过电视、广播、网络、短信等方式提醒公众采取必要的健康防护措施。

(二)重污染天气应急响应制度

1. 县级以上人民政府的责任

当京津冀大气污染防控委员会统一发布重污染天气预警信息时,京津冀各县级以上地方人民政府依据重污染天气的预警等级,按照规定程序,及时启动应急预案,通过媒体向社会发布重污染天气预警信息,实施下列应急响应措施:

①责令有关企业停产或者限产、限排放;

②规定限制部分机动车行驶的区域和时段;

③禁止燃放烟花爆竹;

④停止或者限制建设工地易产生扬尘的施工作业;

⑤禁止露天烧烤;

⑥国家和区域内省级人民政府规定的其他应急响应措施。

2.区域内企事业单位的责任

京津冀地区各企事业单位应当按照国家和《京津冀大气污染联合防治条例》的有关规定,制定大气污染突发环境事件应急预案,报所在地人民政府环境保护行政主管部门和有关部门备案。在发生或者可能发生大气污染突发环境事件时,企事业单位应当立即采取措施防止或控制污染扩大,及时向可能受到危害的单位和居民通报,并向所在地人民政府环境保护行政主管部门和有关部门以及京津冀大气污染防控委员会报告。

在具体的法律规则安排方面,《京津冀大气污染联合防治条例》可以明确,京津冀地区县级以上人民政府应当依据重污染天气的预警级别,按照规定程序,及时启动应急预案,通过媒体向社会发布重污染天气预警信息,实施下列应急响应措施:(一)责令有关企业停产或者限产、限排;(二)规定限制部分机动车行驶的区域和时段;(三)禁止燃放烟花爆竹;(四)停止或者限制建设工地易产生扬尘的施工作业;(五)禁止露天烧烤;(六)国家和区域内省级人民政府规定的其他应急响应措施。与此同时,预警信息发布后,北京市、天津市人民政府和河北省设区的市人民政府及其有关部门应当根据重污染天气应急响应级别,通过电视、广播、网络、短信等方式提醒公众采取下列健康防护措施:(一)减免公众乘坐公共交通工具费用;(二)有关单位应当停止举办露天群体性活动;(三)幼儿园和中小学校应当减少或者停止户外活动,必要时可以停课;(四)其他必要的健康防护措施。

# 参考文献

一、中文著作类

1.冯玉军:《京津冀协同发展立法研究》,法律出版社 2019年版。

2.李国平:《2019 京津冀协同发展报告》,科学出版社 2019年版。

3.陶品竹:《京津冀协同发展与区域法治建设研究》,中国政法大学出版社 2018 年版。

4.胡戎恩:《中国地方立法研究》,法律出版社 2018 年版。

5.刘小妹:《省级地方立法研究报告:地方立法双重功能的实现》,中国社会科学出版社 2016 年版。

6.谢辉:《京津冀区域协同发展的法律保障》,知识产权出版社 2015 年版。

7.〔日〕交告尚史、臼杵知史、前田阳一等:《日本环境法概论》,田林、丁倩雯译,中国法制出版社 2014 年版。

8.马海龙:《京津冀区域治理协调机制与模式》,东南大学出版社 2014 年版。

9.李国平、陈红霞等:《协调发展与区域治理:京津冀地区的实践》,北京大学出版社 2012 年版。

10.余敏江、黄建洪:《生态区域治理中中央与地方府际间协调研究》,广东人民出版社 2011 年版。

11.［美］丹尼尔·H.科尔:《污染与财产权·环境保护的所有权制度比较研究》,严厚福、王社坤译,北京大学出版社 2009 年版。

12. 汪劲、严厚福、孙晓璞:《环境正义:丧钟为谁而鸣:美国联邦法院环境诉讼经典判例选》,北京大学出版社 2006 年版。

13. 俞可平:《治理与善治》,社会科学文献出版社 2000 年版。

14. 高桂林、陈云俊、于钧泓:《大气污染联防联控法制研究》,中国政法大学出版社 2016 年版。

15. 全国人大常委会法制工作委员会行政法室编著:《中华人民共和国大气污染防治法解读》,中国法制出版社 2015 年版。

16. 石佑启、朱最新:《区域法治与地方立法研究文丛——区域法治与地方立法研究》,广东教育出版社 2015 年版。

17. 吴志功:《京津冀雾霾治理一体化研究》,科学出版社 2015 年版。

18. 朱伯玉:《生态法哲学与生态环境法律治理》,人民出版社 2015 年版。

19. 楚道文:《清洁空气立法研究》,知识产权出版社 2009 年版。

20. 汪劲:《环境法律的理念与价值追求——环境立法目的论》,法律出版社 2000 年版。

21. 汪劲:《地方立法的可持续发展评估:原则、制度与方法——以北京市地方立法评估制度的构建为中心》,北京大学出版社 2006 年版。

22. 汪劲:《中外环境影响评价制度比较研究:环境与开发决策的正当法律程序》,北京大学出版社 2006 年版。

23. 王春业:《区域合作背景下地方联合立法研究》,中国经济出版社 2014 年版。

24. 张海冰:《欧洲一体化制度研究》,上海社会科学院出版社
2005 年版。

25. 崔红:《地方治理法治化研究——规范立法和创新制度》,
知识产权出版社 2016 年版。

26. 董岩:《应对气候变化立法研究系列:国家应对气候变化
立法研究——以立法目的多元论为视角》,中国政法大学出版社
2015 年版。

27. 周佑勇、顾大松、李煜兴、熊樟林等:《区域政府合作的法
治原理与机制》,法律出版社 2016 年版。

28. 陈秀山:《区域协调发展——目标路径评价》,商务印书馆
2013 年版。

29. 俞惠煜、廖明、唐亚林:《长三角经济社会协同发展与区域
治理体系优化》,复旦大学出版社 2014 年版。

30. 刘小妹:《京津冀协同发展背景下首都立法问题研究》,中
国社会科学出版社 2018 年版。

31. 陈宣庆、张可云:《统筹区域发展的战略问题与政策研
究》,中国市场出版社 2007 年版。

32. 田翠琴:《京津冀环境保护历史、现状和对策》,时代华文
书局 2018 年版。

33. 李惠茹:《京津冀生态环境协同保护研究》,人民出版社
2019 年版。

34. 田佩芳:《京津冀区域环境风险分析与协同控制研究》,经
济管理出版社 2019 年版。

35. 王金波:《"一带一路"经济走廊与区域经济一体化形成机
理与功能演进》,社会科学文献出版社 2016 年版。

36. 人民论坛:《"一带一路"面向 21 世纪的伟大构想》,人民出版社 2015 年版。

37. 文魁:《京津冀发展报告》,社会科学文献出版社 2014年版。

38. 周珂:《环境与资源保护法》,中国人民大学出版社 2015年版。

39. 李荣娟:《当代中国跨省区域联合与公共治理研究》,中国社会科学出版社 2014 年版。

40. 高桂林:《大气污染防治法理论与实务》,中国政法大学出版社 2014 年版。

41. 刘晗:《气候变化视角下共同但有区别责任原则研究》,知识产权出版社 2012 年版。

42. 汪劲:《环境法学》,北京大学出版社 2011 年版。

43. 常纪文:《环境法前沿问题》,中国政法大学出版社 2011年版。

44. [美]温茨:《环境正义论》,上海人民出版社 2007 年版。

45. 王曦:《国际环境法》,法律出版社 2005 年版。

46. 蔡守秋:《欧盟环境政策法律研究》,武汉大学出版社 2002年版。

47. [法]亚历山大·基斯:《国际环境法》,法律出版社 2000年版。

48. 宋煜萍:《生态型区域治理中地方政府执行力研究》,人民出版社 2014 年版。

49. 王文婷:《大气污染治理政府间分担机制研究》,法律出版社 2017 年版。

50. 陶爱祥:《我国雾霾治理的公众参与机制研究》,经济管理出版社 2017 年版。

51. 冉冉:《中国地方环境政治》,中央编译出版社 2015 年版。

52. 陈瑞莲:《区域公共管理理论与实践研究》,中国社会科学出版社 2008 年版。

53. [美]阿格拉诺夫:《协作性公共管理》,北京大学出版社 2007 年版。

54. 叶必丰:《行政协议》,法律出版社 2010 年版。

55. [美]菲利普·J.库珀:《二十一世纪的公共行政》,中国人民大学出版社 2006 年版。

56. 曾伟:《地方政府管理学》,北京大学出版社 2006 年版。

57. 杨宏山:《府际关系论》,中国社会科学出版社 2005 年版。

58. 王爱声:《立法过程》,中国人民大学出版社 2009 年版。

**二、中文期刊类**

1. 丁鑫磊、康月盈:《京津冀一体化水资源保护的法治策略》,《河北农机》2019 年第 1 期。

2. 苏黎馨、冯长春:《京津冀区域协同治理与国外大都市区比较研究》,《地理科学进展》2019 年第 1 期。

3. 崔志新、陈耀:《京津冀协同发展的阶段成效与高质量发展对策》,《城市》2019 年第 3 期。

4. 闫华荣、王慧娟、段妍:《国外空气治理立法对京津冀大气污染治理的经验借鉴》,《邢台学院学报》2018 年第 4 期。

5. 肖强、王海龙:《顺应京津冀协同发展要求,构建"国家—地方"两级生态环境法律政策格局》,《环境经济》2018 年第 15 期。

6. 崔英楠、王辉:《论京津冀协同立法的实现路径》,《辽宁大学学报(哲学社会科学版)》2018 年第 4 期。

7. 杨晖、贾海丽:《京津冀协同立法存在的问题及对策思考——以环境立法为视角》,《河北法学》2017 年第 7 期。

8. 张伟英:《京津冀协同立法的困境与出路》,《河北师范大学学报(哲学社会科学版)》2016 年第 5 期。

9. 徐祥民:《环境质量目标主义:关于环境法直接规制目标的思考》,《中国法学》2015 年第 6 期。

10. 徐祥民:《论我国环境法中的总行为控制制度》,《法学》2015 年第 12 期。

11. 张彦波、佟林杰、孟卫东:《政府协同视角下京津冀区域生态治理问题研究》,《经济与管理》2015 年第 3 期。

12. 吕忠梅:《新环保法亮点之二:建立环境与发展综合决策法律机制》,《中国审判》2014 年第 6 期。

13. 陶品竹:《从属地主义到合作治理——京津冀大气污染治理模式的转型》,《河北法学》2014 年第 10 期。

14. 姜丙毅、庞雨晴:《大气污染治理的政府间合作机制研究》,《学术探索》2014 年第 7 期。

15. 高桂林、姚银银:《大气污染联防联治中的立法协调机制研究》,《法学杂志》2014 年第 8 期。

16. 冯贵霞:《大气污染防治政策变迁与解释框架构建——基于政策网络的视角》,《中国行政管理》2014 年第 9 期。

17. 崔晶、孙伟:《区域大气污染协同治理视角下的府际事权划分问题研究》,《中国行政管理》2014 年第 9 期。

18. 肖爱、李峻:《协同法治——区域环境治理的法理依归》,《吉首大学学报(社会科学版)》2014 年第 3 期。

19. 魏娜、赵成根:《跨区域大气污染协同治理研究——以京津冀地区为例》,《河北学刊》2016 年第 1 期。

20.《〈天津市贯彻落实〈京津冀协同发展规划纲要〉实施方案〉解读》,《中国资源综合利用》2015 年第 9 期。

21. 陈咏梅:《论法治视野下府际合作的立法规范》,《暨南学报(哲学社会科学版)》2015 年第 2 期。

22. 薄文广、陈飞:《京津冀协同发展:挑战与困境》,《南开学报(哲学社会科学版)》2015 年第 1 期。

23. 姜晓萍、张亚珠:《城市空气污染防治中的政府责任缺失与履职能力提升》,《社会科学研究》2015 年第 1 期。

24. 涂青林:《论我国地方区域立法》,《人大研究》2012 年第 3 期。

25. 邹伟进、胡畔:《政府和企业环境行为:博弈及博弈均衡的改善》,《理论月刊》2009 年第 6 期。

26. 杨妍、孙涛:《跨区域环境治理与地方政府合作机制研究》,《中国行政管理》2009 年第 1 期。

27. 张紧跟:《从区域行政到区域治理:当代中国区域经济一体化的发展路向》,《学术研究》2009 年第 9 期。

28. 马海龙:《区域治理:一个概念性框架》,《理论月刊》2007 年第 11 期。

29. 杨爱平:《论区域一体化下的区域间政府合作——动因、模式及展望》,《政治学研究》2007 年第 3 期。

30. 刘祖云:《政府间关系:合作博弈与府际治理》,《学海》2007 年第 1 期。

31. 贺璇、王冰:《京津冀大气污染治理模式演进:构建一种可持续合作机制》,《东北大学学报(社会科学版)》2016 年第 1 期。

32. 王清军:《区域大气污染治理体制:变革与发展》,《武汉大学学报(哲学社会科学版)》2016 年第 1 期。

33. 赵峰、姜德波:《长三角区域合作机制的经验借鉴与进一步发展思路》,《中国行政管理》2011 年第 2 期。

34. 任凤珍、孟亚明:《欧盟大气污染联防联控经验对我国的启示》,《经济论坛》2016 年第 8 期。

35. 李莉:《深化长三角区域大气污染防治联动研究》,《科学发展》2016 年第 2 期。

36. 高桂林、陈云俊:《评析新〈大气污染防治法〉中的联防联控制度》,《环境保护》2015 年第 18 期。

37. 张欣炘、杨帆:《美国、欧盟大气污染联防联控机制及启示》,《环境保护》2015 年第 13 期。

38. 曹锦秋、吕程:《联防联控:跨行政区域大气污染防治的法律机制》,《辽宁大学学报(哲学社会科学版)》2014 年第 6 期。

39. 赵新峰、袁宗威:《京津冀区域政府间大气污染治理政策协调问题研究》,《中国行政管理》2014 年第 11 期。

40. 常纪文、汤方晴:《京津冀一体化发展的环境法治保障措施》,《环境保护》2014 年第 17 期。

41. 王树义:《环境治理是国家治理的重要内容》,《法制与社会发展》2014 年第 5 期。

42. 毛寿龙、骆苗:《国家主义抑或区域主义:区域环保督查中心的职能定位与改革方向》,《天津行政学院学报》2014 年第 2 期。

43. 谢宝剑、陈瑞莲:《国家治理视野下的大气污染区域联动防治体系研究——以京津冀为例》,《中国行政管理》2014 年第 9 期。

44. 牛桂敏:《京津冀联手治霾需系统深化联防联控机制》,《环境保护》2014 年第 16 期。

45. 金太军、汪波:《中国城市群治理:摆脱"囚徒困境"的双重动力》,《上海行政学院学报》2014 年第 2 期。

46. 邓可祝:《我国区域环境合作的组织机构研究——以美国州际环境合作组织为借鉴》,《法治研究》2013 年第 10 期。

47. 隗斌贤、刘晓红:《对大气污染区域联防制度创新的几点思考》,《科技通报》2014 年第 1 期。

48. 楚道文、安如喜:《论我国移动源大气污染防治制度的完善——以〈大气污染防治法〉规范分析为视角》,《法学杂志》2013 年第 8 期。

49. 宁淼、孙亚梅、杨金田:《国内外区域大气污染联防联控管理模式分析》,《环境与可持续发展》2012 年第 5 期。

50. 叶必丰:《区域经济一体化的法律治理》,《中国社会科学》2012 年第 8 期。

51. 刘洁、万玉秋、沈国成、汪晓勇:《中美欧跨区域大气环境监管比较研究及启示》,《四川环境》2011 年第 5 期。

52. 杨爱平:《从垂直激励到平行激励:地方政府合作的利益激励机制创新》,《学术研究》2011 年第 5 期。

53. 王喆、周凌一:《京津冀生态环境协同治理研究——基于体制机制视角探讨》,《经济与管理研究》2015 年第 7 期。

54. 叶大凤:《协同治理:政策冲突治理模式的新探索》,《管理世界》2015 年第 6 期。

55. 肖金成:《京津冀:环境共治生态共保》,《环境保护》2014 年第 17 期。

56. 王惠琴、何怡平:《协同理论视角下的雾霾治理机制及其构建》,《华北电力大学学报(社会科学版)》2014 年第 4 期。

57. 马晓河:《从国家战略层面推进京津冀一体化发展》,《国家行政学院学报》2014 年第 4 期。

58. 施雪华、张琴:《国外治理理论对中国国家治理体系和治理能力现代化的启示》,《学术研究》2014 年第 6 期。

59. 杨志军:《环境治理的困局与生态型政府的构建》,《大连理工大学学报(社会科学版)》2012 年第 3 期。

60. 杨志军:《内涵挖掘与外延拓展:多中心协同治理模式研究》,《甘肃行政学院学报》2012 年第 4 期。

61. 汪小勇、万玉秋、姜文、缪旭波、朱晓东:《美国跨界大气环境监管经验对中国的借鉴》,《中国人口·资源与环境》2012 年第 3 期。

62. 杨妍、孙涛:《跨区域环境治理与地方政府合作机制研究》,《中国行政管理》2009 年第 1 期。

63. 马强、秦佩恒、白钰、曾辉:《我国跨行政区环境管理协调机制建设的策略研究》,《中国人口·资源与环境》2008 年第 5 期。

64. 何水:《协同治理及其在中国的实现——基于社会资本理论的分析》,《西南大学学报(社会科学版)》2008 年第 3 期。

65. 邹兰、江梅、周扬胜、张国宁:《京津冀大气污染联防联控中有关统一标准问题的研究》,《环境保护》2016 年第 2 期。

66. 孟庆瑜:《论京津冀环境治理的协同立法保障机制》,《政法论丛》2016 年第 1 期。

67. 陶红茹、马佳腾:《京津冀都市圈生态协同治理机制研究》,《理论观察》2016 年第 3 期。

68. 王洛忠、丁颖:《京津冀雾霾合作治理困境及其解决途径》,《中共中央党校学报》2016 年第 3 期。

69. 朱京安、杨梦莎:《我国大气污染区域治理机制的构建——以京津冀地区为分析视角》,《社会科学战线》2016 年第 5 期。

70. 张彦波、佟林杰、孟卫东:《政府协同视角下京津冀区域生态治理问题研究》,《经济与管理》2015 年第 3 期。

71. 陶品竹:《大气污染防治地方立法的困境与突破——以〈北京市大气污染防治条例〉为例》,《学习论坛》2015 年第 4 期。

72. 陈耀:《"十三五"时期我国区域发展政策的几点思考》,《区域经济评论》2015 年第 1 期。

73. 姜丙毅、庞雨晴:《雾霾治理的政府间合作机制研究》,《学术探索》2014 年第 7 期。

74. 金太军、汪波:《中国城市群治理:摆脱"囚徒困境"的双重动力》,《上海行政学院学报》2014 年第 2 期。

75. 寇大伟:《双向互动机制:中国区域治理的路径选择》,《华北电力大学学报(社会科学版)》2014 年第 1 期。

76. 张磊、王彩波:《中国政府环境保护的纵向研究——关于集权与分权的争论》,《湖北社会科学》2013 年第 11 期。

77. 陈健鹏、李佐军:《中国大气污染治理形势与存在问题及若干政策建议》,《发展研究》2013 年第 10 期。

78. 胡苑、郑少华:《从威权管制到社会治理——关于修订〈大气污染防治法〉的几点思考》,《现代法学》2010 年第 6 期。

79. 柳春慈:《区域公共物品供给中的地方政府合作思考》,《湖南社会科学》2010 年第 1 期。

80. 薛金枝、朱庚富:《中日大气污染控制法规比较及建议》,《环境污染与防治》2008 年第 11 期。

81. 陈瑞莲:《论区域公共管理研究的缘起与发展》,《政治学研究》2003 年第 4 期。

82. 张志红:《地方政府社会管理创新中的伙伴关系研究》,《南开学报(哲学社会科学版)》2013 年第 4 期。

83. 杨龙、彭彦强:《理解中国地方政府合作——行政管辖权让渡的视角》,《政治学研究》2009 年第 4 期。

84. 周黎安:《晋升博弈中政府官员的激励与合作——兼论我国地方保护主义和重复建设问题长期存在的原因》,《经济研究》2004 年第 6 期。

85. 朱京安、翟双乐:《京津冀雾霾防治区域一体化碳市场的构建》,《时代法学》2016 年第 3 期。

86. 邢华、邢普耀:《大气污染纵向嵌入式治理的政策工具选择——以京津冀大气污染综合治理攻坚行动为例》,《中国特色社会主义研究》2018 年第 3 期。

87. 孟庆瑜、梁枫:《京津冀生态环境协同治理的现实反思与制度完善》,《河北法学》2018 年第 2 期。

88. 孙涛、温雪梅:《府际关系视角下的区域环境治理——基于京津冀地区大气治理政策文本的量化分析》,《城市发展研究》2017 年第 12 期。

89. 初钊鹏、刘昌新、朱婧:《基于集体行动逻辑的京津冀雾霾合作治理演化博弈分析》,《中国人口·资源与环境》2017 年第 9 期。

90. 锁利铭:《跨省域城市群环境协作治理的行为与结构——基于"京津冀"与"长三角"的比较研究》,《学海》2017 年第 4 期。

91. 王红梅、邢华、魏仁科:《大气污染区域治理中的地方利益关系及其协调:以京津冀为例》,《华东师范大学学报(哲学社会科学版)》2016 年第 5 期。

92. 韩志明、刘璎:《京津冀地区公民参与雾霾治理的现状与对策》,《天津行政学院学报》2016 年第 5 期。

93. 卓成霞:《大气污染防治与政府协同治理研究》,《东岳论丛》2016 年第 9 期。

94. 宋海鸥、王滢:《京津冀协同发展:产业结构调整与大气污染防治》,《中国人口·资源与环境》2016 年第 S1 期。

95. 张婷婷:《京津冀地区大气环境规制与经济增长关系的实证研究》,《生态经济》2016 年第 8 期。

96. 刘小泉、朱德米:《协作治理:复杂公共问题治理新模式》,《上海行政学院学报》2016 年第 4 期。

97. 汪伟全:《空气污染跨域治理中的利益协调研究》,《南京社会科学》2016 年第 4 期。

98. 郭道久:《协作治理是适合中国现实需求的治理模式》,《政治学研究》2016 年第 1 期。

99. 邬晓霞、卫梦婉、高见:《京津冀产业协同发展模式研究》,《生态经济》2016 年第 2 期。

100. 苏苗罕:《地方政府跨区域合作治理的路径选择》,《国家行政学院学报》2015 年第 5 期。

101. 赵立新:《地方性法规名称初探》,《人大研究》2014 年第 8 期。

102. 陶品竹:《城市空气污染治理的美国立法经验:1943—2014》,《城市发展研究》2015 年第 4 期。

103. 刘薇:《京津冀大气污染市场化生态补偿模式建立研究》,《管理现代化》2015 年第 2 期。

104. 邢华:《我国区域合作治理困境与纵向嵌入式治理机制选择》,《政治学研究》2014 年第 5 期。

105. 冉冉:《政体类型与环境治理绩效:环境政治学的比较研究》,《国外理论动态》2014 年第 5 期。

106. 王喆、唐婧婧:《首都经济圈大气污染治理:府际协作与多元参与》,《改革》2014 年第 4 期。

107. 杨拓、张德辉:《英国伦敦雾霾治理经验及启示》,《当代经济管理》2014 年第 4 期。

108. 蔡岚:《空气污染整体治理:英国实践及借鉴》,《华中师范大学学报(人文社会科学版)》2014 年第 2 期。

109. 何精华:《府际合作治理:生成逻辑、理论涵义与政策工具》,《上海师范大学学报(哲学社会科学版)》2011 年第 6 期。

110. 刘向阳:《20 世纪中期英国空气污染治理的内在张力分析——环境、政治与利益博弈》,《史林》2010 年第 3 期。

111. 韩利红、母晓萌:《京津冀区域经济协调发展问题研究》,《求索》2010 年第 5 期。

112. 梅雪芹:《工业革命以来英国城市大气污染及防治措施研究》,《北京师范大学学报(人文社会科学版)》2001 年第 2 期。

113. 司林波、聂晓云、吴振其:《跨行政区生态环境协同治理目标管理机制构建》,《长安大学学报(社会科学版)》2019 年第 4 期。

114. 刘明、陈亚杰、刘继为:《京津冀区域存在的生态环境问题及协同治理研究》,《北省科学院学报》2019 年第 3 期。

115. 郭雪慧、李秋成:《京津冀环境协同治理的法治路径与对策》,《河北法学》2019 年第 10 期。

116. 汪泽波、王鸿雁:《多中心治理理论视角下京津冀区域环境协同治理探析》,《生态经济》2016 年第 6 期。

117. 廖茂林:《寻找京津冀雾霾治理的突破口》,《中国发展观察》2017 年第 7 期。

118. 申剑敏、朱春奎:《跨域治理的概念谱系与研究模型》,《北京行政学院学报》2015 年第 4 期。

119. 王家庭、曹清峰:《京津冀区域生态协同治理:由政府行为与市场机制引申》,《改革》2014 年第 5 期。

120. 吴贤静:《大气污染防治法律变迁与环境治理新格局——以〈大气污染防治法〉修订导向与完善路径为例》,《广西民族大学学报(哲学社会科学版)》2018 年第 5 期。

121. 蒋辉、刘师师:《跨域环境治理困局破解的现实情境——以湘渝黔"锰三角"环境治理为例》,《华东经济管理》2012 年第7 期。

122. 王惠琴、何怡平:《协同理论视角下的雾霾治理机制及其构建》,《华北电力大学学报(社会科学版)》2014 年第 4 期。

123. 姬兆亮、戴永翔、胡伟:《政府协同治理:中国区域协调发展协同治理的实现路径》,《西北大学学报(哲学社会科学版)》2013 年第 2 期。

124. 王丽、宫宝利:《京津冀区域生态空间协同治理研究》,《天津行政学院学报》2018 年第 5 期。

125. 刘涛、白海琦:《京津冀协同发展的行政领导模式选择研究》,《现代管理科学》2017 年第 11 期。


**三、外文文献类**

1. Constructivist Constructions of International Environmental Governance Regimes-The Southeast Asian Context, *Melbourne Journal of International Law*, 2014, (15).

2. Pandele, Ana Maria, Environmental Policy: A Governance Model, Europolity: Continuity and Change in European Governance, 2013, 7(3).

3. Peter Oliver, Access to Information and to Justice in EU Envi-

ronmental Law：The AARHUS Convention，*Fordham International Law Journal*，2013，(36)．

4. Catrien Termeer et al，The Regional Governance of Climate Adaptation：A Framework for Developing Legitimate，Effective，and Resilient Governance Arrangements，*Climate Law*，2011，(2)．

5. Todd Jefferson Hartley，Handshake Deals：The Future of Informal State Agreements and the Interstate Compacts Clause，*University of Florida Journal of Law & Public Policy*，2011，(22)．

6. B.C.Crosby，J.M.Bryson，"Integrative Leadership and the Creation and Maintenance of Cross-Sector Collaborations"，*Leadership Quarterly*，2010，(21)．

7. Rob Swart et al，"Europe Adapts to Climate Change：Comparing National Adaptation Strategies"，*Finnish Environment Institute*(SYKE)，2009.

8. Jody Freeman & Daniel A.Farber，Modular Environmental Regulation，*Duke Law Journal*，2005，(54)．

9. Kala K.Mulqueeny，"Regionalism，Economic Integration and Legalisation in ASEAN：What Space for Environmental Sustainability?"，*Asia Pacific Journal of Environmental Law*，2004，(1&2)．

10. Liesbet Hooghe，Gary Marks，"Unraveling the Central State，But How? Types of Multi-Level Governance"，*American Political Science Review*，2003，(97)．

11. Neil Adger et al，Governance for Sustainability：Towards a Thick Analysis of Environmental Decision-Making，*Environment and Planning A*，2003，(35)．

12. Hehui Jin，Yingyi Qian，Barry R.Weingast，Regional Decen-

tralization and Fiscal Incentives: Federalism, Chinese Style, *Journal of Public Economics*, 2004, (9).

13. Rien van Stigt, Peter P. J. Driessen, Tejo J. M. Spit, Steering Urban Environmental Quality in a multi-level Governance Context, How can Devolution be the Solution to Pollution?, *Land Use Policy*, 2016, (50).

14. Bixia Xu, Multilevel Environmental Governance: Managing Water and Climate Change in Europe and North America, *Australasian Journal of Environmental Management*, 2015, (3).

15. B. GuyPeters, Managing Horizontal Government: The Politics of Co - Ordination, *Public Administration*, 2002, (2).

16. Dan Wu, Yuan Xu, Shiqiu Zhang, Will Joint Regional Air Pollution Control be More Cost-effective? An Empirical Study of China's Beijing-Tianjin-Hebei Region, *Journal of Environmental Management*, 2015, (149).

17. Kyung-Min Nam, Caleb J. Waugh, Sergey Paltsev, John M. Reilly, Valerie J. Karplus, Synergy Between Pollution and Carbon Emissions Control: Comparing China and the United States, *Energy Economics*, 2014, (46).

18. Chris Huxham, S. Vangen, C. Huxham, C. Eden, The Challenge of Collaborative Governance, *Public Management Review*, 2000, (3).

19. Darrin Hicks, Ning Nan, Jennifer C. Auer, Managing the Inclusion Process in Collaborative Governance, *Journal of Public Administration Research and Theory*, 2011.

20. Kirk Emerson, Tina Nabatchi, Stephen Balogh, An Integrative Framework for Collaborative Governance, *Journal of Public Administra-*

*tion Research and Theory*:*J-PART*,2012.

21. Liang D., Problemy Ekorozwoju, Uneven Integration and Blocked Spillovers:Why Environmental Governance in Northeast Asia does not Converged to the EU Model? 2015.

22. Carter,Neil T,Mol Arthur P.J.,Environmental Governance in China,2007.

23. R.Agranoff,Michael Mc Guire,Collaborative Public Management:New Strategies for Local Governments,2003.